会计学新形态 教材
ACCOUNTING

财务管理理论与实务

微课版 | 第二版

杜俊娟 / 主编

王玮 张梦倩 范佩霞 / 副主编

THE THEORY AND PRACTICE OF FINANCIAL MANAGEMENT

人民邮电出版社

北京

图书在版编目（CIP）数据

财务管理理论与实务：微课版 / 杜俊娟主编. -- 2
版. -- 北京：人民邮电出版社，2021.8
高等院校会计学新形态系列教材
ISBN 978-7-115-56055-1

Ⅰ. ①财… Ⅱ. ①杜… Ⅲ. ①财务管理－高等学校－
教材 Ⅳ. ①F275

中国版本图书馆CIP数据核字(2021)第034359号

内 容 提 要

本书按照应用型高等院校教育教学改革的要求，采用任务驱动式体例编写，分为基础篇和实务篇。基础篇包括财务管理的认知、资金时间价值与风险的认知和衡量；实务篇包括所有权融资管理实务、债权筹资认知与评价、资本结构决策、项目投资分析与决策、证券投资分析与决策、营运资金管理实务、收益分配管理实务、财务分析与绩效评价方法。

本书可以作为应用型高等院校经济管理类专业相关课程的教材。同时，由于本书以任务驱动、突出实务为原则、结合了职业（行业）标准，因此还可供从事财务管理、会计和其他经济管理工作的人员自学、进行技能培训和参加专业技术资格考试时使用。

♦ 主　　编　杜俊娟
　　副主编　王　玮　张梦倩　范佩霞
　　责任编辑　刘向荣
　　责任印制　李　东　胡　南
♦ 人民邮电出版社出版发行　　北京市丰台区成寿寺路 11 号
　　邮编　100164　电子邮件　315@ptpress.com.cn
　　网址　https://www.ptpress.com.cn
　　大厂回族自治县聚鑫印刷有限责任公司印刷
♦ 开本：787×1092　1/16
　　印张：14.5　　　　　　2021 年 8 月第 2 版
　　字数：339 千字　　　　2021 年 8 月河北第 1 次印刷

定价：49.80 元

读者服务热线：(010)81055256　印装质量热线：(010)81055316
反盗版热线：(010)81055315
广告经营许可证：京东市监广登字 20170147 号

前 言 FOREWORD

在迅速发展的现代经济社会中，随着经济全球化、市场国际化的不断深入，企业管理也面临着新的、更加严峻的机遇和挑战。企业经济管理的效益性体现在财务管理上，即财务管理已经渗透到企业管理的全过程。这就决定了现代企业管理应该以财务管理为重点。

本书对应的"财务管理"课程不仅是财经类专业的一门核心和主干课程，也是经济管理类专业以及其他相关专业的通识教育课程，在高校的课程体系中占有非常重要的地位。随着各高校应用型教育教学改革的不断深入，财经类专业迫切需要体现应用型教育教学特色且与国家职业（行业）标准相结合的财务管理教材，以适应应用技术型人才培养的需要。

本书为修订版，与其他同类书籍相比，着重突出以下特色。

（1）体现工学结合，任务引导。本书力图通过课程教学，改变传统的师生关系中以教师为主体、知识为本位的教学模式。本书以职业人为视角，以学生为主体、以职业技能培养为本位、以工作过程与工作任务为主线、以任务驱动为导向，实现课堂与实际工作环境一体化的教学模式，让学生在做中学，让教师在做中教，融"教、学、做"为一体，使得教学与上岗零距离。

（2）校企合作，注重应用。为了培养学生的学习能力和实际操作能力，我们聘请行业企业专家参与本书的编写，这些专家长期从事财务管理实际工作，积累了丰富的财务管理实践经验，将行业企业的实际案例、经验总结融入书中。同时，每个学习单元都设有案例导入并给出思考问题，让学生带着问题学习，学有所思、学以致用，以提高学生分析和解决实际问题的能力，并为以后学习其他专业课程打下基础。

（3）与职业（行业）标准相衔接，注重职业技能培养。本书参考了全国会计专业技术资格考试大纲（初、中、高级）的要求和内容，与职业（行业）标准相结合，力求与专业技术资格考试接轨，并融入近年来考试的新变化，很好地满足了学生专业技术资格考试需要，较好地解决了学历证书教育与专业技术资格教育相脱节的问题，节约了教学资源。每个学习单元最后配有相应的技能实训，以提高学生职业技能。

（4）语言通俗易懂，方便自学。本书对财务管理理论的阐释言简意赅、循序渐进，注重学生的理解、接受，知识层层深入。本书将经典案例贯穿于学习单元中，使读者对财务管理的实务操作有全面、系统的了解。每个学习单元后面附有复习与思考、技能实训，可以加深读者对所学内容的理解，提高学习质量，以实现举一反三之功效。

本书由杜俊娟教授担任主编，王玮、张梦倩、范佩霞担任副主编，共同负责全书写作大纲的拟定和编写的组织工作，并修改、补充、总撰定稿。另外，本次修订的分工如下：学习单元一和学习单元二由蔡冬梅、张友麒执笔，学习单元三和学习单元四由杜俊娟执笔，学习单元五和学习单元六由张梦倩、谢红梅执笔，学习单元七、学习单元八和学习单元九由曹国富、李梦旭执笔，学习单元十由范佩霞执笔，学习单元后的技能实训由王玮、汪军峰执笔。编者在本书修订过程中参考了大量的同类教材及相关资料，尤其是相关资格考试类教材和资料；走访了多家企业，得到了很多行业专家和同行的支持和帮助，尤其得到了安徽省总会计师协会、新道科技股份有限公司、安徽员倍财务服务有限公司等校企合作单位领导和专家的指导，在此一并表示感谢！由于编写人员水平有限，书中难免存在疏漏与不足之处，恳请各位读者朋友批评指正，不胜感激！

期待读者提出宝贵意见，以便不断更新教材。编者的电子信箱：khzhang@sohu.com。

编　者

2021 年 6 月

目录 CONTENTS

第一篇　基础篇

学习单元一　财务管理的认知

素质目标

1. 理解财务管理的基本内容
2. 掌握财务管理目标的主要观点
3. 熟悉财务管理基本理论和基本流程
4. 了解财务管理的环境

技能目标

1. 能够收集和处理财务信息并从中发现问题
2. 能够识别企业的财务活动、正确处理财务关系
3. 提高对财务管理工作的兴趣和热情
4. 增强对财务管理的感性认知

案例导入

　　宏伟公司是一家从事 IT 产品开发的企业，由 3 位志同道合的朋友共同出资 100 万元、3 人平分股权共同创立。企业发展初期，创始股东都以企业的长远发展为目标，关注企业的持续增长能力，所以，他们加大研发投入，不断开发新产品。这些措施有力地提高了企业的竞争力，使企业实现了营业收入的高速增长。在开始的几年间，销售业绩以年均 60%的速度提升。然而，随着利润的不断快速增长，3 位创始股东开始在收益分配上产生了分歧。股东王力、张伟倾向于分红，股东赵勇则认为应将企业取得的收益用于扩大再生产，以提高企业的持续发展能力，实现长远利益的最大化。由此产生的矛盾不断升级，最终导致坚持企业长期发展观点的赵勇被迫出让其持有的 1/3 股份而离开企业。

　　但是，此结果引起了与企业有密切联系的广大供应商和分销商的不满，因为他们中许多人的业务发展壮大都与宏伟公司密切相关，深信宏伟公司的持续增长将给他们带来更多的机会。于是他们声称，如果赵勇离开企业，将断绝与企业的业务往来。面对这一情况，其他两位股东提出他们可以离开，条件是赵勇必须收购他们的股份。赵勇的长期发展战略需要较多的投资，这样做必将导致企业陷入缺少资金、难以维持生产的困境。这时，众多供应商和分销商伸出了援助之手，他们或者主动延长应收账款的期限，或者

提前支付货款，最终使赵勇重新回到企业，成为企业的"掌门人"。

经历了股权变更的风波后，宏伟公司在赵勇的领导下不断加大投入，实现了企业规模化发展，在同行业中处于领先地位，企业的竞争力和价值不断提升。

同学们不妨带着下面几个问题开始本学习单元的学习：企业股东希望企业以什么为目标？高级管理人员应当在多大程度上以其个人目标影响企业的整体决策？如果你作为供应商或分销商，如果该企业管理层持有企业股票，你是不是觉得有了更大的安全感？在企业持续扩张的过程中，管理层应该考虑哪些因素？

任务一　什么是财务管理

一、企业经济活动

什么是财务管理

企业的经济活动是指企业的生产经营活动，主要包括资金的投入、投放和退出，以及企业的供应、生产、销售三个过程。供应过程主要是将货币资金转化为储备资金，如购买原材料；生产过程主要是将储备资金、部分货币资金和固定资产的价值转化成生产资金，生产出合格的产品，即将生产资金转化为成品资金；销售过程主要是将成品资金转化为货币资金，如商品对外销售，这时收到的货款扣除发生的成本后形成了企业的利润，利润的一部分以所得税等形式上缴国家，净利润的一部分分配给投资者。上述分析的结果可用图 1-1 表示。

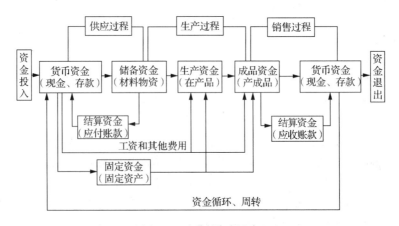

图 1-1　企业的资金运动

从图 1-1 中可以看出：企业的资金随着供、产、销活动不断地改变形态，即从货币资金进入开始，依次转化成储备资金、生产资金、成品资金，最后到货币资金的退出，表现为一个周而复始的周转过程，我们称之为资金周转（资金运动）。它是企业生产经营活动的一个独立方面，以价值形式表现，这也可以说是企业的财务活动，即企业再生产过程中的资金运动。因此，在财务管理活动中，我们需要对各种资金形态的增减变化加强监督和管理，以发挥资金的使用效果，为最终提高企业的经济效益服务。

二、财务活动

通过上述分析可知，财务活动就是企业再生产过程中的资金运动，是指资金的筹集、投放、使用、收回和分配等一系列行为，主要包括筹资活动、投资活动、资金营运活动和利润分配活动。

需要注意的是，资金运动过程的各个阶段是与一定的财务活动相对应的，资金运动形式是通过一定的财务活动来实现的，如图 1-1 所示。企业的基本活动也可描述为从资本市场上筹集资金，投资于生产性经营资产，并运用这些资产进行生产经营活动，取得利润后用于补充权益资本或者分配给股东。

（一）筹资活动

在商品经济条件下，企业要想从事生产经营，首先必须解决的是通过什么方式、在什么时间筹集多少资金。筹资，又称资本取得，是指企业为了满足投资和用资的需要而筹措和集中资本的过程。对于大家而言，可以借助资产负债表来理解筹资活动，资产负债表的右边列示的是负债和所有者权益，体现的就是企业资金来源的两个渠道：负债和所有者权益。在筹资过程中，企业通过发行股票、发行债券、吸收直接投资等方式筹集资金，表现为企业资金的投入；而企业偿还借款、支付利息和股利以及付出各种筹资费用等，则表现为企业资金的支出。这种因为资金筹集而产生的资金收支，便是由企业筹资引起的财务活动。

在进行筹资活动时，财务人员首先要预测企业需要多少资金，是通过发行股票取得资金还是向债权人借入资金，两种方式筹集的资金占总资金的比重应各为多少等。假设企业决定借入资金，那么是发行债券好，还是从银行借入资金好呢？资金应该是长期的还是短期的？资金的偿付是固定的还是可变的？财务人员面对这些问题时，一方面要保证筹集的资金能满足企业经营与投资的需要，另一方面还要使筹资风险在企业的掌控之中，确保一旦外部环境发生变化，企业不至于由于无法偿还债务而导致破产。

（二）投资活动

投资是指企业根据项目资金需要投出资金的行为。企业投资可分为广义的投资和狭义的投资两种。广义的投资包括对内投资和对外投资。企业筹集资金的目的是把资金用于生产经营活动以取得盈利，不断增加企业价值。企业把筹集到的资金用于购置自身经营所需的固定资产、无形资产等，便形成企业的对内投资；企业把筹集到的资金投资于其他企业的股票、债券，与其他企业联营进行投资以及收购另一个企业等，便形成企业的对外投资。企业无论是购买内部所需的各种资产，还是购买各种证券，都需要支出资金。当企业变卖其对内投资的各种资产或收回其对外投资时，会产生资金收入。这种因企业投资而产生的资金的收支，便是由投资引起的财务活动。

在进行投资活动时，由于企业的资金是有限的，应尽可能将资金投放在能带给企业最大报酬的项目上。因此，财务人员在分析投资方案时，不仅要分析投资方案的资金流入与资金流出，而且要分析企业为获得相应的报酬所需要的时间。另外，投资项目几乎都是有风险的，一个新的投资项目可能成功，也可能失败，因此，财务人员需要找到一种方法对这种风险因素加以计量，从而判断选择哪个方案、放弃哪个方案，或者将哪些方案进行组合。

（三）资金营运活动

企业在正常的经营过程中，会发生一系列的资金收支。首先，企业要采购材料或商品，以便从事生产和销售活动，同时还要支付工资和其他费用；其次，当企业将产品或商品售出后，便可取得收入，收回资金；最后，如果企业现有资金不能满足企业经营的需要，还要采取短期借款方式来筹集所需资金。上述各方面活动都会产生资金的收支，属于企业经营活动引起的财务活动。

在企业经营引起的财务活动中，主要涉及的是流动资产与流动负债的管理问题，其中的关键是加速资金的周转。流动资金的周转与生产经营周期具有一致性，在一定时期内，资金周转快，就可以利用相同数量的资金生产出更多的产品，取得更多的收入，获得更多的报酬。因此，如何加速资金的周转、提高资金的利用效率，是财务人员在这类财务活动中需要考虑的主要问题。

（四）利润分配活动

企业在经营过程中会产生利润，也可能会因对外投资而分得利润，这表明企业有了资金的增值或取得了投资报酬。企业的利润要按规定的程序进行分配。首先要依法纳税；其次要用来弥补亏损，提取盈余公积；最后要向投资者分配利润。这种因利润分配而产生的资金收支便属于由利润分配引起的财务活动。

在利润分配活动中，财务人员需要确定股利支付率的高低，即将多大比例的税后利润用来支付给投资人。过高的股利支付率，会使较多的资金流出企业，从而影响企业再投资的能力，一旦企业遇到较好的投资项目，将有可能因为缺少资金而错失良机；而过低的股利支付率，又有可能引起投资人的不满，对于上市公司而言，这种情况可能导致股价下跌，从而使企业价值下降。因此，财务人员要根据企业自身的具体情况确定最佳的分配政策。

上述财务活动的四个方面不是割裂、互不相关的，而是相互联系、互相依存的。正是上述四个方面构成了完整的企业财务活动，这四个方面也正是财务管理的基本内容：筹资管理、投资管理、营运资金管理、利润分配管理。

【多项选择题】

下列各项中，属于企业资金营运活动的有（　　　　）。

A. 采购原材料，支付货款 　　　　　B. 销售商品收取货款

C. 短期借款 　　　　　D. 长期借款

【答案】 ABC

【解析】 短期借款属于资金营运活动，但长期借款属于筹资活动。

三、财务关系

企业财务关系是指企业在组织财务活动过程中与有关各方所发生的经济利益关系。企业的筹资活动、投资活动、资金营运活动和利润分配活动，与企业各方面存在着广泛的联系，这种财务关系可概括为以下几个方面。

（一）企业与投资者之间的财务关系

企业与投资者之间的财务关系是指企业的投资者向企业投入资金，企业向投资者支付投资报酬所形成的经济关系。企业的投资者主要包括国家、法人、个人和其他组织。

企业的投资者要按照投资合同、协议、章程的约定履行出资义务以便及时形成企业的资本，企业则通过资本营运活动来实现预期利润。投资者的出资额不同，对企业承担的责任不同，相应享有企业的权利和利益也不相同。

（二）企业与债权人之间的财务关系

企业与债权人之间的财务关系是指企业向债权人借入资金，并按借款合同的规定按时支付利息和归还本金所形成的经济关系。企业的债权人主要有债券持有人、贷款机构、商业信用提供者、其他向企业出借资金的单位和个人。企业使用债权人的资金，要及时向债权人支付利息；债务到期时，要按时向债权人归还本金。企业同其债权人之间的财务关系属于债权债务关系。

（三）企业与政府之间的财务关系

政府作为社会管理者，依法行使行政职能。依据这一身份，政府向企业征税并无偿参与企业利润的分配，企业必须按照税法规定向中央和地方政府缴纳各种税款。这种关系是一种强制和无偿的分配关系。

（四）企业与受资者之间的财务关系

企业与受资者之间的财务关系是指企业通过购买股票等形式向其他企业投资所形成的经济关系。企业向其他企业投资时，应按约定履行义务，并依据其出资份额参与受资者的经营管理和利润分配。企业与受资者之间的财务关系是一种所有权性质的投资与受资关系。

（五）企业与债务人之间的财务关系

企业与债务人之间的财务关系是指企业将其资金以购买债券、提供借款或商业信用等形式出借给其他单位所形成的经济关系。企业将资金借出后，有权要求债务人按约定的条件支付利息和归还本金。企业同债务人的关系体现的是债权与债务关系。

（六）企业内部各单位之间的财务关系

企业内部各单位之间的财务关系是指企业内部各单位之间在生产经营各环节中提供产品或劳务所形成的经济关系。企业内部各职能部门和生产单位之间既分工又合作，形成企业系统这一经济单元。在实行厂内经济核算制和内部经营责任制的条件下，企业各个部门以及各个生产单位都有相对独立的经济利益，相互提供劳务和产品时也要计价结算。这种在企业内部形成的资金结算关系，体现了企业内部各单位之间的利益关系。

（七）企业与职工之间的财务关系

企业与职工之间的财务关系是指企业向职工支付劳动报酬过程中所形成的经济关系。职工是企业的劳动者，凭借自身提供的劳动参与企业增值的分配。企业根据劳动者提供的劳动数量与质量，用其收入支付工资、津贴和奖金，并按规定提取公益金。这种企业与职工之间的财务关系，体现了职工个人与集体在劳动成果上的分配关系。

企业与各利益主体之间的财务关系如表 1-1 所示。

表 1-1　企业与各利益主体之间的财务关系

利益主体	财务关系	性质及特征	对应的财务活动
政府	税收关系	强制和无偿	利润分配活动
投资者	按资分配报酬	投资、报酬对等关系	筹资活动、狭义的利润分配活动

续表

利益主体	财务关系	性质及特征	对应的财务活动
债权人	按时支付利息	债务与债权关系	筹资活动、广义的利润分配活动
受资者	参与管理与利润分配	投资与受资关系	狭义的投资活动
债务人	到期收回本息	债权与债务关系	资金营运活动、狭义的投资活动
内部各单位	内部资金结算关系	体现各自利益关系	资金营运活动
职工	按劳分配报酬	劳动成果的分配关系	资金营运活动

【单项选择题】

企业实施了一项狭义的"利润分配"活动，由此而形成的财务关系是（　　）。

A. 企业与投资者之间的财务关系　　　　B. 企业与受资者之间的财务关系

C. 企业与债权人之间的财务关系　　　　D. 企业与供应商之间的财务关系

【答案】A

【解析】狭义的分配仅指对企业净利润的分配。企业与投资者之间的财务关系，主要是企业的投资者向企业投入资金，企业向其投资者支付报酬所形成的经济关系。

四、企业财务、财务管理的含义

企业财务，是指企业在生产经营过程中客观存在的资金运动及其所体现的经济利益关系。前者被称为财务活动，后者被称为财务关系。

而财务管理是企业组织财务活动、处理财务关系的一项综合性的经济管理工作，是企业管理的重要组成部分。特别强调的是：财务管理是人所做的一项工作，具有综合性，是企业管理工作的核心；财务管理工作与其他经济管理工作的区别主要在于，财务管理工作是对企业资金运动的管理；财务管理工作的一项重要内容就是管理财务活动。作为现代企业，企业管理的核心是财务管理，而财务管理的中心是资金管理。企业财务管理者的重要使命就是要保证企业资金运动的顺利进行，保持资金在资金量、资金结构和资金时间上的动态平衡。

五、财务管理的环节

财务管理的环节就是企业财务管理的工作步骤与一般工作程序。一般而言，企业财务管理包括五个环节：财务规划和预测、财务决策、财务预算、财务控制、财务分析与业绩评价。其中：财务规划和预测从全局出发，根据企业整体战略目标和规划，结合对未来宏观、微观形式的预测，来建立企业财务的战略目标和规划，为决策提供依据；财务决策是财务管理的核心，财务预测是为财务决策服务的，决策的成功与否直接关系到企业的成败，是编制财务预算、进行财务控制的基础；财务预算是企业财务战略规划的具体化，是控制财务活动的依据；财务控制是指利用有关信息和特定手段，对企业的财务活动施加影响或进行调节，以便实现计划所规定的财务目标和预算执行的过程；财务分析既是对已完成的财务活动的总结，也是财务预测的前提，在财务管理循环中起承上启下的作用，业绩评价的有效性又是企业目标实现的动力和保证。上述几个环节的财务管理工作相互联系、相互依存。

任务二 财务管理要达到什么目标

一、企业的目标

企业的目标就是创造价值。一般而言,企业财务管理的目标就是为企业创造价值服务。鉴于财务主要是从价值方面反映企业的商品或者服务提供过程,因而财务管理可为企业的价值创造发挥重要作用。

企业是营利性组织,其出发点和落脚点是获利。企业成立后,就面临着市场竞争,开始处于生存和倒闭、发展与萎缩的交替变动中,企业只有生存下去,才能获利,而要生存,就要不断发展。因此企业的基本目标是生存,核心目标是发展,最终目标是获利。

二、关于财务管理目标的主要观点

财务管理的目标是通过组织财务活动、处理财务关系所要达到的目的。根据现代企业财务管理的理论和实践,企业财务管理目标有以下几种具有代表性的观点。

(一)利润最大化

利润最大化是假定企业财务管理以实现利润最大化为目标。以利润最大化作为财务管理目标,其主要原因有三个:一是人类从事生产经营活动是为了创造更多的剩余产品,在市场经济条件下,剩余产品的数量可以用利润指标来衡量;二是在自由竞争的资本市场中,资本的使用权最终属于获利最多的企业;三是只有每个企业都最大限度地创造利润,整个社会的财富才可能实现最大化,从而带来社会的进步和发展。

利润最大化目标的主要优点:企业追求利润最大化,就必须讲求经济核算,加强管理,改进技术,提高劳动生产率,降低产品成本。这些措施都有利于企业资源的合理配置,有利于企业整体经济效益的提高。

因此,以利润最大化作为财务管理目标有其合理性。但是,由于利润指标自身的局限性,以利润最大化作为财务管理目标存在以下缺陷。

(1)没有考虑利润实现时间和资金时间价值。

(2)没有考虑风险问题。

(3)没有反映创造的利润与投入的资本之间的关系。

(4)可能导致企业有短期财务决策倾向,影响企业长远发展。

(二)股东财富最大化

股东财富最大化是指企业财务管理以实现股东财富最大化为目标。在上市公司,股东财富是由其所拥有的股票数量和股票市场价格两方面决定的。在股票数量一定时,股票价格越高,股东财富也就越多。

1. 股东财富最大化作为财务管理目标的主要优点

(1)考虑了风险因素,因为通常股价会对风险做出较敏感的反应。

(2)在一定程度上能避免企业短期行为,因为不仅目前的利润会影响股票价格,其未来的利润同样会对股价产生重要影响。

（3）对上市公司而言，股东财富最大化目标比较容易量化，便于考核和奖惩。

2．股东财富最大化作为财务管理目标的主要缺点

（1）通常只适用于上市公司，非上市公司难以应用，因为非上市公司无法像上市公司一样随时准确获得公司股价。

（2）股价受众多因素影响，特别是企业外部的因素，有些还可能是非正常因素。股价不能完全准确反映企业财务管理状况，如有的上市公司处于破产的边缘，但由于可能存在某些机会，其股票市价可能还在走高。

（3）它更多地强调股东利益，而对其他相关者的利益重视不够。

（三）企业价值最大化

企业价值最大化是指企业财务管理行为以实现企业的价值最大化为目标。企业价值可以理解为企业所有者权益的市场价值，或者企业所能创造的预计未来现金流量的现值。未来现金流量这一概念，包含了资金的时间价值和风险价值两个方面的因素。因为未来现金流量的预测包含了不确定性和风险因素，而现金流量的现值是以资金的时间价值为基础对现金流量进行折现计算得出的。

企业价值最大化要求企业通过采用最优的财务政策，充分考虑资金的时间价值以及风险与报酬的关系，在保证企业长期稳定发展的基础上使企业总价值达到最大。

1．企业价值最大化作为财务管理目标的主要优点

（1）考虑了取得报酬的时间，并用资金时间价值的原理进行了计量。

（2）考虑了风险与报酬的关系。

（3）将企业长期、稳定的发展和持续的获利能力放在首位，能克服企业在追求利润上的短期行为，因为不仅目前利润会影响企业的价值，预期未来的利润对企业价值增加也会产生重大影响。

（4）用价值代替价格，克服了过多受外界市场因素的干扰，有效规避了企业的短期行为。

2．企业价值最大化作为财务管理目标的主要缺点

（1）企业的价值过于理论化，不易操作。对于上市公司而言，尽管股票价格的变动在一定程度上揭示了企业价值的变化，但是，股价是多种因素共同作用的结果，特别是在资本市场效率低下的情况下，股票价格很难反映企业的价值。

（2）对于非上市公司而言，只有对企业进行专门的评估才能确定其价值，而在评估企业的资产时，由于受评估标准和评估方式的影响，很难做到客观和准确。

近年来，随着上市公司数量的增加以及上市公司在国民经济中地位、作用的增强，企业价值最大化目标逐渐得到了广泛认可。

（四）相关者利益最大化

1．企业的主要"利益主体"

在现代企业是多边契约关系的总和的前提下，要确立科学的财务管理目标，首先就要考虑哪些利益关系会对企业发展产生影响。在市场经济中，企业的理财主体更加细化和多元化。股东作为企业所有者，在企业中有着最大的权利、义务、风险和报酬，但是债权人、职工、企业经营者、客户、供应商和政府也为企业承担着风险。

（1）举债经营的企业越来越多，举债比例和规模也在不断扩大，债权人的风险大大增加。

（2）社会分工细化，简单劳动越来越少，复杂劳动越来越多，职工再就业风险不断增加。

（3）在现代企业制度下，企业经理人受所有者委托，作为代理人管理和经营企业，在激烈的市场竞争和复杂多变的形势下，代理人所承担的责任越来越大，风险也随之加大。

（4）随着市场竞争和经济全球化的影响，企业与客户以及企业与供应商之间不再是简单的买卖关系，更多的情况下是长期的伙伴关系，处于一条供应链上，并共同参与同其他供应链的竞争，因而也与企业共同承担一部分风险。

（5）政府不管是作为出资人，还是作为监管机构，都与企业各方的利益密切相关。

综上所述，企业的利益相关者不仅包括股东，还包括债权人、企业经营者、客户、供应商、职工、政府等。因此，在确定企业财务管理目标时，不能忽视这些相关利益群体的利益。

2．相关者利益最大化目标的具体内容

（1）强调风险与报酬的均衡，将风险限制在企业可以承受的范围内。

（2）强调股东的首要地位，并强调企业与股东之间的协调关系。

（3）强调对代理人即企业经营者的监督和控制，建立有效的激励机制以便企业战略目标的顺利实施。

（4）关心本企业普通职工的利益，创造优美、和谐的工作环境和提供合理、恰当的福利待遇，激励职工长期努力为企业工作。

（5）不断加强与债权人的关系，培养可靠的资金供应者。

（6）关心客户的长期利益，以便保持销售收入的长期稳定增长。

（7）加强与供应商的协作，共同面对市场竞争，并注重企业形象的宣传，遵守承诺，讲究信誉。

（8）保持与政府部门的良好关系。

3．相关者利益最大化作为财务管理目标的主要优点

（1）有利于企业长期稳定发展。

这一目标注重企业在发展过程中考虑并满足各利益相关者的利益关系。在追求长期稳定发展的过程中，站在企业的角度上进行投资研究，避免只站在股东的角度进行投资可能导致的一系列问题。

（2）体现了合作共赢的价值理念，有利于实现企业经济效益和社会效益的统一。

由于兼顾了企业、股东、政府、客户等的利益，企业就不只是一个单纯营利的组织，还承担了一定的社会责任。企业在寻求其自身的发展和利益最大化过程中，由于考虑了客户及其他利益相关者的利益，就会依法经营，依法管理，正确处理各种财务关系，自觉维护和确实保障国家、集体和社会公众的合法权益。

（3）这一目标本身是一个多元化、多层次的目标体系，较好地兼顾了各利益主体的利益。

这一目标可使企业各利益主体相互作用、相互协调，并在使企业利益、股东利益达到最大化的同时，也使其他利益相关者利益达到最大化。

（4）体现了前瞻性和现实性的统一。

企业作为利益相关者之一，有相关评价指标，如未来企业报酬折现值；股东的评价指标可以使用股票市价；债权人可以寻求风险最小、利息最大；职工可以确保工资福利；政府可以考虑社会效益等。

4．相关者利益最大化作为财务管理目标的主要缺点

相关者利益最大化是企业财务管理最理想的目标。但是鉴于该目标过于理想化，实际操作起来较为困难，因此，本书后续内容采用企业价值最大化作为财务管理的目标进行论述。

三、财务管理目标的协调

协调相关者的利益冲突时，要把握的原则是：尽可能使企业相关者的利益分配在数量上和时间上达到动态的协调平衡。而在所有的利益冲突协调中，所有者与经营者、所有者与债权人的利益冲突与协调至关重要。

（一）所有者与经营者的利益冲突与协调

在现代企业中，经营者一般不拥有占支配地位的股权，他们只是所有者的代理人。所有者期望经营者代表他们的利益工作，实现所有者财富最大化，而经营者则有其自身的利益考虑，二者的目标会经常不一致。通常而言，所有者支付给经营者报酬，原因在于经营者能够为所有者创造财富。经营者和所有者之间主要利益冲突是：经营者希望在创造财富的同时，能够获取更多的报酬、更多的权利，所有者则希望以较小的代价（支付较小的报酬）实现更多的财富。

为了协调这一利益冲突，通常可采取以下方式。

1．解聘

解聘是一种通过所有者约束经营者的办法。所有者对经营者予以监督，如果经营者绩效不佳，就解聘经营者。经营者为了不被解聘就需要努力工作，为实现财务管理目标服务。

2．接收

接收是一种通过市场约束经营者的办法。如果经营者决策失误，经营不力，绩效不佳，该企业就可能被其他企业强行接收或吞并，相应经营者也会被解聘。经营者为了避免这种接收，就必须努力实现财务管理目标。

3．激励

激励就是将经营者的报酬与其绩效直接挂钩，以使经营者自觉采取能增加所有者财富的措施。激励通常有以下两种方式。

（1）股票期权。

股票期权是允许经营者以约定的价格购买一定数量的本企业股票，股票的市场价格高于约定价格的部分就是经营者所得的报酬。经营者为了获得更大的股票涨价益处，就必然主动采取能够提高股价的行动，从而增加所有者财富。

（2）绩效股。

绩效股是企业运用每股收益、资产收益率等指标来评价经营者绩效，并视其绩效大小给予经营者数量不等的股票作为报酬的方式。如果经营者绩效未能达到规定目标，经营者将丧失原先持有的部分绩效股。这种方式使经营者不仅为了多获得绩效股而不断采取措施提高经营绩效，而且为了使每股市价最大化，也会采取各种措施使股票市价稳定上升，从而增加所有者财富。但即使由于客观原因股价并未提高，经营者也会因为持有绩效股而获利。

（二）所有者与债权人的利益冲突与协调

所有者的目标可能与债权人期望实现的目标发生矛盾。首先，所有者可能要经营者改变举债资金的原定用途，将其用于风险更高的项目，这会增大偿债风险，债权人的负债价值也必然会降低，造成债权人风险与收益的不对称。因为高风险的项目一旦成功，额外的利润就会被所有者独享；但若失败，债权人就要与所有者共同负担由此而造成的损失。其次，所有者可能在未征得现有债权人同意的情况下，要求经营者举借新债，因此偿债风险也会相应增大，从而致使原有债权的价值降低。

所有者与债权人的上述利益冲突，可以通过以下方式解决。

1．限制性借债

债权人通过事先规定借债用途、借债担保条款和借债信用条件，使所有者不能通过以上两种方式削弱债权人的债权价值。

2．收回借款或停止借款

当债权人发现企业有侵蚀其债权价值的意图时，采取收回债权或不再给予新的借款的措施，从而保护自身权益。

任务三　影响财务管理的因素有哪些

不同的理财环境对企业财务管理有不同的影响。财务管理环境又称理财环境，是企业在财务管理的过程中所面对的各种客观条件和影响因素。企业的各项财务活动是在一定的环境背景下开展的，受到环境条件的制约。

企业财务管理环境分为宏观财务环境和微观财务环境。宏观财务环境和微观财务环境中又包含各种因素。

一、宏观财务环境

（一）技术环境

财务管理的技术环境是指财务管理得以实现的技术手段和技术条件，它决定着财务管理的效率和效果。目前，我国进行财务管理所依据的会计信息是通过会计系统提供的，占企业经济信息总量的60%～70%。在企业内部，会计信息主要是提供给管理层决策使用的；而在企业外部，会计信息则主要是为企业的投资者、债权人等提供服务的。

目前，我国正全面推进会计信息化工作，力争通过5～10年的努力，建立健全会计信息化法规体系和会计信息化标准体系，全力打造会计信息化人才队伍，基本实现大型企事业单位会计信息化与经营管理信息化的融合，进一步提高企事业单位的管理水平和风险防范能力，做到资源共享，便于不同信息使用者获取、分析和利用信息，并凭此进行投资和相关决策；基本实现大型会计师事务所采用信息化手段对客户的财务报告和内部控制进行审计，进一步提升社会审计质量和效率；基本实现政府会计管理和会计监督的信息化，进一步提升会计管理水平和监管效能。通过全面推进会计信息化工作，我国的会计信息化达到或接近世界先进水平。我国企业会计信息化的全面推进，必将促使企业财务管理的技术环境进一步完善和优化。

（二）经济环境

在影响财务管理的各种外部环境中，经济环境是最为重要的。经济环境所含内容十分广泛，包括经济体制、经济周期、经济发展水平、宏观经济政策及通货膨胀水平等。

1．经济体制

在计划经济体制下，国家统筹企业资本、统一投资、统负盈亏，企业利润统一上缴、亏损全部由国家补贴，企业虽然是一个独立的核算单位但无独立的理财权利。财务管理活动的内容比较单一，财务管理方法比较简单。在市场经济体制下，企业成为"自主经营、自负盈亏"的经济实体，有独立的经营权，同时也有独立的理财权。企业可以从其自身需要出发，合理确定资本需要量，然后到市场上筹集资本，再把筹集到的资本投放到高效益的项目上以获取更大的收益，最后将收益根据需要和可能进行分配，保证企业自始至终根据自身条件和外部环境做出各种财务管理决策并组织实施。

2．经济周期

市场经济条件下，经济发展与运行带有一定的波动性。大体上会经历复苏、繁荣、衰退和萧条这几个阶段的循环，这种循环叫作经济周期。在经济周期的不同阶段，企业应采用不同的财务管理战略。经济周期中的财务管理战略如表1-2所示。

表1-2 经济周期中的财务管理战略

复苏	增加厂房设备、实行长期租赁、建立存货储备、开发新产品、增加劳动力
繁荣	扩充厂房设备、继续建立存货、提高产品价格、开展营销规划、增加劳动力
衰退	停止扩张、出售多余设备、停产不利产品、停止长期采购、削减存货、停止扩招雇员
萧条	建立投资标准、保持市场份额、压缩管理费用、放弃次要利益、削减存货、裁减雇员

3．经济发展水平

财务管理的发展水平是和经济发展水平密切相关的，经济发展水平越高，财务管理水平也越高。财务管理水平的提高，将推动企业降低成本，改进效率，提高效益，从而促进经济发展水平的提高；而经济发展水平的提高，将改变企业的财务战略、财务理念、财务管理模式和财务管理的方法、手段，促进企业财务管理水平的提高。财务管理应当以经济发展水平为基础，以宏观经济发展目标为导向，从业务工作角度保证企业经营目标和经营战略的实现。

4．宏观经济政策

社会主义市场经济体制的不断完善将进一步解放和发展生产力。我国已经并正在进行财税体制、金融体制、外汇体制、外贸体制、价格体制、投资体制、社会保障制度等各项改革。所有这些改革措施深刻地影响着我国的经济生活，也深刻地影响着我国企业的发展和财务活动的运行。例如，金融政策中的货币发行量、信贷规模会影响企业投资的资金来源和投资的预期收益；财税政策会影响企业的资金结构和投资项目的选择等；价格政策会影响资金的投向和投资的回收期及预期收益；会计制度的改革会影响会计要素的确认和计量等。

5．通货膨胀水平

通货膨胀对企业财务活动的影响是多方面的。主要表现在：引起资金占用的大量增加，从而增加企业的资金需求；引起企业利润虚增，造成企业资金由于利润分配而流失；引起利润上升，加大企业的权益资本成本；引起有价证券价格下降，增加企业的筹资难度；引起资金供应紧张，增加企业的筹资难度。

为了减轻通货膨胀对企业造成的不利影响，企业应当采取措施予以防范。在通货膨胀初期，货币面临着贬值的风险，这时企业进行投资可以避免风险，实现资本保值；与客户应签订长期购货合同，以减少物价上涨造成的损失；取得长期负债，保持资本成本的稳定。在通货膨胀持续期，企业可以采用比较严格的信用条件，减少企业债权；调整财务政策，防止和减少企业资本流失等。

（三）金融环境

1．金融机构、金融工具与金融市场

金融机构主要是指银行和非银行金融机构。银行是承担信用中介的金融机构，包括各种商业银行和政策性银行。非银行金融机构主要包括保险公司、信托投资公司、证券公司、财务公司、金融资产管理公司、金融租赁公司等机构。

金融工具是指融通资金双方在金融市场上进行资金交易、转让的工具。借助金融工具，资金从供给方转移到需求方。金融工具分为基本金融工具和衍生金融工具两大类。常见的基本金融工具有货币、票据、债券、股票等。衍生金融工具又称派生金融工具，是在基本金融工具的基础上通过特定技术设计形成的新的融资工具，如各种远期合约、互换、掉期、资产支持证券等，种类非常复杂、繁多，具有高风险、高杠杆效应的特点。

金融市场是指资金供应者和资金需求者双方通过一定的金融工具进行交易而融通资金的场所。金融市场的构成要素包括资金供应者和资金需求者、金融工具、交易价格、组织方式等。金融市场为企业融资和投资提供场所，可以帮助企业实现长短期资金转换、引导资本流向和流量，提高资本效率。

2．金融市场的分类

金融市场可以按照不同的标准进行分类。

（1）以期限为标准，金融市场可分为货币市场和资本市场。

货币市场又称短期金融市场，是指以期限在 1 年以内的金融工具为媒介，进行短期资金融通的市场，包括同业拆借市场、票据市场、大额定期存单市场和短期债券市场；资本市场又称长期金融市场，是指以期限在 1 年以上的金融工具为媒介，进行长期资金交易活动的市场，包括股票市场和债券市场。

（2）以功能为标准，金融市场可分为发行市场和流通市场。

发行市场又称为一级市场，它主要处理金融工具的发行与最初购买者之间的交易；流通市场又称为二级市场，它主要处理现有金融工具转让和变现的交易。

（3）以融资对象为标准，金融市场可分为资本市场、外汇市场和黄金市场。

资本市场以货币和资本为交易对象；外汇市场以各种外汇金融工具为交易对象；黄金市场则是集中进行黄金买卖和金币兑换的交易市场。

（4）按所交易金融工具的属性，金融市场可分为基础性金融市场与金融衍生品交易市场。

基础性金融市场是指以基础性金融产品为交易对象的金融市场，如以商业票据、企业债券、企业股票等为交易对象的交易市场；金融衍生品交易市场是指以金融衍生品为交易对象的金融市场，如以远期、期货、掉期（交换）、期权，以及具有远期、期货、掉期（交换）、期权中一种或多种特征的结构化金融工具等为交易对象的交易市场。

（5）以地理范围为标准，金融市场可分为地方性、全国性和国际性金融市场。

3．货币市场

货币市场的主要功能是调节短期资金融通。其主要特点是：期限短，一般为 3～6 个月，最长不超过 1 年；交易目的是解决短期资金周转，它的资金来源主要是资金所有者暂时闲置的资金，融通资金的用途一般是弥补短期资金的不足；金融工具有较强的“货币性”，流动性强、价格平稳、风险较小。

货币市场主要有拆借市场、票据市场、大额定期存单市场和短期债券市场等。拆借市场是指银行（包括非银行金融机构）同业之间进行短期资本借贷活动的市场。这种交易一般没有固定的场所，主要通过电信手段成交，期限按日计算，一般不超过 1 个月。票据市场包括票据承兑市场和票据贴现市场。票据承兑市场是票据流通转让的基础；票据贴现市场用于对未到期票据进行贴现，为客户提供短期资本融通，包括贴现、再贴现和转贴现。大额定期存单市场是一种买卖银行发行的可转让大额定期存单的市场。短期债券市场主要买卖 1 年期以内的短期企业债券和政府债券，尤其是政府的国库券。短期债券的转让可以通过贴现或买卖的方式进行。短期债券以其期限短、利率优惠等优点成为货币市场中的重要金融工具之一。

4．资本市场

资本市场的主要功能是实现长期资本融通。其主要特点是：融资期限长，至少 1 年以上，最长可达 10 年甚至 10 年以上；融资目的是解决长期投资性资本的需要，用于补充长期资本，提高生产能力；资本借贷量大；收益较高但风险也较大。

资本市场主要包括债券市场、股票市场和融资租赁市场等。

债券市场和股票市场由证券（债券和股票）发行和证券流通构成。证券发行是一项复杂的金融活动，一般要经过以下几个重要环节：证券种类的选择；偿还期限的确定；发售方式的选择。在证券流通中，参与者除了买卖双方外，中介非常活跃，这些中介主要有证券经纪人、券商，他们在流通市场中起着不同的作用。

融资租赁市场是通过资产租赁实现长期资金融通的市场，它具有融资与融物相结合的特点，融资期限一般与资产租赁期限一致。

（四）法律环境

1．法律环境的范畴

市场经济是法制经济，企业的一些经济活动总是在一定法律规范内进行的。法律既约束企业的非法经济行为，也为企业从事各种合法经济活动提供保护。

按照对财务管理内容的影响情况，国家相关法律法规可以分为以下几类。

（1）影响企业筹资的法规。

影响企业筹资的法规主要有公司法、金融法、民法典等。

（2）影响企业投资的法规。

影响企业投资的法规主要有证券交易法、公司法、企业财务通则等。

（3）影响企业收益分配的法规。

影响企业收益分配的法规主要有税法、公司法、企业财务通则等。

2．法律环境对企业财务管理的影响

法律环境对企业的影响是多方面的，影响范围包括企业组织形式、企业治理结构、投融资活动、日常经营、收益分配等。《公司法》规定，企业可以采用独资、合伙、公司制等企业组织形式。企业组织形式不同，业主（股东）的权利责任、企业投融资、收益分配、纳税、信息披露等有所不同，企业治理结构也不同。上述不同种类的法律，分别从不同方面约束企业的经济行为，对企业财务管理产生影响。

（五）社会文化环境

社会文化环境包括教育、科学、文化、艺术、新闻出版、广播电视、卫生体育、世界观、理想、信念、道德、习俗，同社会制度相适应的权利义务观念、道德观念、价值观念等。在不同的文化环境中经营的企业，需要对现有员工进行文化差异方面的培训，并且在可能的情况下雇用文化方面的专家完成此项工作。忽视社会文化对企业财务活动的影响，将给企业的财务管理带来意想不到的问题。

二、微观财务环境

企业财务管理的微观环境包括企业的组织形式、企业市场购销环境、企业的生产情况和人员等诸多方面，它们对企业财务活动的开展起着重要的影响和制约作用。

1．企业的组织形式

企业的组织形式主要有独资、合伙制和公司制三种主要形式。采用不同的企业组织形式，其财务活动呈现不同的特点。

（1）独资企业。

独资企业是由单一业主出资，由其控制和经营的企业。其特征表现为：出资人将企业的财产所有权和企业控制权以及经营权集于一身，不存在委托代理关系；出资人要承担无限责任；独资企业发生损失时，企业所有者要承担的责任就不是以出资的资本为限，而是要将个人的私有财产一并用于抵债，资本金制度和企业的收益分配管理对其没有实质的意义；通常规模较小，社会信用不足，开展筹资活动较为困难。

（2）合伙制企业。

合伙制企业是指由两个及两个以上的业主共同出资、共同拥有、共同经营的企业。合伙制企业的特征主要表现为：企业决策由所有业主共同做出，因此治理结构也相对简单；各合伙人的责、权、利关系通过合伙人契约得以制度化；出资人承担无限责任；业主要共同做出决策，因此决策较为缓慢，而且，如果意见或经营目标发生分歧，企业很可能走向解体。

（3）公司制企业。

公司制企业是两权分离的产物。作为股东的出资人拥有公司财产的终极所有权，但公司作为法人主体拥有完善意义的法人财产权。公司制企业的特征及其对财务活动的影响主要表现在：公司制企业复杂的委托代理关系，以及各利益主体之间的利益冲突和信息的不对称，使完善的公司治理结构成为制约和影响公司财务活动的制度背景；公司股东以其出资额为限对公司承担有限责任，同时享有对公司收益的分配权和财产的分配权。通过股票和债券的发行，公司制企业可以迅速获得其经营和发展所需要的资金，而多元化的筹资渠道和筹资方式，使公司筹资活动和决策变得十分复杂。

2．市场营销环境

市场营销环境包括企业的采购环境和销售环境。采购环境对企业理财有重要影响。按不同的标准可对采购环境做不同的分类。采购环境按物资来源是否稳定，可分为稳定的采购环境和波动的采购环境。企业如果处于稳定的采购环境中，可少储备存货，减少存货占用的资金；如果处于波动的采购环境中，则必须增加存货的保险储备，以防存货不足影响生产，这就要求财务人员把较多的资金用于存货的保险储备。采购环境按价格变动情况，可分为价格上涨的采购环境和价格下降的采购环境。在价格上涨的采购环境下，企业应尽量提前进货，以防价格进一步上涨而遭受损失，这就要求在存货上投入较多的资金；反之，在价格下降的采购环境里，应尽量在需要使用时采购，以便从价格下降中获得好处，也可在存货上尽量减少占用资金。

每个企业都面临着不同的销售环境，这会影响和制约企业的财务行为。一般而言，影响企业销售环境的因素有参加市场交易的生产者及消费者的数量和参加市场交易的商品的差异程度。

3．生产环境

不同的生产企业和服务企业具有不同的生产环节，这些生产环节对财务管理有着重要影响。比如，如果企业的生产是资本密集型的，那其就有比较多的固定资产而生产工人较少。这种企业在固定资产上占用的资金比较多，而工薪费用较少，这就要求企业财务人员必须筹集到足够的长期资金以满足固定资产投资。反之，如果企业生产是劳动密集型的，则其可较多地利用短期资金。再如，生产轮船、飞机的企业，生产周期较长，企业要比较多地利用长期资金；反之，生产食品的企业，生产周期很短，可以比较多地利用短期资金。

4．人员环境

企业财务管理实际上处理的是人与人之间的经济关系，因此人员环境对理财的影响是相当大的。这里所说的人员环境是指由企业内部或外部利益集团构成的人员组合，因而不仅是自然人，也包括法人，还包括由不同人所构成的社会。现分述如下。

（1）股东。

股东是企业的所有者，企业对股东承担的基本责任是保护所有者的投资。股东的意见对企业的筹资、投资和盈余分配都有重大影响。

（2）债权人。

债权人是向企业出借资金的人，如债权持有人、提供贷款的银行等。企业对债权人承担的责任是到期偿还债务，如果不能做到，会影响企业信誉，甚至会导致破产。

（3）雇员。

企业的雇员就是为企业生产产品或提供服务的人员。企业必须在工资、工作条件、福利等方面满足雇员的需要，否则也会影响企业的正常经营活动。

（4）顾客。

企业的产品或服务质量的好坏最终要由顾客来检验。因此，企业的成败归根到底取决于顾客。为了更好地满足顾客的需要，企业要做好广告宣传，加强售后服务，制定合适的信用政策等，这就需要在产品销售和应收账款方面进行相当的投资。

（5）政府。

政府与企业之间也有一定的利害关系，最主要的就是企业必须依法、及时、足额地上缴税款。这就要求企业财务人员必须筹集足够的资金以满足纳税需要。

（6）社会。

企业承担的社会责任对企业财务也有重大影响。例如，企业向宗教或教育事业捐款，就会减少企业的资金或盈利；企业生产造成的环境污染，必须进行投资来清除，也会引起企业资金需求量的变化。

综上所述，财务管理环境对企业财务管理活动有着非常重大的影响。这就要求财务人员要正确认识和把握企业所处的财务管理环境特征，并根据企业财务管理环境的变化和发展，及时调整企业的财务管理目标，改变财务管理方法，采取新的措施和对策。只有如此，企业才能在竞争激烈的市场中立于不败之地。

本学习单元小结

本学习单元对财务管理的基础知识进行介绍，共有三个任务，主要介绍什么是财务管理、财务管理的目标、影响财务管理的因素三个方面。任务一什么是财务管理里面主要讲解了以下内容：（1）企业的经济活动，主要借助企业的资金运动图展开，利用图解可使企业的经济活动一目了然；（2）企业的财务活动，财务活动就是企业再生产过程中的资金运动，主要围绕资金的筹资、投放、使用、收回和分配一系列行为展开，主要包括筹资活动、投资活动、资金营运活动和利润分配活动，分析每一个活动中所涉及的财务活动；（3）财务关系，介绍企业在开展财务活动中可能发生的各方面的财务关系；（4）财务管理含义，让学生对什么是财务管理有一个认知；（5）财务管理工作的环节。任务二主要讲解企业的目标，进而推出财务管理的目标，分析财务管理各目标的优缺点，以及如何解决财务管理目标在各利益主体之间的协调问题。任务三分析影响财务管理的因素，主要从宏观财务环境和微观财务环境两个方面详细分析各因素对企业财务管理的影响。

复习与思考

1. 财务管理的内容与会计报表项目之间有何对应关系？

2. 在某企业财务目标研讨会上，张经理主张"贯彻合作共赢的价值理念，做大企业的财富蛋糕"；李经理认为"既然企业的绩效按年度考核，财务目标就应该集中体现当年利润指标"；王经理提出"应将企业长期稳定的发展放在首位，以便创造更多的价值"。你认为上述观点涉及的财务管理目标有哪些？

技能实训

假设你是财务专业的毕业生，在一家咨询公司上班。张玲是你的一个客户，她正打算创立一家生产健身器材的公司。由于近几年这一行业的前景被市场看好，因此已有多位出资者表示愿意对张玲的新公司出资。鉴于采用发行股票方式设立公司的手续复杂，张玲打算采用有限责任公司的组织形式来设立公司，她想通过你来了解有关公司财务管理方面的问题。你的领导设计了下面这些问题，让你通过对这些问题的回答来帮助张玲了解相关知识。

（1）公司内部的组织结构应该如何设置？

（2）作为公司的财务人员，财务管理的目标是什么？在实施这一目标的过程中，可能遇到的问题有哪些，应如何解决？

（3）公司的财务活动有哪些内容？财务人员在进行这些活动时需要注意的问题是什么？

（4）公司财务人员可以通过金融市场实现哪些财务管理目标？金融机构有哪些？

（5）市场利率的构成因素包括哪些内容？这些构成因素产生的原因是什么？

学习单元二　资金时间价值与风险的认知和衡量

素质目标

1. 掌握资金时间价值的概念和相关计算方法
2. 掌握风险的衡量方法和风险报酬率的概念
3. 理解资本资产定价模型

技能目标

1. 能够区分不同类型的年金
2. 能够运用资金时间价值的计算方法计算相应的资金时间价值

案例导入

1797 年 3 月，拿破仑在卢森堡第一国立小学演讲时，潇洒地把一束价值 3 路易的玫瑰花送给该校的校长，并且说了这样一番话："为了答谢贵校对我，尤其是对我夫人约瑟芬的盛情款待，我不仅今天呈献上一束玫瑰花，并且在未来的日子里，只要我们法兰西存在一天，每年的今天我都将派人送给贵校一束价值相等的玫瑰花，作为法兰西与卢森堡友谊的象征。"从此卢森堡对该事念念不忘，并载之入史册。

后来，拿破仑穷于应付不断的战争和此起彼伏的政治事件，并最终因失败而被流放到圣赫勒那岛，自然也把对卢森堡的承诺忘得一干二净。谁都不曾料到，1984 年年底，卢森堡人竟旧事重提，向法国政府提出"赠送玫瑰花"的诺言，并且要求赔偿。他们要求法国政府：要么从 1798 年起，用 3 路易作为一束玫瑰花的本金，以 5 厘复利计息全部清偿；要么在法国各大报刊上公开承认拿破仑是言而无信的小人。法国政府当然不想有损拿破仑的声誉，但计算机算出来的数字让他们惊呆了：原本 3 路易的许诺，至今本息已高达 1 375 596 法郎。最后，法国政府通过冥思苦想，才找到一个使卢森堡比较满意的答复，即："以后无论在精神上还是在物质上，法国将始终不渝地对卢森堡的中小学教育事业予以支持与赞助，来兑现我们拿破仑将军那一诺千金的玫瑰花信誓。"也许拿破仑至死也没想到，自己"即兴"的言辞会给法国带来这样的尴尬。

你从以上的小故事中得到了什么启发？

任务一 资金时间价值的认知和衡量

一、资金时间价值的概念

什么是资金的时间价值

资金时间价值是指在没有风险和没有通货膨胀的情况下，资金经历一定时间的投资和再投资后所增加的价值，也称货币时间价值。

在实务中，人们习惯使用相对数字表示资金时间价值，即用增加的价值与投入货币的百分比来表示。用相对数表示的资金时间价值也称为纯粹利率（简称纯利率）。纯利率是指在没有通货膨胀、无风险情况下资金市场的平均利率。没有通货膨胀时，短期国债利率可以被视为纯利率。

二、资金时间价值的计算

由于资金随着时间的延续而增值，在不同时点上具有不同的价值。因此，在不同时间的资金收付不能直接进行比较，应当把它们换算到相同的时点上才能进行大小比较和相关计算。计算资金的时间价值，首先要清楚资金运动发生的时间和方向，即每笔资金在哪个时点上发生，资金流向是流入还是流出。现金流量时间线提供了重要的计算资金时间价值的工具。运用现金流量时间线，可以直观、便捷地反映资金运动发生的时间和方向。典型的现金流量时间线如图 2-1 所示。

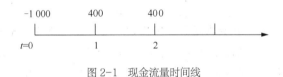

图 2-1 现金流量时间线

图 2-1 中横轴为时间轴，箭头所指方向表示时间的增加。横轴上的坐标代表各个时点。$t=0$ 表示现在，1 和 2 分别表示从现在开始的第 1 期期末、从现在开始的第 2 期期末，依此类推。若每期的时间间隔为 1 年，1 则表示从现在起第 1 年年末（即第 2 年年初），2 表示从现在起第 2 年年末（即第 3 年年初）。

图 2-1 的现金流量时间线表示在 0 时刻有 1 000 单位的现金流出，在 1 和 2 时刻各有 400 单位的现金流入。

【提示】现金流量时间线对于更好地理解和计算资金时间价值有很大帮助。

（一）资金时间价值计算的相关概念

1．终值和现值的概念

（1）终值又称将来值，是现在一定量的资金折算到未来某一时点所对应的价值，又称"本利和"，通常记作 F。

（2）现值是指未来某一时点上的一定量资金折算到现在所对应的价值，又称"本金"，通常记作 "P"。

终值和现值的关系如图 2-2 所示，该图清晰地表述了终值和现值的含义及相互关系。

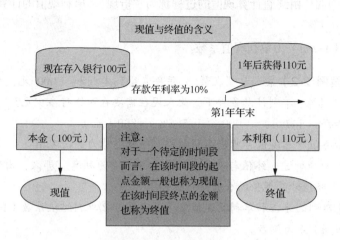

图2-2　终值和现值的关系

【**注意**】终值与现值概念的相对性。

【**思考**】现值与终值之间的差额是什么？

从实质来说，两者之间的差额是利息。

2. 利息的两种计算方式

单利计息方式下，每期都按初始本金计算利息，当期利息即使不取出也不计入下期本金，计算基础不变。即只对本金计算利息（各期的利息是相同的），利息不再计算利息。

复利计息方式下，每经过一个计息期，要将该期所派生的利息加入本金再计算利息，逐期滚动计算，又称"利滚利"，对本金计算利息，也对前期的利息计算利息（各期利息不同）。

（二）一次收付款项单利和复利的计算

为计算方便，假定有关字母符号的含义如下：I 为利息，F 为终值，P 为现值，A 为年金值，i 为利率（折现率），n 为期数。

1. 单利终值与现值的计算

（1）单利终值的计算。

单利终值是指现在的一定量的资金，按单利计算的若干期后的本利总和。单利终值的计算公式为：

$$F=本金+利息=P+P \times i \times n=P \times (1+i \times n)$$

式中，$(1+i \times n)$ 代表单利终值系数。

【**提示**】除非特别指明，在计算利息时，给出的利率均为年利率，对于不足一年的利息，以一年等于360天来折算。

　【**经典案例2-1**】某人将 100 元存入银行，年利率为 2%，求 5 年后的终值。

【**解析**】$F=P \times (1+i \times n)=100 \times (1+2\% \times 5)=110$（元）

单利终值计算主要解决：已知现值，求终值。

（2）单利现值的计算。

单利现值是指未来某期的一定量的资金，按单利计算的现在价值。现值的计算与终值的计算是互逆的，由终值计算现值的过程称为"折现"。单利现值的计算公式为：

$$P=F\div(1+i\times n)$$

式中，$1/(1+i\times n)$ 为单利现值系数。

【经典案例 2-2】某人希望在第 5 年年末得到本利和 1 000 元，用于支付一笔款项。在年利率为 5%、单利计息条件下，此人现在需要存入银行多少元？

【解析】$P=F\div(1+i\times n)=1\,000\div(1+5\times5\%)=800$（元）

【注意】由终值计算现值时所应用的利率，一般也称为"折现率"。

【思考】前面分析过，终值与现值之间的差额，即为利息。那么，由现值计算终值的含义是什么？由终值计算现值的含义是什么？

【结论】①单利的终值和单利的现值互为逆运算。②单利终值系数（$1+i\times n$）和单利现值系数 $1/(1+i\times n)$ 互为倒数。

2. 复利终值与现值的计算

（1）复利终值的计算。

复利终值指一定量的货币，按复利计算的若干期后的本利和。复利终值的计算公式为：

$$F=P\times(1+i)^n$$

式中，$(1+i)^n$ 称为"复利终值系数"，用符号（F/P，i，n）表示。这样，上式就可以写为：$F=P(F/P, i, n)$。

【提示】在平时做题时，复利终值系数可以查教材的附表一复利终值系数表直接得到。考试时，一般会直接给出。但需要注意的是，考试中系数是以符号的形式给出的。因此，对于有关系数的表示符号需要掌握。

【经典案例 2-3】某人拟购房，开发商提出两个方案：方案一是现在一次性付 80 万元；方案二是 5 年后付 100 万元。若目前银行贷款年利率为 7%（复利计息），要求计算比较哪个付款方案更有利。

【解析】方案一的终值=$80\times(F/P, 7\%, 5)=112.208$（万元）

方案二的终值=$100\times(F/P, 7\%, 0)=100$（万元）

由于方案二的终值小于方案一的终值，所以应该选择方案二。

【注意】①如果其他条件不变，当期数为 1 时，复利终值和单利终值是相同的。②在财务管理中，如果不加注明，一般均按照复利计算。

（2）复利现值的计算。

复利现值是指未来一时点的特定资金按复利计算方法，折算到现在的价值。或者说为了取得将来一定本利和，现在所需要的本金。其计算公式为：

$$P=\frac{F}{(1+i)^n}=F(1+i)^{-n}=F\times(P/F, i, n)$$

式中，$(1+i)^{-n}$ 称为"复利现值系数"，用符号（P/F，i，n）表示。平时做题时，可查教材附表二复利现值系数表得出。考试时一般会直接给出该系数。

【经典案例 2-4】某人存入一笔钱，想 5 年后得到 10 万元，若银行存款年利率为 5%，要求计算下列指标。

① 如果按照单利计息，现在应存入银行多少资金？

② 如果按照复利计息，现在应存入银行多少资金？

【解析】 ① $P=F \div (1+n \times i)=10 \div (1+5 \times 5\%)=8$（万元）

② $P=F \times (P/F, 5\%, 5)=10 \times 0.783\,5=7.835$（万元）

【结论】 ①复利终值和复利现值互为递运算。

②复利终值系数 $(1+i)^n$ 和复利现值系数 $1/(1+i)^n$ 互为倒数。

【提示】 系数间的关系如下。

① 单利终值系数与单利现值系数互为倒数关系。

② 复利终值系数与复利现值系数互为倒数关系。

（三）年金的相关计算

1．年金的含义

什么是年金

年金是指一定时期内每次等额收付的系列款项。年金具有两个特点：一是金额相等；二是时间间隔相等。

2．年金的形式

年金包括普通年金（后付年金）、预付年金（先付年金）、递延年金、永续年金等形式。普通年金是年金的最基本形式，它是指从第一期起，在一定时期内每期期末等额收付的系列款项，又称后付年金。预付年金是指从第一期起，在一定时期内每期期初等额收付的系列款项，又称先付年金或即付年金。预付年金与普通年金的区别仅在于收付款时间的不同：普通年金发生在每期期末，而预付年金发生在每期期初。递延年金是指隔若干期后才开始发生的系列等额收付款项。永续年金是指无限期收付的年金，即一系列没有到期日的现金流。在年金中，系列等额收付的间隔期间只需要满足"相等"的条件即可，间隔期间可以不是一年，如每季末等额支付的债务利息也是年金。年金形式如图 2-3 所示。

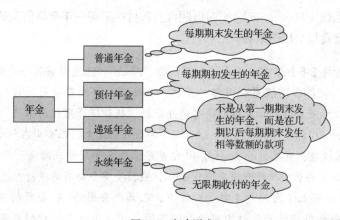

图 2-3 年金形式

【提示】 ①这里的年金收付间隔的时间不一定是一年，可以是半年、一个季度或者一个月等。②这里年金收付的起止时间可以是从任何时点开始，如一年的间隔期，不一定是从 1 月 1 日至 12 月 31 日，可以是从当年 7 月 1 日至次年 6 月 30 日。

在年金的四种类型中，最基本的是普通年金，其他类型的年金都可以看成是普通年金的转化形式。

【经典案例2-5】年金是指每隔一年、金额相等的一系列现金流入或流出量。（ ）

【答案】×

【解析】在年金中，系列收付款项的时间间隔只要满足"相等"的条件即可。注意如果本题改为"每隔一年、金额相等的一系列现金流入或流出量是年金"则是正确的。即间隔期为一年，只是年金的一种情况。

3．普通年金终值与现值的计算

（1）普通年金终值的计算（注意年金终值的含义、终值点）。

普通年金终值是指普通年金最后一次收付时的本利和，是每次收付款项的复利终值之和。普通年金终值的计算实际上就是已知年金 A，求终值 F_A。结合图2-4，我们可以看出年金终值就是多个复利终值的叠加。

年金的计算

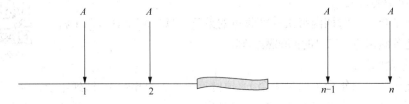

图 2-4　普通年金终值计算

根据复利终值的方法，计算年金终值的公式为：

$$F = A\times(1+i)^{n-1} + A\times(1+i)^{n-2} + \cdots + A\times(1+i) + A$$
$$= A\times\frac{(1+i)^n - 1}{i}$$
$$= A\times(F/A,\ i,\ n)$$

年金终值系数 $(F/A,\ i,\ n)$，平时做题可查教材的附表三年金终值系数表直接得到。考试时，一般会直接给出该系数。

【经典案例 2-6】A 矿业公司（以下简称"A 公司"）决定将其一处矿产开采权公开拍卖，因此它向世界各国煤炭公司招标开矿。已知甲公司和乙公司的投标书最具有竞争力。甲公司的投标书显示，如果该公司取得开采权，从获得开采权的第 1 年开始，每年年末向 A 公司交纳 10 亿美元的开采费，直到 10 年后开采结束。乙公司在投标书中表示，该公司在取得开采权时，直接付给 A 公司 40 亿美元，在 8 年后开采结束，再付给 A 公司 60 亿美元。如 A 公司要求年投资回报率达到 15%，应接受哪个公司的投标？

【解析】要回答上述问题，主要是比较甲、乙两个公司给 A 公司的开采权收入的大小。但由于两个公司支付开采权费用的时间不同，因此不能直接比较，而应比较这些款项在第 10 年终值的大小。

甲公司的方案对 A 公司来说是一笔年收款 10 亿美元的 10 年年金，其终值计算如下。

$F = 10\times(F/A,\ 15\%,\ 10) = 10\times20.304 = 203.04$（亿美元）

乙公司的方案对 A 公司来说是两笔收款，分别计算其终值：

第 1 笔收款（40 亿美元）的终值 $= 40\times(1+15\%)^{10} = 40\times4.045\ 6 = 161.824$（亿美元）

第 2 笔收款（60 亿美元）的终值 $= 60\times(1+15\%)^2 = 60\times1.322\ 5 = 79.35$（亿美元）

终值合计=161.824+79.35=241.174（亿美元）

因此，甲公司付出的款项终值小于乙公司付出的款项终值，应接受乙公司的投标。

（2）普通年金现值的计算。

普通年金现值是指将在一定时期内按相同时间间隔在每期期末收入或支付的相等金额折算到第一期期初的现值之和。结合图2-5，我们可以看出年金现值是多个复利现值的叠加。

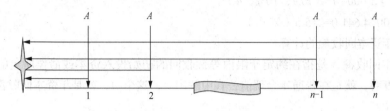

图2-5　普通年金现值计算

根据复利现值的方法，计算年金现值的公式为：

$$P = A \times (1+i)^{-1} + A \times (1+i)^{-2} + \cdots + A \times (1+i)^{-n}$$
$$= A \times \frac{1-(1+i)^{-n}}{i}$$
$$= A \times (P/A,\ i,\ n)$$

年金现值系数（P/A，i，n），平时做题可查教材的附表四年金现值系数表直接得到。考试时，一般会直接给出该系数。

【经典案例 2-7】 某投资项目于 20×0 年年初动工，假设当年投产，从投产之日起每年可得收益 40 000 元。按年利率 6% 计算，计算预期 10 年收益的现值。

【解析】 P=40 000×（P/A，6%，10）=40 000×7.360 1=294 404（元）

【经典案例 2-8】 钱小姐最近准备买房，看了好几家开发商的售房方案，其中一个方案是 A 开发商出售一套 100 平方米的住房，要求首期支付 10 万元，然后分 6 年每年年末支付 3 万元。钱小姐很想知道每年年末付 3 万元相当于现在多少钱，以让她与现在 2 000 元/平方米的市场价格进行比较。（贷款年利率为 6%）

【解析】 P=3×（P/A，6%，6）=3×4.917 3=14.751 9（万元）

钱小姐付给 A 开发商的资金现值=10+14.751 9=24.751 9（万元）

如果直接按每平方米 2 000 元购买，只需要付出 20 万元，可见分期付款需付更多钱。

4．偿债基金和年资本回收额的计算

（1）偿债基金的计算。

偿债基金，是指为了在约定的未来一定时点清偿某笔债务或积聚一定数额的资金而必须分次等额形成的存款准备金，也就是为使年金终值达到既定金额的年金数额。从计算的角度来看，就是在普通年金终值中解出 A，这个 A 就是偿债基金。计算公式为：

$$A = F \times \frac{i}{(1+i)^n - 1}$$

式中，$\dfrac{i}{(1+i)^n - 1}$ 称为"偿债基金系数"，记作（A/F，i，n）。

【结论】①偿债基金和普通年金终值互为逆运算。②偿债基金系数和普通年金终值系数互为倒数。

【经典案例2-9】某企业有一笔4年后到期的借款，到期值为1 000万元。若存款年复利率为10%，则为偿还该项借款应建立的偿债基金为多少？

【解析】$1\,000 = A \times (F/A, 10\%, 4)$

$A = 1\,000 \div 4.641\,0 = 215.5$（万元）

（2）年资本回收额的计算。

年资本回收额，是指在约定年限内等额收回的初始投入资本或清偿所欠的债务。从计算的角度看，就是在普通年金现值公式中解出A，这个A，就是年资本回收额。计算公式为：

$$A = P \times \frac{i}{1-(1+i)^{-n}}$$

式中，$\dfrac{i}{1-(1+i)^{-n}}$ 称为资本回收系数，记作$(A/P, i, n)$。

【结论】①年资本回收额与普通年金现值互为逆运算。②资本回收系数与年金现值系数互为倒数。

【经典案例2-10】某企业为实施某项计划，需要取得外商贷款1 000万美元，经双方协商，贷款年利率为8%，按复利计息，贷款分5年于每年年末等额偿还。外商告知，该企业每年年末应归还本金200万美元，支付利息80万美元。要求：核算外商的计算是否正确。

【解析】按照约定条件，每年应还本息数额：

$A = 1\,000 \div (P/A, 8\%, 5) = 250$（万美元）

根据计算可知，外商的计算不正确。

5. 预付年金终值和现值

预付年金是发生在每期期初的年金，也称为即付年金、先付年金。预付年金是指在一定时期内，各期期初等额的系列收付款项。预付年金与普通年金的区别仅在于付款时间的不同。

（1）预付年金终值。

预付年金终值是指一定时期内每期期初等额的系列收付款项的复利终值之和。由图2-6可看出，预付年金利息收付的期数比普通年金多计一年利息，因此在普通年金终值的基础上乘以$(1+i)$即可计算预付年金的终值。

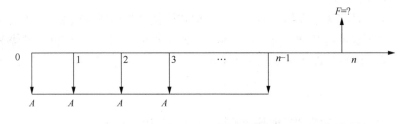

图2-6　预付年金终值计算

计算公式为:

$$F_A = A \times (1+i)^n + A \times (1+i)^{n-1} + \cdots + A \times (1+i)^1$$
$$= A \times \frac{(1+i)^n - 1}{i} \times (1+i)$$
$$= A \times \left[\frac{(1+i)^n - 1}{i} - 1 \right]$$
$$= A \times [(F/A, i, n+1) - 1]$$

式中,$\left[\dfrac{(1+i)^n - 1}{i} - 1 \right]$ 为"预付年金终值系数",或称"1元的预付年金现值",一般记为 $[(F/A, i, n+1) - 1]$。即在同期普通年金终值系数的基础上,期数加1,系数减1,可查年金终值系数表获得有关数据。

【经典案例 2-11】张先生每年年初存入银行 1 000 元,银行年存款利率为 8%,则第 10 年年末的本利和为多少?

【解析】$F = A \times [(F/A, i, n+1) - 1] = 1\,000 \times [(F/A, 8\%, 10+1) - 1] = 1\,000 \times (16.646 - 1) = 15\,646$(元)

(2)预付年金现值。

预付年金现值是指在一定时期内,每期期初收入或支出相等金额的现值之和。n 期的预付年金和 n 期的普通年金相比,由于第一期的期初数不需要折现,因而比普通年金少折现一年,如图 2-7 所示。因此,要在普通年金现值的基础上乘以 $(1+i)$。由此得出预付年金现值的计算公式为:

$$P_A = A \times \frac{1 - (1+i)^{-n}}{i} \times (1+i)$$
$$= A \times (P/A, i, n) \times (1+i)$$

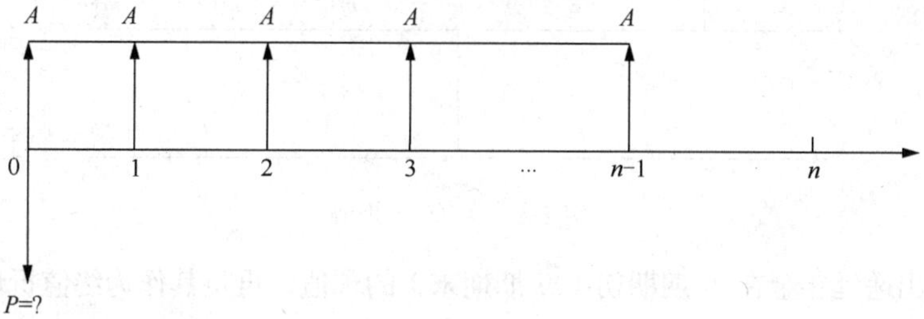

图 2-7 预付年金现值计算

【经典案例 2-12】某企业租用一套设备,在 10 年中每年年初要支付租金 5 000 元,年利率为 8%,则支付的租金总额的现值为多少?

【解析】$P_A = A \times \dfrac{1 - (1+i)^{-n}}{i} \times (1+i)$

$= A \times (P/A, i, n) \times (1+i)$

$= 5\,000 \times (P/A, 8\%, 10) \times (1+8\%)$

$= 5\,000 \times 6.710\,1 \times (1+8\%)$

$= 36\,234.54$(元)

6. 递延年金终值和现值

前几种年金的第一次收付时间都发生在整个收付期的第一期的期末或期初。但实际生活中，有时会遇到第一次收付不在第一期，而是几期以后才在每期期末发生一系列的收付款项，这种年金形式就是递延年金。因此，递延年金是指第一次收付款不发生在第一期，而隔若干期后才发生的年金，是特殊的普通年金。递延年金示意图如图 2-8 所示。

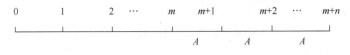

图 2-8　递延年金

（1）递延年金终值。

如图 2-8 所示，前 m 年没有收付款项，为递延期，此后 n 年，每期均有等额的收付款项，则 m 年到 $m+n$ 年实际就是普通年金的形式。因此，递延年金的终值相当于 n 期普通年金的终值。其计算公式为：

$$F_A = A \times (F/A,\ i,\ n)$$

【经典案例 2-13】正大公司准备做一项投资，项目前期没有收益，预计从第 5 年开始到第 10 年，每年年末可以获利 50 万元。假设此时银行年利率为 5%，企业每年获得的收益终值为多少？

【解析】$F_A = A \times (F/A,\ i,\ n)$
=50×（F/A，5%，6）=50×6.801 9=340.1（万元）

（2）递延年金现值。

由图 2-9 可知，递延年金的现值即为后 n 期年金先折现至 m 期期初，再折现至第一期期初的现值。

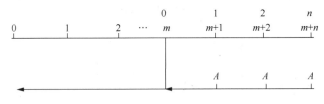

图 2-9　递延年金现值

可先求出递延年金在 n 期期初（m 期期末）的现值，再将其作为终值折现至 m 期的第一期期初，即可求出递延年金的现值。计算公式为：

$$P_A = A \times (P/A,\ i,\ n) \times (P/F,\ i,\ m)$$

【经典案例 2-14】某人准备在年初存入一笔资金，以便在第 6 年年末起每年取出 1 000 元，至第 10 年年末取完。年利率为 10%，则此人在年初需要存入多少资金？

【解析】$P_A = A \times (P/A,\ i,\ n) \times (P/F,\ i,\ m)$
=1 000×（P/A，10%，5）×（P/F，10%，5）
=1 000×3.790 8×0.620 9
=2 353.7（元）

7. 永续年金的现值

永续年金是指期限为无穷的年金，因为永续年金没有终止时间，因此无终值。

在现实生活中，各种奖励基金的发放形式就是永续年金。绝大多数优先股因其有固定的股利但无到期日，因此其股利也可视为永续年金。其计算公式为：

$$P = \frac{A}{i}$$

【经典案例 2-15】某集团公司拟设立一项专门存款作为某高校的永久性奖学金，每年计划颁发 20 000 元奖学金。若银行存款年利率为 5%，则该公司现在应存入该专门存款的金额是多少？

【解析】$P = \dfrac{A}{i}$

$= \dfrac{20\ 000}{5\%}$

$= 400\ 000$（元）

三、资金时间价值计算中的特殊问题

（一）不等额现金流量现值的计算

以上所述年金是指每次收入或付出都是相等的。但实际经济管理过程中，更多的情况是每次收入或付出的款项不相等。计算不等额现金流量的现值只能逐笔计算其复利现值，其计算公式为：

时间价值的特殊问题

$$PV_n = A_0 \times \frac{1}{(1+i)^0} + A_1 \times \frac{1}{(1+i)^1} + A_2 \times \frac{1}{(1+i)^2} + \cdots + A_n \times \frac{1}{(1+i)^n}$$

【经典案例 2-16】某人投资开办公司，前 3 年每年年初分别投资 200 000 元、150 000 元、80 000 元，已知折现率为 8%，则该项投资的现值之和是多少？

【解析】$PV_3 = 200\ 000 \times \dfrac{1}{(1+80\%)^0} + 150\ 000 \times \dfrac{1}{(1+8\%)^1} + 80\ 000 \times \dfrac{1}{(1+8\%)^2} = 407\ 469$（元）

（二）年金和不等额现金流量混合情况下现值的计算

在实际经济活动中，年金与不等额现金流量可能混合发生。在这种情况下计算其现值，可将能够用年金公式计算的部分用年金公式计算；不能用年金公式计算的部分用复利公式计算，然后加总计算出年金和不等额现金流量混合情况下的现值。

【经典案例 2-17】沿用【经典案例 2-16】，若该公司投入了一个新项目，新项目投产后每年可获得的现金流入量如表 2-1 所示。假设折现率为 7%，求这一系列现金流入量的现值。

表 2-1 项目现金流入量

单位：万元

年限	现金流入量	年限	现金流入量
1	5	6	8
2	5	7	8
3	5	8	8
4	5	9	8
5	8	10	10

【解析】 由表 2-1 可知，第 1～4 年现金流量相等，第 5～9 年现金流量也相等。可以将本题看作求第 1～4 年的普通年金现值、第 5～9 年的递延年金现值及第 10 年不等额现金流量现值之和。整个期间现金流量现值计算如下。

$$P = 5 \times (P/A, 7\%, 4) + 8 \times (P/A, 7\%, 5) \times (P/F, 7\%, 4) + 10 \times (P/F, 7\%, 10)$$
$$= 5 \times 3.387\,2 + 8 \times 4.100\,2 \times 0.762\,9 + 10 \times 0.508\,3$$
$$= 47.04 （万元）$$

（三）折现率的计算

在前面计算现值和终值时，均假定利率是给定的。但在财务管理中，经常会遇到已知现值和终值，需要求折现率的情况。这时可将其视为求终值或现值的逆运算。求折现率可分为以下三个步骤。

第一步：求换算系数。

第二步：查表。

第三步：利用插值法求折现率。

因 $$F = P \times (F/P, i, n)$$

故 $$(F/P, i, n) = \frac{F}{P}$$

同理，

$$(F/P, i, n) = \frac{P}{F}$$
$$(F/A, i, n) = \frac{F}{A}$$
$$(P/A, i, n) = \frac{P}{A}$$

【经典案例 2-18】 某公司于第一年年初借款 20 000 元，每年年末还本付息额均为 4 000 元，连续 9 年还清，求借款利率是多少？

【解析】 第一步，求系数。

$$(P/A, i, n) = (P/A, i, 9) = \frac{P}{A}$$
$$= 20\,000 \div 4\,000$$
$$= 5$$

第二步，查表。

查年金现值系数表，在期数 $n=9$ 这行中找与 5 最接近的值。当 $i=13\%$ 时，系数为 5.132；当 $i=14\%$ 时，系数为 4.946。

第三步，利用插值法计算：

$$\frac{i-13\%}{14\%-13\%} = \frac{5-5.132}{4.946-5.132}$$
$$i = 13.71\%$$

（四）名义利率与实际利率

以上计算均假定利率为年利率。在实际中，复利的计息期间并不总是一年，有可能是按季度、月或日来计息，如有的债券利息每半年支付一次，股利有时每季度支付一次等。当利息在一年内要复利几次时，则年利率称为名义利率，每年只复利一次的利率称为实际利率。

名义利率和实际利率之间存在以下关系：

$$(1+i)=\left(1+\frac{r}{m}\right)^{m}$$

$$i=\left(1+\frac{r}{m}\right)^{m}-1$$

式中，r 为名义利率，m 为每年复利次数，i 为实际利率。

【经典案例 2-19】若银行存款年利率为 12%，每半年复利一次，则该存款的实际利率是多少？

【解析】 $i=\left(1+\dfrac{r}{m}\right)^{m}-1$

$\qquad =\left(1+\dfrac{12\%}{2}\right)^{2}-1$

$\qquad =1.1236-1$

$\qquad =12.36\%$

任务二 风险的认知和衡量

一、资产的风险及其衡量

（一）风险的概念

风险是指收益的不确定性。虽然风险的存在可能意味着收益的增加，但人们更多考虑的则是损失发生的可能性。企业风险是指对企业的战略与经营目标实现产生影响的不确定性。从财务管理的角

什么是风险价值

度看，风险是企业在各项财务活动过程中，由于各种难以预料或无法控制的因素作用使企业的实际收益与预计收益发生背离，从而蒙受经济损失的可能性。

（二）风险的衡量

风险具有客观性，是不以人的意志为转移的。因此，企业的财务活动和经营管理活动总是处于一定的风险之中。正视风险并对可能存在的风险进行衡量，是进行投资决策工作的关键环节。衡量风险时需要考虑概率、期望值和离散程度等方面的因素。

1. 确定概率及概率分布

在经济活动中，某一事件在相同的条件下既可能发生又可能不发生，这类事件称为

随机事件。概率是用来表示随机事件发生可能性的大小的数值。通常，把必然发生的事件的概率定为 1，把不可能发生的事件的概率定为 0。用 X 表示随机事件，X_i 表示随机事件的第 i 种结果。

概率 P_i 必须符合以下两个要求。

（1）$0 \leqslant P_i \leqslant 1$；

（2）$\sum_{i=1}^{n} P_i = 1$。

【经典案例 2-20】远大公司投资生产了一种新型产品 A，在不同的市场情况下，各种可能的收益及概率如表 2-2 所示。

表 2-2　A 产品预期收益及概率分布

市场情况	年收益 X_i（万元）	概率 P_i
繁荣	8	0.3
正常	6	0.5
疲软	3	0.2

【解析】由表 2-2 可知，所有的概率 P_i 值都在 0 和 1 之间，且 $P_1 + P_2 + P_3 = 1$。

如果把随机事件所有可能出现的结果按一定规则排列，同时列出各种结果对应的概率，就称为概率分布。概率分布一般用坐标图反映。概率分布有两种类型。一种是离散型分布，也称为不连续的概率分布。其特点是各种结果只有有限个值，概率分布在各特定点上，构成不连续的图像。另一种是连续分布，其特点是各种可能的结果有无数个值，概率分布在连续图像上两点之间的区间上，如图 2-10 和图 2-11 所示。

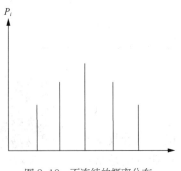

图 2-10　不连续的概率分布

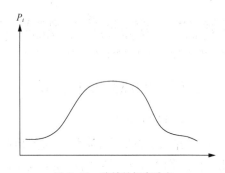

图 2-11　连续的概率分布

2. 计算期望值

期望值是指一个概率分布中的所有可能结果，以各自相应的概率为权数计算的加权平均值，是加权平均的中心值。通常用符号 $\bar{E}$ 表示。根据概率统计知识，一个随机变量的期望值为：

$$\bar{E} = \sum_{i=1}^{n} X_i P_i$$

式中，$\bar{E}$ 为报酬期望值，X_i 为第 i 种结果的报酬期望值，P_i 为第 i 种结果的概率，n 为所有可能的结果数。

【经典案例 2-21】沿用【经典案例 2-20】，计算预期年收益的期望值。

【解析】$\bar{E} = \sum_{i=1}^{n} X_i P_i$

$=8×0.3+6×0.5+3×0.2$

$=6$（万元）

3．标准离差

离散程度是用以衡量风险大小的统计指标。通常情况下，离散程度越大，风险就越大；离散程度越小，风险就越小。反映离散程度的指标主要有标准离差和标准离差率。

标准离差反映概率分布中各种可能结果对期望值的偏离程度，是反映离散程度的一个数值，通常以符号 σ 表示。标准离差以绝对数来衡量决策方案的风险。在期望值相同的情况下，标准离差越大，风险越大；标准离差越小，风险越小，且概率分布越集中。标准离差的计算公式为：

$$\sigma = \sqrt{\sum_{i=1}^{n} (X_i - \bar{E})^2 \times P_i}$$

【注意】标准离差是反映随机变量离散程度的绝对指标，只能用于期望值相同时不同方案的决策；如果各方案期望值不同，则需要计算标准离差率。

【经典案例 2-22】沿用【经典案例 2-20】及【经典案例 2-21】，计算新型产品 A 的预期年收益额和期望年收益的标准离差。

【解析】$\sigma = \sqrt{(8-6)^2 \times 0.3 + (6-6)^2 \times 0.5 + (3-6)^2 \times 0.2}$

$= \sqrt{1.2+0+1.8}$

$=1.73$（万元）

4．标准离差率

标准离差率是标准离差与期望值的比率，通常用 q 来表示。其计算公式为：

$$q = \frac{\sigma}{\bar{E}}$$

标准离差率是以相对数来衡量决策方案的风险程度。而标准离差是绝对数指标，只适用于期望值相同的决策方案风险程度的比较。对于期望值不同的决策方案，评价和比较其各自的风险程度只能借助于标准离差率这一相对数值。在期望值不同的情况下，标准离差率越大，风险就越大；标准离差率越小，风险就越小。

【经典案例 2-23】沿用【经典案例 2-22】，计算新型产品 A 的预期年收益额的标准离差率。

【解析】$q = \sigma \div \bar{E} = 1.73 \div 6 = 0.29$

通过以上方法将投资决策的方案加以量化后，决策者便可据此做出决策。

（1）对于单个方案而言，决策者可根据其标准离差（率）的大小，将其与设定的可接受的该指标的最高限值的大小进行对比，从而做出取舍。

（2）在多个方案择优时，决策者应根据相关指标选择低风险、高收益的方案。

二、证券资产组合的风险与收益

两个或两个以上资产所构成的集合称为资产组合。如果资产组合中的资产均为有价证券，则该资产组合也称为证券资产组合或证券组合。证券资产组合的风险与收益具有与单个资产风险与收益不同的特征。尽管收益率的方差、标准离差、标准离差率是衡量风险的有效工具，但当某项资产或证券成为资产组合的一部分时，这些指标就可能不再是衡量风险的有效工具。

（一）证券资产组合的预期收益率

证券资产组合的预期收益率是组成证券资产组合的各种资产收益率的加权平均数，其权数为各种资产在组合中的价值比例。

【经典案例 2-24】某投资公司的一项投资组合中包含 A、B 和 C 三种股票，权重分别为 30%、40%和 30%，三种股票的预期收益率分别为 15%、12%和 10%。要求计算该投资组合的预期收益率。

【解析】该投资组合的预期收益率 $E(R_p)$=30%×15%+40%×12%+30%×10%=12.3%

（二）证券资产组合的风险及其衡量

两项资产组合的收益率的方差满足以下关系式：

$$\sigma_p^2 = w_1^2\sigma_1^2 + w_2^2\sigma_2^2 + 2w_1w_2\rho_{1,2}\sigma_1\sigma_2$$

式中，σ_p 表示证券资产组合的标准离差，它衡量的是证券资产组合的风险；σ_1 和 σ_2 分别表示组合中两项资产收益率的标准离差；w_1 和 w_2 分别表示组合中两项资产所占的价值比例；$\rho_{1,2}$ 反映两项资产收益率的相关程度，即两项资产收益率之间的相对运动状态，称为相关系数。理论上，相关系数在区间[-1，1]内。

在证券资产组合中，能够随着资产种类增加而降低直至消除的风险，被称为非系统风险；不能随着资产种类增加而分散的风险，被称为系统风险。

三、资本资产定价模型

资本资产定价模型中，资本资产主要指的是股票资产，而定价则试图解释资本市场如何决定股票收益率，进而决定股票价格。

资本资产定价模型是"必要收益率=无风险收益率+风险收益率"的具体化，资本资产定价模型的一个主要贡献是解释了风险收益率的决定因素和度量方法。资本资产定价模型中，风险收益率=β×(R_m-R_f)。资本资产定价模型的完整表达式为：

$$R = R_f + \beta \times (R_m - R_f)$$

式中，R 表示某资产的必要收益率，β 表示资产的系统风险系数，R_f 表示无风险收益率，R_m 表示市场组合收益率。

【经典案例 2-25】假设平均风险的风险收益率为 5%，平均风险的必要收益率为 8%，计算 β 系数为 1.01 的乙方案的风险收益率和必要收益率。

【解析】必要收益率=无风险收益率+风险收益率

乙方案的风险收益率=1.01×5%=5.05%

本题中，$R_m=8\%$，$R_m-R_f=5\%$，所以，$R_f=3\%$。

乙方案的必要收益率=3%+5.05%=8.05%

四、风险管理

（一）风险管理的目的

风险既可能使企业获得收益，也可能使企业遭受损失。风险管理就是预先确定一系列的政策、措施，将那些可能导致利润减少的可能性降到最低，从而保证企业经营活动按预计的目标进行。由于风险的大小与风险价值率是成正比例的，因此，风险管理的目的不在于一味地追求降低风险，而在于在收益和风险之间做出恰当的选择。

（二）风险管理的程序

1．确定风险

明确可能发生的风险性质和风险类型，并确定风险发生的可能性。

2．设立目标

对可能发生的风险进行分析研究，分析其对企业财务活动的影响程度和影响范围，在此基础上设立风险管理的目标。

3．制定策略

为了保证风险管理的目标得以实现，应针对风险的性质、种类及其对企业财务活动的影响，制定相应的风险管理策略，以避免可能出现的各种损失。

4．实施评价

将制定的风险管理策略付诸实施。在实施中，对照风险管理的目标，定期或不定期地进行检查，并对风险管理工作的绩效进行评价和考核。

（三）风险管理的策略

尽管高风险可能带来高报酬，但这仅仅是一种可能，因此对企业理财而言，还要善于防范和控制风险。

1．回避风险策略

企业在进行各项决策时，对风险大的投资方案尽量避免采纳，尽可能选择风险小或无风险的投资方案。

2．控制风险策略

采取防止风险发生的保护性措施，以减少风险损失发生的可能性，并在风险出现后，限制其造成的损失程度。例如：以销定产可防止产品积压造成的经营风险；对信用不好的客户，不采用赊销办法可防止发生坏账损失。

3．抵补风险策略

适当保留可用资财，以抵补可能发生的风险。例如，提取商品削价准备、坏账准备等风险准备金用于抵补可能发生的损失。

4．转移风险策略

用某种方式，将风险转移给他人承担，如财产保险，将可能发生的风险转移给保险公司。

5．分散风险策略

通过多元化经营和筹资方式多样化来分散风险。例如，证券投资采用组合投资法，同时生产、经营多种产品，选择多种筹资方式和不同的筹资期限等。

就整个社会而言，风险是肯定存在的，问题只是谁来承担风险以及承担多少风险。如果每个企业都回避风险、控制风险，都不肯承担风险，高风险的项目就没有人来做，则会造成社会生产力发展迟缓，也会给每个企业的发展带来不利的影响。市场经济之所以需要完善的金融市场体系，就是因为它可以吸收社会资金并投资于需要资金的企业，来达到分散风险的目的。

 本学习单元小结

本学习单元主要讲述了资金时间价值和投资风险价值。这是现代财务管理中两个重要的价值观念，也是进行筹资决策、投资决策时必须考虑的重要因素。通过学习，可以了解财务管理的价值观念，掌握资金时间价值和投资风险价值的计算方法并能加以运用。对资金时间价值，要掌握复利终值和现值的计算、各种年金终值和现值的计算。注意根据不同的情况选用适当的计算方法。对投资风险价值，要掌握风险的概念及分类、衡量风险的指标等。掌握概率分布、预期收益、标准离差及标准离差率的计算。对于各种计算方法，应当从资金时间价值及投资风险价值的含义和基本原理上来把握。

 复习与思考

1. 什么是资金时间价值？
2. 什么是终值？什么是现值？
3. 简述年金的概念及分类。
4. 什么是投资风险价值？如何计算风险收益率？

 技能实训

1. 某公司于年初存入银行 20 万元，在年利率为 6%、每月复利计息一次的情况下，到第 5 年年末，该公司可以取得的本利和为多少？

2. 罗先生准备购买一套 100 平方米的住房，开发商要求的付款方式有两种：一种是一次性付款，按 2 000 元/平方米的价格；另一种方式是首付 10 万元，然后分 6 年于每年年末支付 3 万元。假设银行年利率为 6%，请你帮罗先生选择较划算的一种付款方式。

3. 东方公司面临 A、B 两个投资机会。假设未来经济发展状况有三种情况：繁荣、正常、衰退，有关的预期收益和概率分布如表2-3所示。请比较两个项目风险的大小。

表2-3 A、B项目预期收益及概率分布

市场情况	A项目收益（万元）	B项目收益（万元）	概率 P_i
繁荣	80	30	0.3
正常	15	15	0.5
衰退	−20	10	0.2

第二篇 实务篇

学习单元三 所有权融资管理实务

素质目标

1. 熟悉资本金制度
2. 掌握吸收直接投资、融资的种类、条件和程序
3. 理解优先认股权与认股权证融资管理

技能目标

1. 能够掌握资本金的筹集及管理
2. 能够掌握股票上市程序和做出股票上市决策
3. 能够计算股票初次发行价格

案例导入

鑫广绿环案例分析

鑫广绿环再生资源股份有限公司于 2014 年 4 月 28 日向中国证券监督管理委员会（以下简称证监会）首次提交首次公开募股（Initial Public Offering，IPO）申请材料，2015 年 4 月末通过证监会发审会审核。被否后，该公司调整了业务方向，经过短短的一年半的调整，鑫广绿环再生资源股份有限公司于 2016 年 6 月 22 日向证监会再次提交了 IPO 申请，并顺利过会。若没有筹划和业务调整，该公司只能看着业绩逐年下滑，与 IPO "永别"。IPO 过会，需要实力，需要高智商，要有大智慧，更需对行业有深入的了解，方能化险为夷！

通过案例，请回答下列问题。

1. 查阅资料，了解什么是"IPO"？我国上市公司有哪些融资渠道和融资方式？
2. 通过案例，请思考企业为什么要筹资。

任务一 吸收直接投资的认知与评价

一、资本金制度

企业创立时，最初的资本来源于企业的所有者。企业初创时吸收所有者的直接投资，必须建立资本金制度。企业存续期间吸收所有者的直接投资，要调整企业的资本金结构，从而改变企业的产权结构。

股权型融资

因此，在阐述所有权融资之前，我们有必要先了解资本金制度。

（一）资本金的含义

为了确保资本金的安全完整，明确产权关系，保障企业所有者的利益；有利于企业实现自主经营、自负盈亏、自我发展和自我约束的经营机制；有利于正确计量企业盈亏，真实反映企业的经营状况。根据《公司法》《企业财务通则》等相关法律法规的规定，特制定资本金制度。企业资本金制度是国家对有关资本金的筹集、管理以及企业所有者的责权利等所做的法律规范。企业应保持资本金的完整性，不得随意抽回。

企业资本金是指企业在工商行政管理部门登记的注册资金，企业设立的最低法定资本额。按照投资主体，资本金分为国家资本金、法人资本金、个人资本金和外商资本金。企业根据国家法律、法规的规定，可以采用各种方式吸收国家投资及其他各方投资。企业筹集的资本金既可以是货币资金，也可以是实物、无形资产等。企业实行资本金保全的原则，按期筹足，一般不得抽回。投资者按出资比例，分享投资利润，承担企业风险。

（二）资本金管理的最新要求

2013 年十二届全国人大常委会第六次会议决定，对《公司法》进行修改。其中对资本金的管理有如下变化。

1．将注册资本实缴登记制改为认缴登记制

除法律、行政法规以及国务院决定对公司注册资本实缴有另行规定的以外，取消了关于公司股东（发起人）应自公司成立之日起两年内缴足出资，投资公司在五年内缴足出资的规定；取消了一人有限责任公司股东应一次足额缴纳出资的规定。转而采取公司股东（发起人）自主约定认缴出资额、出资方式、出资期限等，并记载于公司章程的方式。

2．放宽注册资本登记条件

除对公司注册资本最低限额有另行规定的以外，取消了有限责任公司、一人有限责任公司、股份有限公司最低注册资本分别应达 3 万元、10 万元、500 万元的限制；不再限制公司设立时股东（发起人）的首次出资比例以及货币出资比例。

3．简化登记事项和对登记文件的要求

有限责任公司股东认缴出资额、公司实收资本不再作为登记事项。公司登记时，不需要提交验资报告。

（三）资本金制度的意义

随着我国经济体制改革的深化，我国已形成多种经济成分并存的格局，这也从客观上要求明确产权关系。建立资本金制度是我国企业资金管理制度改革的一项重要内容，它对明晰企业产权、确保资本金的安全完整、维护投资者的权益等具有重要意义。

（1）有利于企业资本金的保全。根据资本金制度的规定，企业筹集到资本金后，在企业生产经营期内，投资者除依法转让外，一般不得抽回资金；即使是依法转让，也要有相应的条件和程序，这就从制度上保全了资本金。在核算方面，应计入本期损益的收益和损失的事项（如固定资产折旧、报废、毁损、盘盈、盘亏、转让以及收回对外投资等）均不再调增、调减资本金，企业也不再上交基金，这种核算上的变化也有利于资本金的保全。

（2）有利于保障投资者的合法权益。建立资本金制度，投资者在以现金、实物、无形资产等形式向企业投资后，可以按照出资比例或者公司章程的规定，分享企业利润并承担风险及亏损。而且按照资本保全原则，上述核算上的变化既有利于准确计算企业损益、如实反映企业经营成果，也保护了投资者的权益。投资者的合法权益从制度上得到了保障，还有利于企业吸收更多投资资金。

（3）有利于企业负债筹资、自负盈亏。资本金是企业长期稳定拥有的资金，筹集借入资金的前提是企业拥有使债权人信赖的偿债能力，而反映企业偿债能力的是企业的资本金规模及生产经营状况。因此，一定数额的资本金是企业取得债务资金的必要保证。同时，市场经济条件下，企业不可避免地存在着经营风险，因此要求企业具有承担亏损的能力，建立资本金才能以本负亏。所以，建立资本金制度将有利于促进企业真正实现自负盈亏、自主经营、自我发展和自我约束。

二、吸收直接投资

吸收直接投资是企业以协议等形式吸收国家、其他企业、个人和外商等直接投入的资本，形成企业资本金的一种筹资方式。吸收直接投资不以股票为媒介，适用于非股份制企业。它是非股份制企业筹集自有资本的一种基本方式。

（一）吸收直接投资的种类

从投资者角度分类，吸收直接投资可分为吸收国家直接投资（主要为国家财政拨款）、吸收企事业单位等法人的直接投资、吸收企业内部职工和城乡居民的直接投资、吸收外国投资者的直接投资，分别形成国家资本金、法人资本金、个人资本金和外商资本金。从出资形式分类，吸收直接投资可分为吸收货币资金直接投资、吸收实物直接投资、吸收无形资产直接投资和吸收特定债券投资。

（二）吸收直接投资的条件

企业吸收直接投资必须符合一定的条件，主要是：企业通过吸收直接投资而取得的实物资产或无形资产，必须符合生产经营、科研开发的需要，在技术上能够消化应用。在吸收无形资产投资时，应符合法定比例。企业通过吸收直接投资而取得的实物资产和无形资产，必须进行资产评估。

（三）吸收直接投资的程序

1．确定吸收直接投资的数量

企业因新建或扩大规模而吸收直接投资时，应当合理确定所需吸收直接投资的数量。国有独资企业的增资须由国家授权的投资机构或部门决定；合资或合营企业的增资须由出资各方协商决定。

2．选择吸收直接投资的具体形式

吸收资本方应选择有诚意、有技术、懂管理、能和平共处的投资者。投资形式应以现金为主。当然，这些都要通过谈判协商才能最后确定。

3．签署决定、合同或协议

企业吸收直接投资，不论是为了新建还是为了发展，都应当与有关方面签署决定、合同或协议等书面文件。对于国有企业，应当由国家授权的投资机构或部门签署创建或增资拨款决定；对于合资企业，应当由合资各方签订协议，明确各方投资比例。

4.取得资金来源

签署决定或投资协议后，应按规定或计划取得资金来源。吸收国家以现金形式投资的，通常有拨款计划，确定拨款期限、每期数额及划拨方式，企业可按计划取得现金。吸收出资各方以实物资产和无形资产投资的，应进行资产评估，然后办理产权的转移手续，取得资产。

（四）吸收直接投资的评价

吸收直接投资是我国企业筹资中最早采用的一种方式，在计划经济下被广泛采用。

1.吸收直接投资的优点

（1）提高企业的资信能力。

吸收直接投资所筹资本属于企业的自有资本，与借入资本相比较，它能够提高企业的资信和借款能力。

（2）能够尽快形成生产能力。

吸收直接投资不仅可以取得一部分现金，而且能够直接获得所需的先进设备和技术，尽快形成生产经营能力。

（3）容易进行信息沟通。

吸收直接投资的投资者比较单一，股权没有社会化、分散化，投资者甚至能直接担任企业管理层职务，企业与投资者易于沟通。

（4）吸收直接投资的财务风险较低。

2.吸收直接投资的缺点

（1）资本成本高，因为要给投资者带来丰厚的回报。

（2）不易进行产权交易。同时由于该融资方式没有以股票为媒介，产权关系有时不够明晰，也不便于产权交易。

（3）融资规模受限制。投资者资本进入容易退出艰难，难以吸收大量的社会资本参与，融资规模受到限制。

（4）企业控制权集中，不利于企业治理。

采取吸收直接投资方式进行筹资时，投资者一般都要求获得与投资数额相适应的经营管理权。如果某个投资者的投资比例较大，则该投资者对企业的经营管理就会有相当大的控制权，容易损害其他投资者的利益。

任务二 普通股、优先股与收益留用融资的认知与评价

一、股票的特点与种类

（一）股票及其特点

股份制企业的资本金是通过发行股票的方式筹集的。股份制企业的资本金称为股本，将股本划分成若干等份，即股份。股份是抽象的，要通过具体的物化形式来表现，这就是股

票，上市公司的股票已采用无纸化形式。股票的所有者称为股东，股东拥有发行企业一定数量的股份。股票作为一种所有权凭证，代表着对发行企业净资产的所有权。

股票具有以下特点。

1. 永久性

永久性是指发行股票所筹集的资金属于长期自有资金，没有期限，不需归还。换言之，股东在购买股票之后，一般情况下，不能要求发行企业退还股金。

2. 流通性

股票作为一种有价证券，在资本市场上可以自由转让、买卖和流通，也可以继承、赠送或作为抵押品。股票特别是上市公司发行的股票具有很强的变现能力，流动性很强。

3. 风险性

股东购买股票存在着一定的风险。由于股票的永久性，因此股东成为企业风险的主要承担者。风险的表现形式有股票价格的波动性、红利的不确定性、破产清算时股东处于剩余财产分配的最后顺序等。

4. 参与性

股东作为股份公司的所有者，拥有经营者选择权、重大决策权、财务监控权、获取收益权等权利，也有承担有限责任、遵守公司章程等义务。公司的董事会、总经理之间的财务权限要划分清楚，确保决策迅速、高效，符合股东的根本利益。

（二）股票的种类

1. 按股东权利和义务的不同，股票可分为普通股和优先股

普通股是一种最常见、最重要、最基本的标准型股票。普通股股票是股份制企业发行的代表着股东享有平等的权利、义务，不加特别限制，股利不固定的股票。通常情况下，股份制企业只发行普通股。普通股股东个人行使的基本权利有经营收益的剩余请求权、优先认股权、投票表决权、股票转让权、检查公司账册权、公司解散清算时剩余财产获取权、阻止管理人员的越权行为。普通股股东整体行使的权利有制定和修改公司章程、选举公司董事、制定和修改公司的规章制度、任免公司重要人员、授权出售固定资产、批准并购行为、批准公司的资本结构变动、决定发行优先股和债券等。普通股股东的义务是遵守公司章程、缴纳所认购的股本、以所缴纳的股本为限承担有限责任等。

优先股，也称特别股，是股份制企业发行的优先于普通股股东分取经营收益和破产时剩余财产的股票。对优先股股东而言，其收益相对稳定而风险较小。

2. 按股票是否记名，可分为记名股票和无记名股票

记名股票是在股票票面上记载股东的姓名或名称的股票。股东的姓名或名称要记入公司的股东名册。在我国，公司的国家股东、法人股东、发起人股东采用记名股票方式，社会公众股东可以采用记名股票方式，也可采用无记名股票方式。

无记名股票是在股票票面上不记载股东的姓名或名称的股票。股东的姓名或名称不记入公司的股东名册，公司只记载股票数量、编号及发行日期。记名股票的转让、继承需要办理过户手续，而无记名股票的转让、继承则无须办理过户手续。

3．按股票是否标明票面金额，可分为有面额股票和无面额股票

有面额股票是公司发行的票面记载有金额的股票。持有这种股票的股东，对公司享有权利和义务的大小，按其所拥有的全部股票的票面金额之和，占公司发行在外的股票总票面金额的比例大小来定。我国《公司法》规定，股票应当标明票面金额。

无面额股票不标明票面金额，只在股票票面上载明所占公司股本总额的比例或股份数，故也称为"分权股份"或"比例股"。之所以采用无面额股票的形式，是因为股票票面金额对于股东而言只具有象征意义，象征着公司股东所承担的有限责任的最高限额。股权比例、股票价值（账面价值、理论价值、清算价值）、股票价格对于股东而言才具有实际意义。

我国目前根据投资主体不同股票分为国家股、法人股、个人股和外商股。这种分类具有中国特色，与前面的资本金分类有一致性，有助于判别企业所有制。目前，国家股、法人股的流通变现能力还较差，尚难做到随时进入或退出竞争性领域，与个人股相比也不能完全做到同股同利、同股同权。

我国目前还按发行对象和上市地点不同将股票分为 A 种股票、B 种股票、H 种股票、S 种股票、N 种股票、T 种股票等。A 种股票是供我国公众或法人买卖的、以人民币标明面值并以人民币认购和交易的、在上海证券交易所和深圳证券交易所上市的普通股票；B 种股票、H 种股票、S 种股票、N 种股票、T 种股票是专供外国和我国港、澳、台地区投资者买卖的、以人民币标明面值但以外币认购和交易的普通股股票。B 种股票在我国上海、深圳两个证券交易所上市，H 种股票在我国香港联合交易所上市，S 种股票、N 种股票、T 种股票分别在新加坡、美国纽约、我国台湾地区上市。

另外，按发行公司的经营业绩不同，可将普通股分为绩优股、绩差股；按流通股数大小不同，可以将其分为大盘股和小盘股；等等。

二、股票的发行

（一）股票发行的动机

1．筹集资本

股份公司成立之初通过发行股票来筹集资本金。股份公司成立后，会因不断扩大经营范围和规模，提高公司的竞争力而新建项目或引进先进设备，需要再次筹集资本，这时，也可以通过发行股票来筹措资本。公司成立时发行的股票称为始发股。股份公司可以采取发起设立的方式，也可采取募集设立的方式。发起设立是指由发起人认购全部股票而设立股份公司；募集设立是指通过向社会公开募集股份而设立股份公司，此时发起人只需认购部分股票，其余向社会招股。这种股票发行为公司获得了长期、稳定的资本来源，从而达到预定的资本规模。公司运行中再次发行股票称为增资扩股，国家对此有一系列规定。

2．扩大影响

发行股票尤其是股票上市，必须经过严格的筛选。因此，能够向社会公众公开发售股票的公司，往往是有实力、有潜力的公司，这实际上是替公司做了一次免费广告，提高了公司信誉。

3．分散风险

股份公司不断发展，对资本需求量越来越大，原股权投资者往往财力有限，而且，

继续出资意味着风险过于集中。为了解决这些问题，可以通过发行股票的方式，既满足扩大资本规模的需求，又能吸引更多的投资者，从而把经营风险分散化。

4．将资本公积金转化为资本金

公司的资本公积金积累到一定数额时，可将其一部分通过发行股票的方式转化为股本。此时的股票发行面向老股东，按原有股份的一定比例增发股票，老股东无须缴纳股金。在证券市场上，为此目的发行的股票被称为转增股。

5．兼并与反兼并

公司的扩展有两条途径：一是依靠自己的力量不断积累壮大，二是兼并其他公司。而后者是更为快捷的公司扩展方式。公司兼并其他公司可采用发行本公司的股票交换被兼并公司股票的方式进行，也可采用发行新股募集资本来购买被兼并公司的方式进行。同样，被列为兼并对象的公司若要维持公司的经营权，解除被接管的威胁，也常以发行新股的方式使对方的计划落空。

6．股票分割

股票分割是指股份公司将流通在外的股份按一定比例拆细的行为，也称拆股。当公司的经营很顺利、股价迅速上扬时，股票的分割可以降低股票的绝对价格，吸引更多的投资者，有利于实现公司价值的最大化。

此外，发行股票还有其他目的。例如：向股东派发股票股利（送红股），将公司发行的可转换证券转换为股票，为了发行更多的债券而发行股票以使公司净资产额扩大，等等。

（二）股票发行的方式

股票的发行从是否需要股东出资角度可以分为有偿增资发行、无偿增资发行和有偿无偿并行增资发行三种。

1．有偿增资发行股票方式

有偿增资是指投资者须按股票面额或溢价，用现金或实物购买股票。它包括公开招股发行方式、老股东配股发行方式和向第三者配股发行方式三种。

（1）公开招股发行方式。它是指以非特定的多数投资者为对象，向社会公众公开招募认股人认购股票，又称公募发行。它可以是直接公募发行，也可以是间接公募发行。直接公募发行是发行公司通过证券商等中介机构向社会公众发售股票，发行公司承担责任与风险，证券商不承担风险而只收取一定的手续费。间接公募发行是发行公司通过投资银行进行股票销售，投资银行承担风险，由投资银行以一定价格先从发行公司购入股票再向社会公众发售。美国90%以上的新股票是采用间接公募方式发行的。

（2）老股东配股发行方式。它是指发行公司对现有股东按一定比例赋予股东认购新股的权利，准许其优先认购新股。股东认购的新股按其原持有股份比例分配。例如，某股东持有公司2%的旧股，则他有权认购新股的2%，若不想认购，可转让股权。这样有利于维护股东在公司的既有地位，不会改变公司的控制权，但会相对降低公司的社会性。这种办法目前在西方各国依然较为流行。

（3）向第三者配股发行方式。它是指股份公司在发行新股时，给予与本公司有特殊关系的第三者（如供应商、主要客户、开户银行）以新股认购权。这种办法很少使用，只有在公司经营不景气、筹资困难时才采用。

2．无偿增资发行股票方式

无偿增资是公司不向股东收取现金或实物财产，而是无代价地将公司发行的股票交付给股东。这种做法的目的不在于筹资，而是调整公司所有者权益的内部结构，增强股东的信心，提高公司的社会影响力。

无偿增资发行股票方式包括转增方式（将资本公积转入股本，按股东现有比例无偿交付股票）、股票股利方式（将公司盈余转为股本）和股票分割方式（不增加股本，纯粹增加流通股数，降低股票的票面金额和股价）。

3．有偿无偿并行增资发行股票方式

采用有偿无偿并行增资发行股票方式时，股份公司发行新股交付股东时股东只需交付一部分股款，其余部分由公司公积金抵免。例如，新股每股面额为 10 元，其中 6 元为有偿部分，4 元由公司公积金抵免转入。这样，股东只需支付 6 元即可获取面额为 10 元的一股新股票。这种做法兼有增加资本和调整所有者权益内部结构的作用。

（三）股票推销方式

1．自销

自销是指股份公司自行直接将股票出售给投资者，而不经过证券经营机构承销。自销方式可节约股票的发行成本，但发行风险完全由发行公司承担。这种推销方式并不被普遍采用，一般适用于风险较小、手续较为简单、数额不多的股票发行。国际上，通常知名度高、有实力的大公司向老股东推销股票时采用自销方式。

2．承销

承销是指发行公司将股票销售业务委托给证券承销机构代理。它包括包销和代销两种具体形式。

（1）包销。包销是指由证券经营机构一次性将发行公司的全部股票承购下来，并垫支相当于股票发行价格的全部资本，然后将所购股票转销给社会上的投资者。若在规定的期限内，证券经营机构未能将全部股票售出，则机构自己认购剩余部分。这种方式对发行公司而言可以顺利、及时地将股票售出，获取所需资本，还可免于承担发行失败的风险；不利之处在于要将股票以略低的价格销售给承销商，并付出较高的发行费用。

（2）代销。代销是指由证券经营机构代理股票发售业务。在规定期限内，如果证券经营机构未能将全部股票出售，则代理方没有认购剩余股票的义务，只需将剩余股票退还给发行公司，即由发行公司承担发行风险。

（四）股票发行价格

股票发行价格是指股份有限公司发行股票时所确定的股票发售价格。此价格多由承销银团和发行人根据市场情况协商定出。由于发行价是固定的，所以有时也称为固定价。发行价如果过低，就不能达到公司上市融资的目的，失去上市的意义。但是，如果发行价过高，就没有人愿意买，也照样达不到融资的目的。因此，根据市场的接受能力，参考同类公司的市场价格，考虑各种因素之后，定一个折中的价格，既满足融资的需要，又能使市场接受。

1．股票发行价格分类

当股票发行公司计划发行股票时，需要根据不同情况，确定一个发行价格以推销股票。一般而言，股票发行价格有以下几种：面值发行、时价发行、中间价发行等。

（1）面值发行。面值发行即以股票的票面金额为发行价格。采用股东分摊的发行方式时一般按平价发行，不受股票市场行情的左右。由于市价往往高于面额，因此以面额为发行价格能够使认购者得到因价格差异而带来的收益，使股东乐于认购，又保证了股票发行公司顺利地实现筹措股金的目的。

（2）时价发行。时价发行即不是以面额，而是以流通市场上的股票价格（即时价）为基础确定发行价格。一般情况下时价高于面额，二者的差价称为溢价，溢价带来的收益归股票发行公司所有。时价发行能使股票发行公司以相对少的股份筹集到相对多的资本，从而减轻负担，同时还可以稳定流通市场的股票时价，促进资金的合理配置。按时价发行，对投资者而言也未必吃亏，因为股票市场上行情变幻莫测，如果股票发行公司将溢价收益用于改善经营，提高了公司和股东的收益，将使股票价格上涨。投资者若能掌握时机，适时按时价卖出股票，收回的现款会远高于购买金额。时价发行股票时，以股票流通市场上当时的价格为基准，但也不必完全一致。在具体决定价格时，还要考虑股票销售难易程度、对原有股票价格是否有冲击、认购期间价格变动的可能性等因素。因此，一般将发行价格定在低于时价 5%～10%的水平上是比较合理的。

（3）中间价发行。中间价发行即股票的发行价格取面额和市场价格的中间值。这种价格通常在时价高于面额，公司需要增资但又需要照顾原有股东的情况下采用。中间价格发行股票的对象一般为原股东，在时价和面值之间采取一个折中的价格发行，实际上是将差价收益一部分归原股东所有，一部分归公司所有用于扩大经营。因此，在进行股东股票分摊时要按比例配股，不改变原来的股东构成。

2．股票发行价格的确立

（1）市盈率定价法。

市盈率定价法是指依据注册会计师审核后的发行人的盈利情况计算发行人的每股收益，然后根据二级市场的平均市盈率、发行人所在的行业状况、经营状况和未来的成长情况拟定其市盈率，是新股发行定价方式的一种。

（2）净资产倍率法。

净资产倍率法又称资产净值法，是指通过资产评估和相关会计手段，确定发行公司拟募股资产的每股净资产值，然后根据证券市场的状况将每股净资产值乘以一定的倍率，以此确定股票发行价格的方法。

使用净资产倍率法确定股票发行价格的计算公式是：发行价格=每股净资产值×溢价倍数。

（3）竞价确定法。

竞价是指通过市场运营机构（或电力交易中心）组织交易的卖方或买方参与市场投标，以竞争方式确定交易量及其价格的过程。在电力市场中，通常用 bidder 表示买方投标者，用 offer 表示卖方投标者。

三、股票上市

股票上市是指股份有限公司公开发行的股票符合规定条件，经过申请批准后在证券交易所作为交易的对象。经批准在证券交易所上市交易的股票称为上市股票，其股份有限公司称为上市公司。

（一）股票上市的意义

股份有限公司申请股票上市，基本目的是增强本公司股票的吸引力，形成稳定的资本来源，在更大范围内筹集大量资本。

股票上市对上市公司而言，主要有以下意义。

（1）提高公司所发行股票的流动性和变现能力，便于投资者认购、交易。

（2）促进公司股权的社会化，防止股权过于集中。

（3）提高公司的知名度。

（4）便于确定公司的价值，以促进公司实现财富最大化目标。

（5）有助于确定公司增发新股的发行价格。

股票上市对公司也有不利的一面，表现为：公司将负担较高的信息报道费用；各种信息公开的要求可能会暴露公司的商业秘密；股价有时会扭曲公司的实际状况，丑化公司形象；可能会分散公司的控制权，造成管理上的困难。

与股票发行一样，股票的上市也必须符合一定的条件。我国《公司法》规定，股份有限公司申请股票上市，必须符合下列条件。

股票经中华人民共和国国务院（以下简称"国务院"）证券管理部门批准已向社会公开发行；公司股本总额不少于 5 000 万元；开业时间 3 年以上，最近 3 年连续盈利；原国有企业依法改组而设立的，或者《公司法》实施后新组建成立，其主要发起人为国有大中型企业的，可连续计算；持有股票面值达人民币 1 000 元以上的股东人数不少于 1 000 人，公司股本总额超过人民币 4 亿元的，其向社会公开发行的股份比例在 15% 以上；公司在最近 3 年内无重大违法行为，财务会计报告无虚假记载；国务院规定的其他条件。

（二）股票上市的程序

股份有限公司申请股票上市交易，必须报经国务院证券管理监督机构核准，应当提交下列文件。

（1）上市报告书；

（2）申请上市的股东大会决议；

（3）公司章程和营业执照；

（4）经法定验证机构验证的公司最近 3 年的或者公司成立以来的财务会计报告；

（5）法律意见书和证券公司的推销书；

（6）最近一次的招股说明书。

获得国务院证券管理监督机构核准后，证券交易所应当自接到该股票发行人提交的规定文件之日起六个月内，安排该股票上市交易。上市公司应当在上市交易的五日前公告经核准的股票上市有关文件，并将该文件置备于指定场所供公众查阅。上市公司还应当公告股票获准在证券交易所交易的日期、持有公司股份最多的前 10 名股东的名单和持股份额、董事监事经理及有关高级管理人员的姓名与持有本公司股票债券情况。

（三）股票上市的决策

股份公司为实现股票上市目标，需在申请上市前对公司状况进行分析，对上市股票的股利政策、上市方式做出决策。

1. 公司状况分析

申请股票上市的公司需分析公司及其股东的状况，全面分析、权衡股票上市的利弊，确定关键因素。例如：如果公司面临的主要问题是资本不足，现有股东风险过大，则可以通过股票上市予以解决；倘若公司目前存在的关键问题是，一旦控制权外流，就会导致公司的经营不稳定，从而影响公司的长远稳定发展，则宜放弃上市计划。

2．上市公司的股利政策

上市公司的股利政策应做到连续、一贯、丰厚，给股东以较好的回报。如果一个上市公司经常用虚假的财务报表欺骗投资者，或者经常用"不分配""暂不分配"来搪塞股东，或者股利政策变化无常，上市公司就会失去投资者的信任，以后的配股等融资计划就难以实现，公司的可持续发展就会出现问题。

3．股票上市方式的决策

股票上市的方式一般有公开出售、反向收购等。申请上市的公司需要根据股市行情、投资者和本公司的具体情况进行选择。

（1）公开发售是股票上市的最基本方式。此方式有利于公司达到增加现金资本的目的，有利于原股东转让其所持有的部分股份。

（2）反向收购是指申请上市的公司收购已上市的较小公司的股票，然后向被收购公司的股东配售新股，以达到筹资的目的，也称为"借壳上市"。一般而言，微利、流通盘小、股本结构特殊（如第一大股东持股比例很低）是"壳"的必要条件。在股市上，"环宇集团"变为"兰陵陈香"等都是借壳上市的典型案例。

（四）股票上市的暂停与终止

上市公司有下列情形之一的，经国务院证券管理部门决定暂停其股票上市资格。

（1）公司股本总额、股权分布等发生变化不再具备上市条件（限期内未能消除的，终止其股票上市）。

（2）公司不按规定公开其财务状况，或者对财务报告进行虚假记载（后果严重的，终止其股票上市）。

（3）公司有重大违法行为（后果严重的，终止其股票上市）。

（4）公司连续三年亏损（限期内未能消除的，终止其股票上市）。

在我国，连续两年亏损的上市公司的股票，其股票名称之前要加上"ST"，以提醒公司管理层并便于投资者识别。"ST"是英文 Special Treatment 的缩写，中文意思为特别处理。受到特别处理的股票，其每个交易日的上涨与下跌的最大幅度为 5%，小于一般股票的每个交易日的涨跌的最大幅度 10%，以免这些问题股票被过度投机。

另外，公司决定解散、被依法破产时，由国务院证券管理部门决定终止其股票上市。

四、普通股筹资评价

（一）普通股筹资的优点

1．普通股筹资没有固定的股利负担

公司有盈利，并认为适于分配股利才分派股利；公司盈利较少，或者虽有盈利但现金短缺或有更好的投资机会，也可以少支付或不支付股利。而债券或借款的利息无论公司是否盈利及盈亏多少，都必须按时支付。

2．所筹资金是公司的长期资金

普通股股本没有固定的到期日，无须偿还，是公司的永久性资本（除非公司清算时才有可能予以偿还）。这对于保证公司对资本的最低需求，促进公司长期持续稳定经营具有重要意义。

3．利用普通股筹资的风险小

相对于负债而言，利用普通股筹资不存在到期还本付息的风险，可视盈利状况和长期发展需要决定股利分配，资本使用上也无特别限制。

4．发行普通股筹集自有资本能增强公司的信誉

普通股股本以及由此产生的资本公积金，是公司筹措债务的基础。有了较多的普通股股本，有利于提高公司的信用价值，同时也为利用更多的债务筹资提供了强有力的支持。

有些股份公司的职工也拥有公司发行的股票，这对于激励职工士气，增强职工的归属感，提高公司的凝聚力，改善职工的工作效率，留住公司重要管理人员是十分有利的。

（二）普通股筹资的缺点

1．资本成本较高

一般而言，普通股筹资的成本要高于债务筹资。这主要是由于投资于股票的风险较高，股东相应要求得到较高的报酬率，并且股利从税后利润中支付，而使用债务资本的占用成本（表现形式如利息）允许从所得税税前利润中扣除。此外，普通股的发行、上市等方面的费用也十分庞大。

2．可能分散公司的控制权

利用普通股筹资，发行新股，可能会因分散公司的控制权而遭到现有股东的反对。因此，利用普通股筹资受到很大的制约。

3．可能导致股价的下跌

公司过度依赖发行普通股筹资，会被投资者视为消极的信号，从而导致股票价格的下跌，进而影响公司其他融资手段的使用。过去，公司配股被看成是积极进取的象征；现在，不少上市公司的配股已经没有号召力了，而被股民们视为只知"圈钱"不图回报的代名词。

另外，上市交易的普通股股票增加了公司对社会公众股东的责任，其财务状况和经营成果都要公开，接受公众股东的监督。一旦公司经营出现问题或遇到财务困难，公司有被他人收购的风险。

五、优先股筹资

（一）优先股的特征

优先股股票是指由股份有限公司发行的，在分配公司收益和剩余财产方面比普通股股票具有优先权的股票。优先股常被视为一种混合证券，是介于股票与债券之间的一种有价证券。发行优先股对公司资本结构、股本结构的优化，提高公司的效益水平，增强公司财务弹性具有十分重要的意义。

发行优先股是公司获得所有权资本的方式之一。利用优先股股票筹集的资本称为优先股股本。优先股与普通股相比，在分配公司收益方面具有优先权，一般只有先按约定

的股息率向优先股股东分派了股息，普通股股东才能进行分派红利。因此，优先股股东承担的风险较小，但收益稳定、可靠。不过，由于股息率固定，因此，即使公司的经营状况优良，优先股股东一般也不能分享公司利润增长的利益。如果公司破产清算，优先股对剩余财产有优先的请求权。优先股股东的优先权只能优先于普通股股东，但次于公司债券持有者。从控制权角度而言，优先股股东一般没有表决权（除非涉及优先股股东的权益保障时），无权过问公司的经营管理，所以发行优先股一般不会稀释公司普通股股东的控制权。

从公司的最终所有者、普通股股东的立场而言，优先股是一种可以利用的财务杠杆，可视为一种永久性负债。公司有时也可以赎回发行在外的优先股，当然要付出一定的代价，如溢价赎回的贴水。从债权人的立场而言，优先股又是构成公司主权资本的一部分，可以用作偿债的铺垫。

（二）优先股的种类

公司发行优先股，在操作方面与发行普通股无较大差别，但由于公司与优先股股东的约定不同，从而有多种类型的优先股。根据不同的股息分配方式，优先股可以分为多个种类。

1．固定股息率优先股和浮动股息率优先股

股息率在优先股存续期内不做调整的，称为固定股息率优先股，而根据约定的计算方法进行调整的，称为浮动股息率优先股。

2．强制分红优先股和非强制分红优先股

公司可以在章程中规定，在有可分配税后利润时必须向优先股股东分配利润的，是强制分红优先股，否则即为非强制分红优先股。

3．可累积优先股和非累积优先股

根据公司因当年可分配利润不足而未向优先股股东足额派发股息，差额部分是否累计到下一会计年度，可分为累积优先股和非累积优先股。累积优先股是指公司在某一时期所获盈利不足，导致当年可分配利润不足以支付优先股股息时，则将应付股息累积到次年或以后某一年盈利时，在普通股的股息发放之前，连同本年优先股股息一并发放。非累积优先股则是指公司不足以支付优先股的全部股息时，对所欠股息部分，优先股股东不能要求公司在以后年度补发。

4．参与优先股和非参与优先股

根据优先股股东按照确定的股息率分配股息后，是否有权同普通股股东一起参与剩余税后利润分配，可分为参与优先股和非参与优先股。持有人只能获取一定股息但不能参与公司额外分红的优先股，称为非参与优先股。持有人除可按规定的股息率优先获得股息外，还可与普通股股东分享公司剩余收益的优先股，称为参与优先股。

5．可转换优先股和不可转换优先股

根据优先股是否可以转换成普通股，可分为可转换优先股和不可转换优先股。可转换优先股是指在规定的时间内，优先股股东或发行人可以按照一定的转换比率把优先股换成该公司普通股。否则即为不可转换优先股。

6．可回购优先股和不可回购优先股

根据发行人或优先股股东是否享有要求公司回购优先股的权利，可分为可回购优先股和不可回购优先股。可回购优先股是指允许发行公司按发行价加上一定比例的补偿收益回购优先股。公司通常在认为可以用较低股息率发行新的优先股时，就可用此方法回购已发行的优先股股票。而不附有回购条款的优先股则被称为不可回购优先股。

（三）发行优先股的动机与促销策略

股份有限公司发行优先股，筹集自有资本只是其目的之一。由于优先股有其特性，公司发行优先股往往还有其他动机。

（1）防止公司股权分散化。由于优先股股东一般没有表决权，发行优先股就可以避免公司股权分散，保障公司老股东的原有控制权。

（2）调剂现金余缺。公司在需要现金资本时发行优先股，在现金充裕时将可赎回优先股部分或全部，从而调剂现金余缺。

（3）改善公司的资本结构。公司在安排借入资本与自有资本的比例关系时，可较为便利地利用优先股的发行、转换、赎回等手段进行资本结构和自有资本内部结构的调整。

（4）维持举债能力。公司发行优先股，有利于巩固自有资本的基础，维持乃至增强公司的举债能力。

筹资公司在选择不同类别的优先股时，应充分考虑投资者对不同类型优先股的偏好。一般而言：在经济出现剧烈波动或经济衰退时，宜发行累积优先股；在公司的经营状况稳定增长时，可发行非累积优先股；在投资者要求较高持有收益时，可发行全部参与或部分参与优先股；在投资者要求较高资本收益和较大的对公司的支配权，而甘愿承担一定风险时，可发行可转换为普通股的优先股；对于保守的投资者，可发行可转换为债券的优先股；在国际金融市场动荡不安，利率市场经常波动的条件下，可发行股息率可调整优先股；对于收入不稳定、支出有异常的投资者，可发行可赎回优先股。

（四）优先股筹资评价

1．优先股筹资的优点

（1）优先股的股息率一般为固定比率，从而优先股筹资有财务杠杆作用。

当公司运用优先股筹资后，公司增长的利润大于支付给优先股股东的约定股息，则差额为普通股股东分享，因此优先股筹资有助于提高普通股股东的每股收益。有关财务杠杆的详细讨论参见学习单元五，此处不赘述。

（2）公司采用优先股筹资，可以避免固定的支付负担。

优先股的股息支付可以根据公司的盈利情况适当地加以调整（对固定股息的支付并不构成公司的法定义务），不必像债务的利息、本金那样需定期、如数地偿还。在无法支付优先股股息时，可以拖欠，不致进一步加剧公司资本周转的困难。

（3）优先股一般没有到期日。

优先股一般没有到期日，实际上可将优先股视为一种永久性负债，但不需要偿还本金。只有在有利于公司的根本利益时，公司才会赎回优先股。在优先股的赎回、股息支付等方面，公司较为主动，增强了公司财务的机动性。

（4）优先股股东也是公司的所有者，不能强迫公司破产。

发行优先股而取得的资本是公司的自有资本，因而发行优先股能增强公司的信誉，提高公司的举债能力。

另外，由于优先股股东一般没有投票权，所以发行优先股不会引起普通股股东的反对，其筹资能够顺利进行。当使用债务融资风险很大、利率很高，而发行普通股又会产生控制权问题时，发行优先股是一种最理想的筹资方式。有些国家的税法对于企业购买优先股的股息有部分免税的政策优惠，这对发行公司优先股股票的销售十分有利。

2．优先股筹资的缺点

（1）资本成本较高。优先股的股息不能作为应税收益的抵减项目，在公司税后利润中支付，不能获得税收上的优惠。优先股的资本成本虽低于普通股，但高于债券。

（2）由于优先股在股息分配、资产清算等方面拥有优先权，使得普通股股东在公司经营不稳定时收益受到影响。当公司盈利下降时，优先股的股息可能会成为公司沉重的财务负担。

（3）优先股筹资后对公司的限制较多。例如，公司不能连续三年拖欠股息，公司有盈利时必须优先分给优先股股东，公司举债额度较大时要征求优先股股东的意见等。

六、收益留用融资

（一）收益分配与融资

从性质上讲，企业通过有效经营实现的收益属于企业的所有者。从会计的角度看，收益的确认计量是建立在权责发生制基础上的，企业不一定有相应数额的现金净流量增加，因而企业不一定有足够的现金将收益全部分派给所有者。另外，企业的所有者对于企业的再生产、投资机会、控制权、与优先股股东及债权人的契约等有通盘考虑，当期收益在弥补以前年度亏损之后也不一定将剩余收益全部分配。此外，法律法规从保护债权人利益、维持企业简单再生产、维持市场经济秩序等角度限制企业将收益全部分配。我国《公司法》第一百六十六条规定："公司分配当年税后利润时，应当提取利润的百分之十列入公司法定公积金。公司法定公积金累计额为公司注册资本的百分之五十以上的，可以不再提取。"有的企业收益质量很差，稳健性原则几乎不适用，这种明盈实亏的企业根本没有能力向所有者分派利润。可以看出，企业在账面上实现利润的时候大多数情况下要将一部分利润留在企业。企业将实现利润的一部分甚至全部留下来，被称为保留盈余或留存收益。保留盈余的具体方式有当期利润不分配、向股东送红股（即股票股利）、将盈利的一部分发放现金股利。至于向股东交付转增股，则是将企业的资本公积金转化为生产经营的主要资本，不属于利润分配范畴。保留盈余的实质是所有者向企业追加投资，对企业而言是一种融资活动。有人将这种融资称为"内源融资""内部融资"或"收益留用融资"。

需要说明的是，收益留用融资在融资方式中绝非是"配角"。美国 1973 年的经济报告中曾提到，美国企业的内部资金来源约占全部资金来源的 60%。鉴于此，有的财务学家甚至将收益留用融资当作最佳融资方式，在融资时比债务、发行股票等方式要优先考虑。迈耶比较了加拿大、芬兰、德国、意大利、日本、英国和美国在 1970 年至 1985 年用保留盈余、债务和新发行股票方式进行投资融资的程度。他发现，在这些国家里，尽管税收待遇差别很大，但主要的融资方式是收益留用融资。虽然没有一个巨型企业是靠自身资本积累形成的，但一个不断亏损的企业也不可能成为巨型企业。收益留用融资与外源融资一样是企业融资不可分割的组成部分，片面强调其中一个都是有害的。美国财务学者范霍恩和瓦霍维奇所著的《现代企业财务管理》（第十版）中写道："公司的股利政策也必须看成是融资决策的一个组成部分……留存收益是权益资本筹集的一种方法，它是发放股利的机会成本……"为了说明问题，让我们考察一下美国历史上股利支付与内部融资的情况。

1962 年以来美国企业的股利支付比率最高为 61.9%，绝大多数年份在 50%以下。换言之，企业将大部分盈余留存下来用于扩大再生产。从保留盈余与外部长期融资的对比看，3/4 的年份企业的保留盈余融资金额高于外部长期融资金额，可见收益留用融资在企业融资中的重要地位。

（二）收益留用融资评价

1．收益留用融资的优点

（1）收益留用融资不发生取得成本。

企业从外界筹集长期资本，无论采用发行股票、发行债券、融资租赁方式还是通过银行贷款，都需要支付大量的取得成本，而通过保留盈余实现的融资则无须发生这种开支。因此，在取得成本相当高的今天，使用收益留用融资对企业非常有利。

（2）收益留用融资可使企业的所有者获得税收上的利益。

在西方发达国家，资本利得税率相对较低，股东往往愿意将收益留存于企业而通过股票价格的上涨获得资本利得。如果将盈余全部分给股东，股东收到股利时往往要缴纳较高的个人所得税，较为富裕的股东不偏好现金股利。相应地，有些国家的法律会禁止企业过度地保留盈余，以防止税收流失。所以，收益留用融资也受到一定的限制。

（3）增强公司信誉。

收益留用融资性质上属于主权融资，可以用作偿债而为债权人提供保障，相应增强了企业获取信用的能力。

2．收益留用融资的缺点

收益留用融资也有一些缺点，这些缺点使各企业都不期望长久地不支付股利。

（1）保留盈余的数量常常会受到某些股东的限制。

有些股东依靠股利维持生活，希望多发股利；有些股东对风险很反感，而且认为风险将随时间的推移而增大，宁愿目前收到较少的股利，也不愿等到将来再收到不确定的较多股利或以较高的价格出售股票的价款。所以，有些企业的所有者总是要求股利支付比率维持在一定的水平，以消除风险。企业外部的股东认为，经营者在信息占有上有优势，通过发放股利这种硬约束可以考验企业收益的质量。

（2）保留盈余过多，股利支付过少，可能会影响今后的外部融资。

很多人认为，过多地利用收益留用融资，限制现金股利的发放，对于企业今后的外部融资甚至包括对债务资本和主权资本都有不利的影响。他们认为，股利支付比率较高的企业的普通股要比支付股利较少的企业的普通股容易出售。同样，考虑购买优先股和债券的投资者也会对企业历史上的股利支付情况进行分析。一般投资者都会认为，如果一个企业能较多地给普通股支付股利，那么也能准时为优先股支付股息，及时支付债券的利息与本金。因此，较多地支付股利，虽然不利于收益留用融资，但会有利地说明企业具有较高的盈利水平和较好的财务状况。

（3）不利于股票价格的上涨。

保留盈余过多，股利支付过少，可能不利于股票价格的上涨，影响企业的形象。

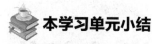 **本学习单元小结**

本学习单元介绍了企业融资的一种方式——所有权融资，阐释了所有权融资的几种融资方式。通过学习后，要对股票上市的程序有所了解，掌握普通股融资与优先股融资的区别与联系，熟悉不同的融资方式对企业的意义，比较不同的融资方式的优缺点，学会正确应用不同的筹资方式为企业融资。

 复习与思考

1. 结合吸收直接投资的特征分析该融资方式的优缺点。
2. 比较普通股融资与优先股融资的区别与联系，分析这两种融资方式的优缺点。
3. 优先认股权对发行人和投资人而言，各有什么样的意义？
4. 怎样理解保留盈余对企业而言是一种融资活动，收益留用融资与普通股融资相比有哪些优缺点？

技能实训

某公司股东共有 75 名自然人，实际控制人为王姓两兄弟，两人合计持有 45.88% 的股权。其中，哥哥作为董事长持有 4 390.8 万股，按 28.58 元发行价计算，这些股票市值为 12.55 亿元；弟弟作为总经理持有 1 389.6 万股，市值为 3.97 亿元。第三股东持股 1 382.4 万股，市值为 3.95 亿元；第四股东持股 590.4 万股，市值为 1.69 亿元。其他股东的账面价值也超过亿元。

其他自然人股东虽然持股数没有上述股东多，但身价也不低。比如，冯某持有 288 万股，按发行价计算的市值为 8 231 万元；张某持股 216 万股，市值为 6 173 万元；黄某持有 180 万股，市值为 5 144.4 万元等。

面对这么多的富翁，人们不免质疑这些人的钱从哪里来的。其实，从招股书上的公司演变过程看，很多公司刚创立的时候，规模并不大，注册资金相当少。即这些创业股东一开始的投入一定很大。

在发展过程中，公司通过引进新的股东、未分配利润转增等方法增加注册资金，也增加了创业者的持股数量。以该公司，也是到 2006 年后才进入资本市场，其他股东是 2007 年后持股的。当时，冯某持股 151.48 万股，成本为每股 1 元，后来通过利润分红转增股本变成 288 万股。张某原持股 113.61 万股，通过转增变成 216 万股。2008 年 2 月，该公司再次大面积增资扩股，包括黄某的 180 万股等，都是此时获得的，每股价格涨到 3 元，但和一年后 28.58 元发行价相比，当时价格是便宜的。

这些公司在发展演变过程中，无论是股份转让还是增资，价格都很低。但是，到了资本市场，价格就全然不同。目前 28 家创业板公司平均发行价格超过 25 元，那些创业者的股份增值幅度在 20 倍左右。有趣的是，这些公司如果不上市，几元价格的股票很多人也未必会购买。而在股市上，虽然发行价为几十元，争抢者却蜂拥而入。28 只创业板股票的发行，超额认购数量都为上百倍。我们不得不感叹资本市场的神奇魔力。

请结合案例分析以下问题。

1. 什么是融资战略？企业集团融资战略包括哪些内容？
2. 说明企业集团融资决策权的配置原则。
3. 从融资角度分析企业集团财务风险控制的重点。

学习单元四 债权筹资的认知与评价

素质目标

1. 熟悉债权筹资的类型
2. 掌握长期借款的保护性条款
3. 掌握债券的种类和要素
4. 掌握融资租赁的种类

技能目标

1. 能运用长期借款的资本构成与偿还方式进行筹资规划
2. 能应用债券的发行程序和发行价格进行债券发行的规划

案例导入

R 公司私募债券违约及风险处置案例

"16R01" 债券发行人为 R 公司，在交易所非公开发行公司债券规模为 3 亿元，期限为 3 年，起息日为 2016 年 4 月×日，2017 年 4 月×日该债券投资者享有回售选择权。2017 年 3 月×日投资者申报回售规模达 2.6 亿元，发行人应于 4 月×日偿付。4 月×日，发行人未能按时兑付回售申报本金，构成实质性违约。"16R01" 通过撤销回售、主承销商承接部分债券实现回售兑付风险化解的债券。

通过案例并带着下列问题学习本单元。

1. 企业使用债券筹资有哪些优缺点？
2. 除了债券筹资，企业还有哪些债务融资方式？各融资方式有哪些优缺点？

任务一 长期借款融资的认知与评价

一、长期借款的种类

债权型融资

长期借款（Long-term Loans）是指企业向银行或其他金融机构借入的期限在一年以上（不含一年）或超过一年的一个营业周期以上的各项借款。我国股份制企业的长期借款主要是向金融机构借入的各项长期性借款，如从各专业银行、商业银行取得的贷款。除此之外，还包括向财务公司、投资公司等金融企业借入的款项。按不同的标准，长期借款分类如下。

（1）按照用途，分为固定资产投资、更新改造、科技开发和新产品试制借款等。

（2）按提供贷款的机构，分为政策性银行贷款、商业银行贷款和其他金融机构贷款。政策性银行贷款一般指执行国家政策性贷款业务的银行向企业发放的贷款，如国家开发银行主要为满足企业承建国家重点建设项目的资金需要而提供贷款，进出口信贷银行则为大型设备的进出口提供买方或卖方信贷。商业银行贷款指由各商业银行向工商企业提供的贷款。这类贷款主要为满足企业建设竞争性项目的资金需要，企业对贷款自主决策、自担风险、自负盈亏。此外，企业还可以从信托投资公司取得实物或货币形式的信托投资贷款，从财务公司取得各种中长期贷款等。

（3）按有无担保分为信用贷款和抵押贷款。信用贷款指不需企业提供抵押品，仅凭其信用或担保人信誉而发放的贷款。抵押贷款指要求企业以抵押品作为担保的贷款。长期贷款的抵押品常常是房屋、建筑物、机器设备、股票、债券等。

除了以上分类外，长期贷款还可以按偿还方式分为到期一次偿还贷款和分期偿还贷款等。

二、长期借款的程序

（一）企业提出申请

企业向银行借入长期借款时，首先应向银行提出申请。申请的内容一般包括以下几项。

（1）借款用途。企业向银行借入长期借款一般用于购置零星固定资产，增加流动资金，归还已到期的债券或借款。

（2）借款期限。长期借款的期限在 1 年以上，但一般不超过 10 年。

（3）借款数额。长期借款的具体数额，应根据企业主观的需要和客观的可能来加以确定。

（4）还款方式。银行长期借款既可到期一次归还，也可以分期定额或不定额归还。

（二）银行进行审批

银行接到企业的申请后，要按照有关政策和贷款条件对企业进行审查，以决定是否对企业贷款。银行审查的内容主要有以下几项。

（1）企业的财务状况。银行主要通过企业财务报表审查企业的负债水平、资本结构等内容。

（2）企业的信用情况。企业的信用情况主要包括过去的偿债记录、信誉，以及主要经营者的品行等。

（3）企业盈利的稳定性。企业盈利的稳定性主要包括企业一段时期以来的获利能力及其发展趋势。

（4）企业的发展前景。企业的发展前景主要包括企业的改革、经营管理水平、技术力量、主导产品的市场份额等。

（5）企业借款投资项目的可行性。主要审查投资项目建成后所生产的产品是否具有竞争力。

（三）签订借款合同

银行经审查批准借款申请后，与借款企业可进一步协商借款的具体条件，签订正式的借款合同，明确规定贷款的数额、利率、期限和一些期限性条款。

（四）企业取得借款

借款合同生效后，银行可在核定的贷款指标范围内，根据企业的用款计划和实际需要，一次或分次将贷款转入企业的存款结算户，以便企业支用。

（五）企业归还借款

借款期满，企业应按合同规定还本付息。如果借款到期时，企业不予偿还，银行可根据合同规定，从借款企业的存款户中扣还贷款本息及加收的利息。

借款企业如因暂时财务困难，需延期偿还借款时，应向银行提交延期还贷计划，经银行审查核定，续签合同。逾期贷款通常要加收利息。

三、长期借款的保护性条款

由于银行等债权人提供的长期贷款的期限长、风险大，因此，除借款合同的基本条款之外，银行等债权人通常还在借款合同中附加各种保护性条款，以确保企业能按时足额还贷。保护性条款分为一般性保护条款和特殊性保护条款。

（一）一般性保护条款

对于长期借款银行规定的一般性保护条款如下。

（1）对借款企业流动资金保持量的规定，其目的是保持借款企业资金的流动性和偿债能力；

（2）对支付现金股利和再购入股票的限制，其目的在于限制现金外流；

（3）对净经营性长期资产总投资规模的限制，其目的在于减小企业日后不得不变卖固定资产以偿还贷款的可能性，仍着眼于保持借款企业资金的流动性；

（4）限制其他长期债务，其目的在于防止其他贷款人取得对企业资产的优先求偿权；

（5）借款企业定期向银行提交财务报表，其目的在于及时掌握企业的财务情况；

（6）不准在正常情况下出售较多资产，以保持企业正常的生产经营能力；

（7）如期缴纳税费和清偿其他到期债务，以防被罚款而造成现金流失；

（8）不准以任何资产作为其他承诺的担保或抵押，以避免企业负担过重；

（9）不准贴现应收票据或出售应收账款，以避免产生或有负债；

（10）限制租赁固定资产的规模，其目的在于防止企业负担巨额租金以致削弱其偿债能力，在于防止企业以租赁固定资产的办法摆脱对其净经营性长期资产总投资和负债的约束。

（二）特殊性保护条款

对于长期借款银行规定的特殊性保护条款如下。

（1）贷款专款专用；

（2）不准企业投资于短期内不能收回资金的项目；

（3）限制企业高级职员的薪金和奖金总额；

（4）要求企业主要领导人在合同有效期间内担任领导职务；

（5）要求企业主要领导人购买人身保险等。

上述各项条款结合使用，将有利于全面保护银行等债权人的权益。但借款合同是经双方充分协商后决定的，其最终结果取决于双方谈判能力的大小，而不是完全取决于银行等债权人的主观意愿。

四、长期借款筹资的优缺点

（一）长期借款筹资的优点

1．筹资速度快

发行各种证券筹集资金所需时间一般较长，印制证券、申请批准和发行证券等都需要一定时间。而长期借款与发行证券相比，一般所需时间较短，企业可以迅速地获取资金。

2．筹资成本低

利用长期借款所支付的利息比发行债券所支付的利息要低，也无须支付大量的发行费用。

3．借款弹性大

企业与银行可以直接接触，双方通过直接商洽来确定借款的时间、数额和利率。在借款期间，如果企业情况发生变化，也可与银行进行协商修改借款的数量和条件。借款到期后，如果有正当理由，还可延期归还。

4．可以发挥财务杠杆的作用

不论企业盈利多少，银行只按借款合同收取利息，在投资收益率大于借款利率的情况下，企业所有者将会因财务杠杆的作用而得到更多的收益。

（二）长期借款筹资的缺点

1．筹资风险较高

企业举借长期借款，必须定期还本付息，在经营不利的情况下，可能会产生不能偿付的风险，甚至会导致破产。

2．限制性条款比较多

企业与银行签订的借款合同中，一般都有一些限制性条款，如定期报送有关报表、不准改变借款用途等。这些条款可能会限制企业的经营活动。

3．筹资数量有限

银行一般不愿意借出巨额的长期借款，故不如股票、债券那样可以一次性筹集到大笔资金。因此，利用长期借款筹资都有一定的上限。

任务二　发行债券融资的认知与评价

一、债券的特征

债券是筹资单位为筹集资金而发行的，约定在一定期限内向债权人还本付息的有价证券，其风险较大，但由此可获取较高的投资报酬。债券筹资是一种直接融资，面向广大社会公众和机构投资者，对发行企业的资格有严格要求。在我国，非公司制企业发行的债券称为企业债券，股份有限公司和有限责任公司发行的债券称为公司债券。企业发行债券的目的通常是筹集大型建设项目的长期资金。从性质而言，债券与借款一样是企业的债务，发行债券一般不影响企业的控制权，发行企业无论盈利与否必须到期还本付息。

发行债券作为一种重要的融资方式，具有以下特征。

（1）约束性和偿还性。债券发行时就明确规定了还本付息时间、期限、金额，债券到期时企业必须按发行时的规定归还本金。

（2）收益性。债券可以给债券持有者带来固定的利息收益，而且债券持有者可以利用债券的买卖活动赚取差额收益。

（3）流动性。债券持有者可以在证券市场上转让或出售债券以转化为货币，或将可转换债券转换为企业股票。

（4）安全性。相对于股票等有价证券而言，债券通常规定固定的利息，收益比较稳定，风险较小。此外，在企业破产清算时，债券持有者对企业剩余财产的索取权优先于股票持有者。

二、债券的种类

企业债券按不同的标准划分，可分为多种类型。

（一）按照债券发行是否有抵押担保，分为抵押债券和信用债券

抵押债券也称为有担保债券，是指发行企业以企业特定财产作为担保品而发行的一种债券。如果债券到期，发行企业无力偿还到期债务时，债券持有人可以用抵押的财产作为到期债务的补偿。抵押品可以是动产、不动产，也可以用股票、债券、其他有价证券作为抵押品。信用债券是指无任何资产作为抵押担保，发行主体仅以其良好的信用而发行的债券。信用债券一般由信用良好的企业发行，其利率一般比同期的抵押债券利率高。

（二）按照利息支付方式，分为附息票债券和贴息债券

附息票债券是指在券面上附有息票的债券，持票人到期可以凭息票领取利息。息票也是一种有价证券，可以流通、转让。贴息债券是指券面上不附有息票，发行时按规定的折扣率折算，以低于票面金额的价格发行，到期按票面金额偿还本金的债券，发行价与票面金额的差额为利息。

（三）按债券是否记名，分为记名债券和不记名债券

记名债券是指在债券的票面上记录债券持有人姓名或名称的债券。记名债券安全性较高，其发行价格一般也要高于不记名债券发行价格。记名债券可以自由转让，转让时须办理过户手续。不记名债券是指不需要在债券的票面上记录债券持有人姓名或名称的债券。不记名债券安全性较差，其发行价格一般低于记名债券发行价格。不记名债券可以随意转让，无须办理过户手续，流通比较方便。

（四）按是否能转换为股票，分为可转换债券和不可转换债券

可转换债券是指债券持有人根据发行时的约定，在特定的条件下按指定的价格将公司债券转换成公司普通股股票的债券。按《公司法》的规定，只有股份有限公司中的上市公司经股东大会决议后才可发行可转换债券。不可转换债券是指发行时没有约定债券在一定条件下可以转换为普通股股票的债券，不可转换债券的利率要低于可转

换债券利率。

（五）按债券利率，分为固定利率债券、浮动利率债券和累进利率债券

固定利率债券是指在债券发行时即已确定了利率并将利率载于债券票面的债券。固定利率不会随着今后市场利率的变化而变化。浮动利率债券是指债券利率在发行之初并不固定，而是随着有关利率，如政府债券利率、银行存款利率的变化而同方向变化调整的债券。浮动利率债券可以在一定程度上减少发行债券企业的融资风险。累进利率债券指随债券期限的增加，后期利率比前期利率更高，利率呈累进状态的债券。

（六）按债券是否上市，分为上市债券和非上市债券

债券与股票一样，也有上市与非上市的区别。上市债券（Listed Bonds）是指经由政府管理部门批准，发行结束后可在证券交易所挂牌交易的债券，也叫挂牌券。

债券上市对发行企业和投资者都有一定的好处。主要好处有以下几个。

（1）由于上市债券信用度较高，因此能卖出较高的价格，筹措到更多的资金。

（2）债券上市能够得到社会的注意，有利于提高发行企业的知名度。

（3）上市债券流通性强，变现能力强，更易吸引投资者。

（4）上市债券交易便利，成交价格比较合理，有利于公平筹资和投资。

非上市债券是指不可以在证券交易所挂牌交易的债券。

（七）按本金偿还方式，分为一次还本债券、分期还本债券和永久债券

一次还本债券是指在规定到期日一并偿还本金的债券。分期还本债券是指一次发行而分期、分批偿还本金的债券。这种债券可以减轻企业一次还本的财务负担。永久债券指一种不规定本金返还期限，债券持有人只能凭此无限期地按期领取利息的债券。永久债券的利息一般高于其他债券的利息，当永久债券发行人发生债务危机时，债务偿还在先，永久债券偿还在后。

（八）按是否参加公司盈余分配，分为参加公司债券和不参加公司债券

参加公司债券是指债券持有人除享有到期向公司请求还本付息的权利外，还有权按规定参加公司盈余分配，其参与分配的方式与比例必须事先规定。实际中这种债券很少。不参加公司债券是指债券持有人只享有到期向公司请求还本付息的权利而无权参加公司盈余分配的债券。公司债券大多为不参加公司债券。

三、债券的基本要素

债券的基本要素是指发行的债券上必须载明的基本内容。

（一）面值

债券的面值即债券的票面价值，是债券到期时企业应偿还给债券持有人的本金数额。债券面值包括两个基本内容：币种和票面金额。币种是指以何种货币作为债券价值的计量单位。以何种货币发行债券取决于发行对象和实际需要。如果是对国内投资者发行债券，则采用国内货币作为计量单位；如果是对国外投资者发行债券，则采用发行地国家货币或国际通用货币作为计量单位。票面金额是指票面上所标明金额的大小。票面金额的大小对于债券的发行成本、发行数额和持有者的分布具有不同的影响，从而影响筹资的效果。从吸引投资者和便于流通的角度看，企业债券的面值不易过大，因为面值

过大的债券，会使一般大众投资者力不能及，从而影响其销售和流通，使企业难以达到筹资目的。

（二）利率

债券的利率是指债券利息与债券面值的比率。债券利率是计算债券利息的标准。债券利率与债券发行时的市场利率可能不一致，故称为"名义利率"。债券利率的确定受到许多因素影响，如银行存款利率、发行企业的资信、偿还期限、资本市场上资金供求情况等。当银行存款利率上升时，债券利率随之上升，反之随之下降；如果债券发行企业的资信好，债券等级高，债券利率可以适当降低一些，反之利率应高一些；偿还期限长的债券流动性差，变现力弱，利率应高一些，反之应低一些；资本市场上资金供大于求，利率应低一些，反之应高一些。债券利率的确定一般在发行期内是不变的，大多用年利率表示。

（三）付息期

债券的付息期是指企业发行债券后利息支付的时间，可以是到期一次支付，或一年、半年、一季度或一个月付一次。由于债券面值和利率是固定不变的，所以，不论每年付息次数是多少，全年或整个债券期限内的付息额是不变的，付息次数越多，每次付息额越小。每次付息额的计算公式如下。

$$每次债券付息额=债券面值×\frac{年名义利率}{全年付息次数}$$

$$全年付息额=债券面值×年名义利率$$

$$=每次债券付息额×年付息次数$$

$$一次付息额=债券面值×年名义利率×债券年限$$

【经典案例 4-1】 渤海公司发行面值为 1 000 元的债券，票面利率为 10%，期限为 5 年，每半年付息一次，则渤海公司的每次债券付息额、全年付息额分别为多少？

【解析】 每次债券付息额=债券面值×（年名义利率÷全年付息次数）=1 000×（10%÷2）=50（元）。

全年付息额=每次债券付息额×年付息次数=50×2=100（元）。

【经典案例 4-2】 渤海公司发行面值为 1 000 元的债券，票面利率为 10%，期限为 5 年，到期时一次还本付息，则渤海公司的付息额为多少？

【解析】 一次付息额=债券面值×年名义利率×债券年限=1 000×10%×5=500（元）。

在考虑资金时间价值和通货膨胀因素的情况下，债券的付息期对债券投资者的实际收益有很大影响。所以，企业在确定债券利息支付期时，必须进行仔细的研究。

（四）偿还期

债券偿还期是指债券自发行日开始至到期日的时间间隔，即债券上载明的偿还债券本金的期限。债券的偿还期长短不一，偿还期长短的确定主要受债券资金的周转期长短、市场利率的变动趋势、债券流通市场的发达程度、筹资者将来一段时间可调配的资金规模、投资者的投资行为等因素的影响。如果企业打算长期占用此项资金，则偿还期要稍长；如果市场利率呈上升趋势，则宜延长债券偿还期。

四、债券的发行价格

债券发行价格是指债券从发行企业转移到初始投资者手中的价格，即债券原始投资者购入债券时应支付的市场价格，并非债券的面值。债券发行价格的形成受诸多因素的影响，主要包括票面金额、债券票面利率、债券期限、市场利率。

（一）票面金额

票面金额是计算债券利息的依据，也是决定债券价格的最基本因素。一般而言，债券发行价格与票面金额成正比例关系，即在其他因素不变的情况下，票面金额越大，债券发行价格越高；反之，票面金额越小，债券发行价格越低。

（二）债券票面利率

债券票面利率是计算利息的要素。一般而言，债券发行价格与债券票面利率也成正比例关系，即在其他因素不变的情况下，债券票面利率越大，债券投资者获得的利息收益越多，债券发行价格越高；反之，债券票面利率越小，债券投资者获得的利息收益越少，债券发行价格越低。

（三）债券期限

一般而言，当票面利率大于市场利率时，期限越长，债券发行价格越高；当票面利率小于市场利率时，期限越长，债券的发行价格越低；当票面利率等于市场利率时，期限不影响债券发行价格。

（四）市场利率

市场利率是衡量债券利率高低的参照指标。一般而言，债券发行价格与市场利率成反比例关系。即市场利率越高，债券发行价格越低；反之，市场利率越低，债券发行价格越高。

发行债券时的票面利率不一定与当时的市场利率相同，为了协调债券购销双方在债券利息上的利益，就要调整债券的发行价格。当市场利率等于票面利率时，平价发行债券；当市场利率大于票面利率时，折价发行债券；当市场利率小于票面利率时，溢价发行债券。

定期付息到期一次还本债券发行价格的计算公式为：

$$债券发行价格 = \frac{票面金额}{(1+市场利率)^n} + \sum_{t=1}^{n} \frac{票面金额 \times 票面利率}{(1+市场利率)^t}$$

如果每年支付的利息相同时，上述公式变为：

$$债券发行价格 = 票面金额 \times (P/F, i, n) + 利息 \times (P/A, i, n)$$

式中，n 为债券期限，t 为付息期数，i 为市场利率。

【经典案例 4-3】 某公司发行面值为 1 000 元，票面利率为 10%，期限为 10 年，每年年末付息的债券。公司决定发行债券时，认为 10% 的利率是合理的。如果债券发行时，市场上的利率发生变化，就要调整债券的发行价格。试分析市场利率分别为 10%、15%、5% 时债券发行价格的变化情况。

【解析】债券导致的现金流量变化如图 4-1 所示。

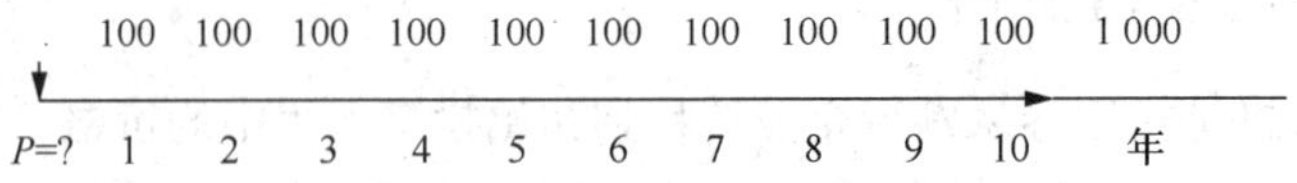

图 4-1　债券现金流量

（1）当市场利率与票面利率相等时，即市场利率为 10%时。

债券发行价格=1 000×（P/F，10%，10）+1 000×10%×（P/A，10%，10）

　　　　　　=1 000×0.385 5+1 000×10%×6.144 6=1 000（元）

（2）当市场利率大于票面利率时，即市场利率为 15%时。

债券发行价格=1 000×（P/F，15%，10）+1 000×10%×（P/A，15%，10）

　　　　　　=1 000×0.247 2+1 000×10%×5.018 8=749.08（元）

只有按低于或等于 749.08 元的价格出售，投资者才会购买并获得 15%的报酬。

（3）当市场利率小于票面利率时，即市场利率为 5%时。

债券发行价格=1 000×（P/F，5%，10）+1 000×10%×（P/A，5%，10）

　　　　　　=1 000×0.613 9+1 000×10%×7.721 7=1 386.07（元）

即投资者把 1 386.07 元资金投资于该公司面值为 1 000 元的债券，可以获得 5%的报酬。

五、债券的偿还

（一）偿还时间

1. 到期偿还

到期偿还是指债券发行企业只能在债券的期限到期时支付本金及利息，而不能提前偿还以收回未到期的债券。到期偿还债券使债券持有人获得了预期的收益，但在市场利率上升的情况下，对债券持有人是不利的。

2. 提前偿还

提前偿还是指债券在发行时就已约定债券发行企业可以在债券未到期时以某一价格提前支付本金及利息。在市场利率降低的情况下，债券发行企业可以提前偿还旧债券，再发行新债券，以降低资金筹集成本。但提前偿还债券的回购价格要高于债券的发行价格，用以补偿债券持有人未能按预期收益率获取的收益。

3. 滞后偿还

滞后偿还是指债券在到期日之后偿还。滞后偿还分为两种情况：一是债券发行企业根据自身的目的决定延长偿还期限，二是债券购买者根据自身的利益有权要求给予延期还本付息。

（二）偿还方式

1. 用现金偿还

目前我国发行的债券多采用现金偿还的方式，这也是债券持有人最愿意接受的偿还方式。为确保债券到期时企业能够偿还债务，有时企业需要建立偿债基金，保护债券持有人的利益。

2. 以新债券换旧债券

以新债券换旧债券是指企业发行新债券以换取以前一次或多次发行的旧债券的偿还

方式。企业用新债券换取旧债券，通常是由于以下原因：（1）在债券的市场利率下降时，企业用较低利率的新债券换取较高利率的旧债券，可以降低债券的资本成本；（2）企业财务出现问题，无力偿还到期的债券本金及利息；（3）旧债券的契约中限制性条件较多，以旧债券换取新债券可以摆脱过多限制性条件的束缚。

3．用普通股偿还债券

用普通股偿还债券是指债券发行企业在特定条件下与债权人协商，经过债权人的同意，将债券转换为普通股股权的偿还方式。

（三）债券的付息

债券的付息主要表现在三个方面：利率的确定、付息频率和付息方式。

1．利率的确定

利率的确定是企业债券能否发行成功的核心。确定债券利率的总体原则是：既要符合国家有关规定，又要适应发行企业的支付能力，同时又能对投资者有吸引力。根据我国目前的实际情况，确定债券利率应主要考虑以下因素：（1）银行同期利率水平的高低及期限的长短。一般来说债券筹资的利率应高于同期银行储蓄存款利率。（2）发行企业的承受能力。为了保证债券发行企业能按期还本付息和企业的资信，债券发行企业在确定利率时应考虑企业所能承受的能力。（3）发行企业的信用级别。债券利率的高低与企业的信用级别成反比，如果发行企业的社会知名度高，资信较好，则可以适当降低利率。（4）国家有关债券利率的规定。在我国，债券利率由中国人民银行总行或省级分行以行政方式确定。我国现行《企业债券管理条例》中规定，企业债券的利率不得高于银行同期储蓄存款利率的 40%，不得低于现行银行同期储蓄存款利率。（5）金融市场上其他类别债券的利率水平。（6）债券发行的附加条件。如果发行的债券附有担保、抵押等条款，利率可以适当地定低些；反之，适当定高些。

2．付息频率

付息频率越高，资金流发生的次数越多，对投资人的吸引力越大。债券付息频率主要有一次性付息、按年付息、按半年付息、按季付息、按月付息五种。

3．付息方式

债券的付息方式是指发行企业在债券的有限期间内，如何向债券持有人支付约定利息的方式。一般分为一次性付息和分期付息两种方式。

（1）一次性付息。

一次性付息有两种形式：一是利随本清，即在债券到期时利息连同本金一次付给投资者；二是利息预扣方式，即投资者在购买债券时就获得利息，以后只获得本金。此种情况下，投资者购买债券时，只需交付发行价格与利息之间的差额。

（2）分期付息。

分期付息一般又分为按年付息、按半年付息和按季度付息三种方式。分期付息对筹资者和投资者双方都有好处：对筹资者而言，可以减轻集中付息的压力，各期平均分担利息支付；对投资者而言，每期都可获得一定的现金利息收入。分期付息可用期利率来表示：

$$期利率 = \frac{年利率}{每年支付利息次数}$$

【经典案例 4-4】渤海公司发行面值为 1 000 元的债券，票面利率为 10%，期限为 5 年，每半年付息一次，则渤海公司的期利率为多少？

【解析】渤海公司的期利率=年利率÷每年支付利息次数=10%÷2=5%

另外，还有一种辅助性的利息支付方式即实物利息，指以购买的某种特定紧俏商品，物资的优先权、优价权作为利息的支付方式。这种方式只适用于某个特定时期、某些特定商品。

六、债券筹资评价

与其他筹资方式相比，发行债券筹资的优缺点主要如下。

（一）债券筹资的优点

债券筹资相对于增发股票及长期借款而言，具有以下优点。

1．具有抵税作用且资本成本较低

与股票的股利相比，债券的利息费用是在企业所得税前支付，能使企业少交所得税，享受税收利益，从而降低企业的筹资成本。这一点与长期借款相同，而发行股票的股利则来源于税后利润，故发行债券有助于提高股东权益。此外，从发行费用来看，发行债券的费用也要比发行股票的费用低得多。

2．保障企业的控制权

债券是一种长期债务，债券持有人只能定期从企业获取固定的利息收益，一般无权参与发行企业的管理经营决策。这样，企业所有者既可以筹集到资金，又不会稀释企业的每股收益、分散企业的控制权。

3．能充分利用财务杠杆的作用

不论企业盈利多少，债券持有人一般只收取有限的固定利息。在投资报酬率大于债券利率时，增加的收益大于支付的利息，剩余收益可用于股利分配和留存于企业以扩大投资，增加股东财富和企业价值。

4．筹资具有一定的灵活性

发行债券企业可根据企业的筹资要求和当时资金市场的实际情况自行研究确定发行债券的面值、价格、利率、偿还期和偿还方式，这可能对企业十分有利。当市场利率较高时，企业可发行短期债券或可转换债券，当市场利率下降时，便按期回收或进行转换，再发行一种较低利率的债券。

5．便于调整资本结构

由于债券具有流通性，企业在发行债券时，如果适时选择发行可转换债券或可提前赎回债券，则有利于企业主动调整其资本结构，降低财务风险。

（二）债券筹资的缺点

债券筹资虽有很多优点，但也有许多不足之处。主要表现在以下几个方面。

1．财务风险高

与长期借款筹资相同，通常需要定期还本付息，有一定的财务负担。特别是在企业不景气时，沉重的利息包袱会使企业遭遇财务困难，甚至会增加企业破产清算的风险。

2．限制条件多

为了保护债券持有人的利益，发行债券的限制条件比长期借款、股票、融资租赁的限制条件都要多而且严格，这些条件限制了企业财务的灵活性，可能会影响企业的资金使用和未来的筹资能力。另外，企业债券筹资的数量和规模也要受到国家及相关法规的限制。

3．对财务管理的要求高

因为债券筹资不像权益筹资那样是一种可供永久性使用的权益资本，债券必须按期还本付息，这就要求企业财务人员定期在资金的调度上准备充足的现金流出，对企业资金平衡的要求高，因而对企业财务管理提出了更高要求。

任务三　租赁融资的认知与评价

一、租赁及其种类

（一）租赁的概念

所谓租赁，是指通过签订资产出让合同的方式，使用资产的一方（承租人）通过支付租金，向出让资产的一方（出租人）取得资产使用权的一种交易行为。在这种经济行为中，出租人将自己所拥有的某种物品交与承租人使用，承租人由此获得在一段时期内使用该物品的权利，但物品的所有权仍保留在出租人手中。承租人为其所获得的使用权需向出租人支付一定的费用（租金）。在这项交易中，承租人不仅得到了所需的机器设备的使用权，而且通过这一行为达到了最终筹集资金的目的。从出租人角度看，其通过出租业务获取了租金，用于补偿资产的折旧及其他费用之后可获得一定的收益。出租人可以是专业的设备租赁公司，也可以是设备厂房处于闲置的一般企业。对于后者而言，这种出租有利于提高企业的经济效益，改善企业的资产质量，优化稀缺财务资源的配置。

我国的租赁历史悠久，起源可追溯到原始社会（约 4 000 多年前）。当时产品的剩余产生了产品的交换，而在很多场合下人们需要频繁交换闲置物品，用后再归还，而不必让渡该物品与对方。这种仅仅涉及物品使用权的交换是最原始形态的租赁。在我国历史上，文献记载的租赁可追溯到西周时期。《卫鼎（甲）铭》记载，邦君厉把周王赐给他的五田出租了四田。这是把土地出租的例子。据历史学家们考证，涉及租赁叛乱的诉讼，在西周中期以后已不少见了。

以"融物"代替"融资"使租赁兴起。

租赁是指按照达成的契约协定，出租人把拥有的特定财产（包括动产和不动产）在特定时期内的使用权转让给承租人，承租人按照协议支付租金的交易行为。

最初的租赁物主要是土地、建筑物等不动产。1952 年，世界上第一家专业租赁公司，即美国租赁公司正式成立。其后租赁范围逐步扩展到企业生产、加工、包装、运输、管理所需的机器设备等动产领域。现在租赁业已经成为一个充满生机和活力的产业。

现代租赁就是在企业需要机器设备时，由租赁公司直接购入该项设备之后再转租给企业，以"融物"代替"融资"，为企业开辟了一条获取机器设备的新途径。其主要理念源于"只有通过资产的使用——而不是拥有资产，才能形成利润"。

（二）租赁的基本特征

租赁作为一种独特的信用形式，既具有信用的一般特征，也有自己独特的特点。

1．所有权与使用权分离

所有权与使用权分离是租赁和一般的买卖交易相区别的主要特征。在约定的租赁期内，所租物品的所有权属于出租人，而使用权归承租人。同时，承租人对租用的设备有维修、保养的责任。租赁期满后，承租人根据合同，可以留购、续租、另订租约或退回租品等。租赁与银行信用一样，都是所有权与使用权的分离，但是银行信用是资金形态上的分离，而租赁则是资金与实物相结合基础上的分离。租赁的发展丰富了所有权与使用权分离的形式。

2．融资与融物相结合

租赁是一种商业活动，它以融物代替融资，并把融资与融物结合起来同时进行。这一特点将金融信贷（借钱）和物资信贷（借物）融合，成为一种新的融资方式。融资和融物相结合这个特点，使得租赁机构具有银行和贸易公司双重职能。它们使买卖、提供劳务和融资得以同时进行，环节减少而效率提高。这就使得整个社会的融资渠道和交易方式多样化，有助于打破形形色色的、程度不等的垄断，推动各机构之间的相互竞争，提高工作效率。

3．租金的分期回流

在所有权与使用权相分离的前提下，租赁与消费信用一样，采取了分期回流的方式。租赁机构作为出租人，其资金是一次投入、分期回流。承租人交付租金的次数和金额由承租人与出租人具体商定。租期结束时租金回流累计额大体接近或超过租赁物品的购买价款，并有一部分表现为租赁机构的盈利，租金的分期回流使承租人的资本体现了时间效益。这样，可以保证资金的流动性，以较少的投资取得较大的经济效益。

（三）租赁的分类

租赁一般按性质分为经营租赁与融资租赁。

1．经营租赁

经营租赁以获得租赁物的使用权为目的。其主要特点是：①可撤销性。经营租赁是一种可解约的租赁，在合理的条件下，承租人预先通知出租人即可解除租赁合同，或要求更换租赁物。②经营租赁的期限一般比较短，短于租赁物的经济寿命。③不完全付清性。经营租赁的租金总额一般不足以弥补出租人的租赁物成本并使其获得正常收益，出租人在租赁期满时将其再出租或在市场上出售才能收回成本，因此，经营租赁不是全额清偿的租赁。④出租人不仅负责提供租金信贷，而且要提供各种专门的技术设备。经营租赁中租赁物所有权引起的成本和风险全部由出租人承担，其租金一般较融资租赁高。经营租赁的对象主要是那些技术进步快、用途较广泛或使用具有季节性的物品。

2．融资租赁

融资租赁是指出租人根据承租人对租赁物件的特定要求和对供货人的选择，出资向供货人购买租赁物件，并租给承租人使用，承租人则分期向出租人支付租金，在租赁期内租赁物件的所有权属于出租人所有，承租人拥有租赁物件的使用权的租赁。租期届满，租金支付完毕并且承租人根据融资租赁合同的规定履行完全部义务后，对租赁物的归属没有约定的或者约定不明的，可以协议补充；不能达成补充协议的，按照合同有关条款或者交易习惯确定，仍然不能确定的，租赁物件所有权归出租人所有。

融资租赁是集融资与融物、贸易与技术更新于一体的新型金融产业。由于其融资与融物相结合的特点，出现问题时租赁公司可以回收、处理租赁物，因而在办理融资时对企业资信和担保的要求不高，所以非常适合中小企业融资。其特点是：①不可撤销。这是一种不可解约的租赁，在基本租期内双方均无权撤销合同。②完全付清。在基本租期内，设备只租给一个用户使用，承租人支付租金的累计总额为设备价款、利息及租赁公司的手续费之和。承租人付清全部租金后，设备的所有权即归于承租人。③租期较长。基本租期一般相当于设备的有效寿命。④承租人负责设备的选择、保险、保养和维修等；出租人仅负责垫付贷款，购进承租人所需的设备，按期出租，以及享有设备的期末残值。

融资租赁还可以进一步分为直接租赁、售后回租和杠杆租赁。

直接租赁，是指由承租人选择需要购买的租赁物件，出租人对租赁项目进行风险评估后出租租赁物件给承租人使用。在整个租赁期间承租人没有所有权但享有使用权，并负责维修和保养租赁物件。出租人对租赁物件的好坏不负任何责任，设备折旧由承租人承担。

售后回租，是指设备的所有者先将设备按市场价格卖给出租人，然后又以租赁的方式租回原来设备的一种方式。售后回租的优点在于：一是承租人既拥有原来设备的使用权，又能获得一笔资金；二是由于所有权不归承租人，租赁期满后承租人根据需要决定续租还是停租，从而提高承租人对市场的应变能力；三是回租设备后，设备使用权没有改变，承租人的设备操作人员、维修人员和技术管理人员对设备很熟悉，可以节省时间和培训费用。设备所有者可将出售设备的资金大部分用于其他投资，把资金用活，而少部分用于缴纳租金。售后回租业务主要用于已使用过的设备。

杠杆租赁的做法类似银团贷款，是一种专门做大型租赁项目的、有税收好处的融资租赁，主要是由一家租赁公司牵头作为主干公司，为一个超大型的租赁项目融资。主要做法是成立一个脱离租赁公司主体的操作机构——专为本项目成立的资金管理公司，提供项目总金额 20%以上的资金，其余部分资金来源则主要是吸收银行和社会闲散游资，利用 100%享受低税的好处"以二博八"的杠杆方式，为租赁项目取得巨额资金。其余做法与融资租赁基本相同，只不过合同的复杂程度因涉及面广而随之增大。由于可享受税收好处、操作规范、综合效益好、租金回收安全、费用低，杠杆租赁一般用于飞机、轮船、通信设备和大型成套设备的融资租赁。

二、融资租赁的程序

（一）选择租赁公司，提出租赁申请

在确定采用融资租赁方式取得设备使用权的前提下，企业应认真选择租赁公司，了解租赁公司的以往业绩、融资条件、租赁费用等，并加以比较，选择适合自己的租赁公司。承租人为了达到最有效的融资目的，选择最佳供货人和最适合的设备是关键的一步。承租人有能力自行选择的，可自行选择；如果承租人没有能力或能力不足以

自行选择租赁公司，可以委托租赁机构代理选择，承租人应主要说明需要租入资产的名称、性能、数量、规格、生产厂商、交货地点等。租赁机构代理选择结果被承租人认可即生效。

（二）承租企业与租赁公司接触

承租企业向租赁公司提出书面申请，并填写设备租赁申请书。租赁公司收到申请后，应向企业介绍有关手续的办理程序、租金的计算方式、租金的支付期间与支付方式等。

（三）出租人对承租人的信用状况进行审查

在开展融资租赁以前，有两个基本条件必须得到满足：一是出租人对承租人的信用状况（包括承租人企业的产业特点、经营状况、财务报表、现金流量、项目情况、偿还能力、担保等）经审查后认可，并同意与其开展该项目的融资租赁交易；二是承租人必须对融资租赁的特点和实际运作有基本认识和一定的了解，出租人和承租人双方能配合开展工作。

（四）租赁公司对租赁项目的审查

租赁双方达成初步意向后，能否向企业提供租赁服务，需由租赁公司对租赁项目进行审查，以确保出租人的利益。审查的内容包括租赁项目的可行性、企业的资信与能力、租赁设备的先进性等。

（五）签订购货合同

购货合同应由承租人、出租人和供货商三者签订。在委托租赁的情况下，由租赁公司向供货商订购，并签订订货合同，同时由承租人副签。

（六）签订租赁合同

经过租赁公司审查，认为租赁项目切实可行后，承租企业与租赁公司进入实质性谈判阶段。若双方达成共识，则签订租赁合同。租赁公司与供货方的供货合同，与贷款银行的贷款合同也应立即或同时签订。承租人与出租人签订的租赁合同是重要的法律文件，双方应对租赁合同的具体内容进行平等协商达成统一，租赁合同应重点协商租金、租金的支付方式、手续费率、租期、利率等双方的权利、义务。

（七）设备的交接及货款支付

供货商应根据合同规定的日期将设备直接交给承租企业，企业负责验货、办理交接手续，租赁公司根据验货情况向供货商支付设备借款。

（八）支付租金

承租企业按合同规定的租金数额、支付方式等，向租赁公司支付租金。

（九）维修保养

承租企业可与租赁设备供货商签订维修保养合同，并支付有关费用。

（十）租赁期满租赁资产的处置

融资租赁合同期满时，承租企业应按租赁合同的规定进行退租、续租或留购。租赁期满的设备通常都以低价卖给承租企业或无偿赠送给承租企业。

三、融资租赁的评价

（一）融资租赁的优点

1. 从出租人角度

（1）以租促销，扩大产品销路和市场占有率。销售对于中小企业是非常重要的，只有成功销售才能实现利润。越来越多的企业希望扩大租赁而不是一味地通过直接出售来实现销售。这样做的好处是，大大地降低了购买的门槛，提高了客户购买力。

（2）保障款项的及时回收，简化财务核算程序；明确租赁期间的现金流量，利于资金安排。

（3）简化产品销售环节，加速生产企业资金周转。

（4）更侧重项目的未来收益。融物特征决定了租赁的资金用途明确，承租人无法把款项移作他用。出租人更侧重于项目未来现金流量的考察，从而使一些负债率高，但拥有好项目的承租企业能获得设备融资。

（5）降低直接投资风险。

2. 从承租人角度

（1）简便、时效性强。由于租赁费用被视为经营支出，所以易于决策。中小企业由于自身原因向银行借贷时缺乏信用和担保，很难从银行取得贷款。而融资租赁的方式具有项目融资的特点，由项目自身所产生的效益偿还，而资金提供者只保留对项目的有限权益。

（2）到期还本、负担较轻。银行贷款一般采用整笔贷出、整笔归还方式。而租赁公司可以根据每个企业的资金实力、销售季节性等具体情况，为企业定做灵活的还款安排，如延期支付、递增和递减支付等，使承租人能够根据自己的企业状况，定制付款额。

（3）能减少设备淘汰风险。由于融资租赁的期限一般多为资产使用年限的 75%左右，承租人不会在整个使用期间承担设备陈旧、过时的风险。

（4）租赁期满后，承租人可按象征性价格购买租赁设备，作为承租人自己的财产。

（5）加速折旧，享受国家的税收优惠政策，具有节税功能。《关于促进企业技术进步有关财务税收问题的通知》中第四条第 3 款规定，"企业技术改造采取融资租赁方式租入的机器设备，折旧年限可按租赁期限和国家规定的折旧年限孰短的原则确定，但最短折旧年限不短于 3 年"，这间接地起到了加速折旧的作用。企业可以按照最有利的原则，尽快折旧，把折旧费用计入成本。这与税后还贷相比，显然对企业更有利。

（二）融资租赁的缺点

总的说来，融资租赁的缺点如下。

（1）资本成本较高。

（2）不能享有设备残值。

（3）固定的租金支付构成一定的负担。

（4）相对于银行信用而言，风险因素较多，风险贯穿于整个业务活动之中。

本学习单元小结

本学习单元论述了企业债权筹资的方式，主要介绍了长期借款筹资、债券筹资、融资租赁，通过对这几种债权筹资方式的介绍，要求对这几种筹资方式的概念、种类有所熟悉，能计算债券的发行价格，对融资租赁的方式有所掌握，知道融资租赁的优缺点。

 复习与思考

1. 什么是债券？有何特征？债券的基本要素有哪些？

2. 债券的发行方式有哪些？

3. 债券的发行价格是如何确定的？

4. 长期借款有哪些类型？这种筹资方式的优缺点是什么？

 技能实训

1. 南华公司发行面值为 1 000 元，票面年利率为 10%，期限为 10 年，每年年末付息的债券。在公司决定发行债券时，认为 10%的利率是合理的。如果债券正式发行时，市场上的利率发生变化，那么就要调整债券的发行价格。就以下三种情况，分别计算债券发行价格。

（1）市场利率为 10%。

（2）市场利率为 12%。

（3）市场利率为 8%。

2. 有一债券面值为 1 000 元，票面利率为 5%，每半年支付一次利息，5 年期。假设必要报酬率为 6%，计算发行 4 个月后该债券的价值。已知：$(P/F，3\%，10)=0.744\,1$，$(P/F，6\%，5)=0.747\,3$，$(P/A，6\%，5)=4.212\,4$，$(P/A，3\%，10)=8.530\,2$。

学习单元五 资本结构决策

素质目标

1. 掌握资本成本的概念与性质、资本成本的种类
2. 理解资本成本在财务管理中的重要作用
3. 理解资本成本的计算方法
4. 理解经营杠杆、财务杠杆、复合杠杆的概念、形成原因
5. 掌握资本结构及其影响因素
6. 了解西方资本结构理论

技能目标

1. 掌握经营杠杆系数、财务杠杆系数、复合杠杆系数的计算方法
2. 掌握企业最优资本结构的确定方法

案例导入

在学习单元四与学习单元五中，无论是涉及债务融资方式还是股权融资方式，我们都提及一个重要的概念——资本成本。理解资本成本，进行资本结构的优化，可思考下面的情景并回答相应的问题。

情景 1：张三想要开一家拉面馆，但是苦于自己没有足够的资金，所以打算先找银行借。于是银行借给张三 100 万元，条件是，张三需按照每年 10%的利率向银行支付利息。

情景 2：张三虽然可以从银行借来 100 万元，但总觉得找银行借钱要付利息太不划算，所以打算"空手套白狼"，找到坐拥百万粉丝的同学李四，希望他入股成为拉面馆的股东。张三对李四说："老同学啊，我要开一家拉面馆，您只要给我 100 万元，就可以占20%的股份，现在我只有一家店，但一旦有了您的投资，我明年就可以开二十家店了，您的股票价值也可以翻 20 倍，而且可以享受每年的分红，或者等公司上市了，您可以卖出股票，从中赚取差价。"

针对以上情景，思考下列问题。

1. 张三从银行借款 100 万元要承担哪些资本成本？
2. 李四入股拉面馆后，张三又会承担哪些资本成本？
3. 对于两种情景对应的筹资方式，张三应该如何选择？

任务一　资本成本的认知和计量

一、资本成本概述

（一）资本成本的含义

所谓资本成本，是指企业为筹集和使用资本而付出的代价，包括筹资费用和占用费用。资本的筹资费用是指企业在筹资过程中所发生的各种费用，如证券的印刷费、发行手续费、行政费用、律师费、资信评估费、公证费等。资本的占用费用是指企业因占用资本而向资本提供者支付的代价，如长期借款的利息、长期债券的债息、优先股的股息、普通股的红利等。其中，资本的占用费用是资本成本的主体部分，也是降低资本成本的主要内容。资本成本的内涵具体如表 5-1 所示。

表 5-1　资本成本的内涵

含义	指企业为筹集和使用资本而付出的代价，包括筹资费用和占用费用
内容	内容 ⎰ 筹集代价 → 筹资费（发行费、手续费）→ 筹资开始时作为筹资总额的扣除项 ⎱ 使用代价 → 占用费（利息、股利）→ 资本成本的主要内容
表示方法	通常用相对数表示，即资本成本率

（二）资本成本的性质

资本成本是商品经济条件下资本所有权和使用权分离的必然结果，具有特定的经济性质。

首先，资本成本是资本使用者向资本所有者和中介机构支付的费用，是资本所有权和使用权相分离的结果。

其次，资本成本作为一种耗费，最终要通过收益来补偿，体现了一种利益分配关系。资本成本和产品成本都属于劳动耗费，但是，产品成本的价值补偿是对耗费自身的补偿，并且，这种补偿金还会回到企业再生产过程中；而资本成本的补偿是对资本所有者让渡资本使用权的补偿，一旦从企业收益中扣除以后，就退出了企业生产过程，体现了一种利益分配关系。

最后，资本成本是资金时间价值与风险价值的统一。资金时间价值是资本成本的基础，资金时间价值越大，资本成本也就越高；反之，资金时间价值越小，资本成本也就越低。但是，资金时间价值和资本成本在数量上并不一致。资本成本不仅包括资金时间价值，而且还包括风险价值、筹资费用等因素，同时，还受到资金供求、通货膨胀等因素的影响。此外，资金时间价值除了用于确定资本成本外，还广泛用于其他方面。

（三）资本成本的作用

资本成本在财务管理中处于至关重要的地位。资本成本不仅是资本预算决策的依据，而且还是许多其他类型决策，包括租赁决策、债券偿还决策以及制定有关营运资本管理政策的直接依据。

1．资本成本是比较筹资方式、选择筹资方案的依据

各种资本的资本成本率，是比较、评价各种筹资方式的依据。在评价各种筹资方式时，一般会考虑的因素包括对企业控制权的影响、对投资者吸引力的大小、融资的难易程度和风险、资本成本的高低等，而资本成本是其中的重要因素。在其他条件相同时，企业筹资应选择资本成本率最低的方式。

2．平均资本成本是衡量资本结构是否合理的重要依据

企业财务管理目标是企业价值最大化，企业价值是企业资产带来的未来现金流量的折现值。计算企业价值时，经常采用企业的平均资本成本作为折现率，当平均资本成本最小时，企业价值最大，此时的资本结构是企业理想的资本结构。

3．资本成本是评价投资项目可行性的主要标准

在对相容的多个投资项目进行评价时，只要预期投资报酬率大于资本成本，投资项目就具有经济上的可行性。在对不相容的多个投资项目进行评价时，可以将各自的投资报酬率与其资本成本相比较，其中正差额最大的项目是效益最高的，应予首选。当然，投资评价还涉及技术的可行性、社会效益等方面，但资本成本是综合评价的一个重要方面。

4．资本成本是评价企业整体业绩的重要依据

资本成本是企业使用资本应获得收益的最低界限。一定时期资本成本的高低不仅反映了财务经理的管理水平，还可用于衡量企业整体的经营业绩。更进一步说，资本成本还可以促进企业增强和转变观念，充分挖掘资本的潜力，节约资本的占用，提高资本的使用效益。

（四）资本成本的种类

资本成本按用途，可分为个别资本成本、综合资本成本和边际资本成本。

个别资本成本是单种筹资方式的资本成本，包括长期借款资本成本、长期债券资本成本、优先股资本成本、普通股资本成本和留存收益资本成本。其中，前两种称为债务资本成本，后三种称为权益资本成本或自有资本成本。个别资本成本一般用于比较和评价各种筹资方式。

综合资本成本是对各种个别资本成本进行加权平均而得的结果，其权数可以在账面价值、市场价值和目标价值之中选择。综合资本成本一般用于资本结构决策。

边际资本成本是指新筹集部分资本的成本，在计算时，也需要进行加权平均。边际资本成本一般用于追加筹资决策。

个别资本成本、综合资本成本和边际资本成本三种资本成本之间存在着密切的关系。个别资本成本是综合资本成本和边际资本成本的基础，综合资本成本和边际资本成本都是对个别资本成本的加权平均。三者都与资本结构紧密相关，但具体关系有所不同。个别资本成本高低与资本性质有很大的关系，债务资本成本一般低于自有资本成本；综合资本成本主要用于评价和选择资本结构；而边际资本成本主要用于在已经确定目标资本结构的情况下，考察资本成本随筹资规模变动而变动的情况。当然，三种资本成本在实务中往往同时运用，缺一不可。

（五）影响资本成本的因素

1．总体经济环境

一个国家或地区的总体经济环境状况表现在国民经济发展水平、预期的通货膨胀水

平等方面，这些都会对企业筹资的资本成本产生影响。如果国民经济保持健康、稳定、持续增长，整个社会经济的资金供给和需求相对均衡且通货膨胀水平低，资金所有者投资的风险小，预期报酬率低，筹资的资本成本率相应就比较低。相反，如果经济过热，通货膨胀水平持续居高不下，投资者投资的风险大，预期报酬率高，筹资的资本成本率就高。

2．资本市场条件

资本市场条件包括资本市场的效率和风险。如果资本市场缺乏效率，证券的市场流动性低，投资者投资风险大，要求预期报酬率高，通过资本市场融通的资本成本就比较高。

3．企业经营状况和融资状况

企业的经营风险和财务风险共同构成企业总体风险。如果企业经营风险高，财务风险大，则企业总体风险水平高，投资者要求的预期报酬率高，企业筹资的资本成本相应就高。

4．企业对筹资规模和时限的要求

在一定时期内，国民经济体系中资金供给总量是一定的，资本是一种稀缺资源。因此如果企业一次性需要筹集的资金规模大、占用资金时限长，资本成本就高。当然，融资规模、时限与资本成本的正向相关性并非线性关系。一般来说，融资规模在一定限度内，并不会引起资本成本的明显变化，当融资规模突破一定限度时，才会引起资本成本的明显变化。

二、资本结构的理论观点

（一）早期资本结构理论

早期资本结构理论是由美国经济学家杜兰德于 1952 年提出的。他认为，资本结构可以按净利理论、经营利润理论和传统理论来建立。

1．净利理论

净利理论认为，企业利用债务，即加大财务杠杆程度，可以降低其资本成本，并且会提高企业价值。因此，举债越多，资本成本越低，倘若举债的比例为 100%，则企业价值越大。该理论的缺陷是，没有考虑财务风险对资本成本和企业价值的影响。

2．经营利润理论

经营利润理论认为，无论企业财务杠杆如何变动，综合资本成本和企业价值都是固定的。其假设是，资本成本越低的债务资本增加，会增大权益资本的风险，从而使权益资本成本上升。因此，资本结构与资本成本和企业价值无关，资本结构的选择也毫无意义。该理论的缺陷是过分夸大了财务风险的作用，并忽略了资本成本与资本结构之间的内在联系。

3．传统理论

传统理论认为，财务杠杆的利用伴随着财务风险，从而伴随着债务资本成本和权益资本成本的提高。同时，综合资本成本与负债权益比率密切相关，资本成本不能独立于资本结构之外。因此，最佳资本结构是客观存在的。具体地说，当企业的负债在一定范围之内，债务资本成本与权益资本成本不会显著增加，并且相对稳定，一旦企业负债超过该范围，则开始增加。所以，最佳资本结构就在债务资本的边际成本与权益资本的边际成本相等的时点上。

（二）现代资本结构理论

1．MM 理论

MM 理论是由莫迪利亚尼（Modidiani）和米勒（Miller）于 1958 年在《资本成本、公司财务和投资理论》中提出的。该理论被认为是现代资本结构的开端和最有影响的资本结构理论。他们两人分别于 1985 年和 1990 年获得诺贝尔经济学奖。

MM 理论包括无公司税的 MM 理论和有公司税的 MM 理论。它们都具有以下基本假设。

（1）风险是可以衡量的，且经营风险相同的企业处于同一个风险等级；

（2）投资者对企业未来收益与风险的预期相同；

（3）股票和债券在完全的资本市场上交易；

（4）负债的利率为无风险利率；

（5）投资者预期的息前税前利润不变。

无公司税的 MM 理论的结论是：资本结构不影响企业价值和资本成本。有公司税的 MM 理论的结论是：负债会因税赋节约而增加企业价值，负债越多，企业价值越大，权益资本的所有者获得的收益也越大。

2．权衡理论

MM 理论没有考虑财务拮据成本与代理成本。权衡理论的贡献在于，它在 MM 理论的基础上，充分考虑财务拮据成本和代理成本两个因素来研究资本结构。

财务拮据成本是指企业因财务拮据而发生的成本。例如，企业因经营效益达不到预期水平，但仍然需要按期还本付息，经理为缓解燃眉之急而采取推迟机器大修、降价拍卖资产使企业蒙受的损失，企业客户和供应商不再提供信用而使企业蒙受的损失，等等。财务拮据成本发生在有负债的企业里，而且，负债越多，固定利息越大，收益下降的概率越高，从而导致财务拮据成本发生的概率就越高。财务拮据成本高，势必提高企业的资本成本，降低企业价值。

代理成本是指为处理股东和经理之间、债券持有者与经理之间的关系而发生的成本。它实际上是一种监督成本。代理成本的发生会提高负债成本从而降低负债利益。

权衡理论认为，负债企业的价值等于无负债企业价值加上税赋节约，减去预期财务拮据成本的现值和代理成本的现值。最优资本结构存在于税赋节约与财务拮据成本和代理成本相互平衡的点上。

（三）我国资本结构理论及主要观点

以上介绍了西方现代资本结构理论，从中可以看出，西方现代资本结构的构思是精巧而新颖的，这对于我们寻求最佳资本结构大有益处。但也应该看到，现代资本结构理论是建立在一系列假设条件上的理论推导，其中的许多假设条件在我国现实的经济条件下尚不具备。比如：我国有些企业在融资后不守信用，任意拖欠利息、本金、股息等，投资者利益得不到保障；股票融资尚未被视为最昂贵的融资方式；重股票融资轻债券融资还相当普遍；过度依赖外部融资；融资偏好不良；融资机制不灵等。我国企业对资本结构的选择尚处于摸索和主观确定阶段，资本结构经常出现巨大变动。因此，借鉴西方现代资本结构理论，建立起适合我国企业现实的资本结构理论，是我们面临的一项长期任务。

我国目前的资本结构理论包括净收益理论、净营业收益理论、MM 理论、代理理论和等级筹资理论，主要观点如表 5-2 所示。

表 5-2　我国资本结构理论及主要观点

资本结构理论	主要观点
净收益理论	净收益理论认为，负债程度越高，加权平均资本成本越低，企业价值越大。当负债比率达到 100%时，企业价值将达到最大
净营业收益理论	净营业收益理论认为，资本结构与企业的价值无关，决定企业价值高低的关键要素是企业的净营业收益。尽管企业增加了成本较低的债务资金，但同时也加大了企业的风险，导致权益资本成本的提高，企业的综合资本成本仍保持不变。不论企业的财务杠杆程度如何，其整体的资本成本不变，企业的价值也就不受资本结构的影响，因而不存在最佳资本结构
MM 理论	MM 理论认为，在没有企业和个人所得税的情况下，风险相同的企业，其价值不受有无负债及负债程度的影响；但在考虑所得税的情况下（修正的 MM 理论），由于存在税额庇护利益，企业价值会随负债程度的提高而增加，股东也可获得更多好处。于是，负债越多，企业价值也会越大
代理理论	代理理论认为，随着企业债权资本的增加，债权人的监督成本随之上升，债权人会要求更高的利率。这种代理成本最终要由股东承担（股权代理成本增加），企业资本结构中债权比例过高，会导致股东价值的降低，因此，均衡的企业所有权结构是由股权代理成本和债权代理成本之间的平衡关系决定的
等级筹资理论	从成熟的证券市场来看，企业的筹资优序模式首先是内部筹资，其次是借款、发行债券、发行可转换债券，最后是发行新股筹资。但是，20 世纪 80 年代新兴证券市场具有明显的股权融资偏好

三、资本成本的计量

（一）个别资本成本

资本成本率的测算

个别资本成本是指单一融资方式本身的资本成本，包括银行借款资本成本、公司债券资本成本、普通股资本成本、优先股资本成本和留存收益资本成本等，其中前两类是债务资本成本，后三类是权益资本成本。个别资本成本的高低，用相对数即资本成本率表达。

1．资本成本计算的基本模式

（1）一般模式。为了便于分析、比较，资本成本通常用不考虑资金时间价值的一般通用模型计算。计算时，将初期的筹资费用作为筹资额的一项扣除，扣除筹资费用后的筹资额称为筹资净额。一般模式通用的计算公式为：

$$资本成本率 = \frac{年资金占用费}{筹资总额-筹资费用} = \frac{年资金占用费}{筹资总额 \times (1-筹资费用率)}$$

（2）贴现模式。对于金额大、时间超过 1 年的长期资本，更为准确的资本成本计算方式是采用贴现模式，即将债务未来还本付息或股权未来股利分红的贴现值与目前筹资净额相等时的贴现率作为资本成本率。即：

筹资净额现值-未来资本清偿额现金流量现值为 0 时的贴现率=资本成本率。

2. 债务资本成本率

债务资本的占用成本主要是利息费用。其特点是：利率的高低是预先确定的，不受企业经营业绩的影响；在长期债务有效期内，一般利率固定不变，并按期支付；利息费用是税前扣除项目。

（1）长期借款的资本成本率。

长期借款的资本成本包括借款利息和借款手续费，手续费是筹资费用的具体表现。利息费用在税前支付，可以起抵税作用，一般计算税后资本成本率，以便与权益资本成本率具有可比性。长期借款的资本成本率按一般模式计算为：

$$长期借款资本成本率=\frac{年利率\times(1-所得税税率)}{1-筹资费用率}\times100\%$$

或

$$K_b=\frac{i\times(1-T)}{1-f}\times100\%$$

式中，K_b 为长期借款资本成本率，i 为长期借款年利率，f 为筹资费用率，T 为所得税税率。

对于长期借款，如考虑资金时间价值，还可以用贴现模式计算资本成本率。

【经典案例 5-1】 某企业取得 5 年期长期借款 200 万元，年利率为 10%，每年付息一次，到期一次还本，筹资费用率为 0.2%，企业所得税税率为 25%。求该项借款的资本成本率。

【解析】 $K_b=\dfrac{10\%\times(1-25\%)}{1-0.2\%}=7.52\%$

（2）公司债券的资本成本率。

相对于长期借款而言，公司债券的取得成本往往高得多，因而不能忽略不计。而且，公司债券可以溢价或折价发行，但占用成本只能按面值计算。在不考虑资金时间价值的情况下，一次还本、分期付息的公司债券的资本成本率公式如下。

$$K_b=\frac{年利息\times(1-所得税税率)}{债券筹资总额\times(1-筹资费用率)}\times100\%$$

或

$$K_b=\frac{I\times(1-T)}{L\times(1-f)}\times100\%$$

式中，L 为公司债券筹资总额，I 为公司债券年利息。

【经典案例 5-2】 某企业以 1 100 元的价格，溢价发行一批面值为 1 000 元、期限为 5 年、票面利率为 7% 的公司债券。每年付息一次，到期一次还本，筹资费用率为 3%，所得税税率为 25%。求该批债券的资本成本率。

【解析】 $K_b=\dfrac{1\,000\times7\%\times(1-25\%)}{1\,100\times(1-3\%)}=4.92\%$

【多项选择题】

在计算个别资本成本时，需要考虑所得税抵减作用的筹资方式有（   ）。

A. 长期借款　　　B. 公司债券　　　C. 优先股　　　D. 普通股

【答案】 AB

【解析】 由于债务资本的利息在税前列支可以抵税，而权益资本的股利分配是从税后利润分配的，不能抵税。

3．权益资本成本率

（1）优先股资本成本率。

一般而言，优先股的取得成本也比较高，不能予以忽略。优先股占用成本的表现形式是股息，一般按年计算。按一般模式便可计算出优先股的资本成本率，其公式为：

$$K_s = \frac{D}{P_n \times (1-f)} \times 100\%$$

式中，K_s 表示优先股资本成本率，D 表示优先股年固定股息，P_n 表示优先股发行价格，f 表示筹资费用率。

【经典案例 5-3】 ABC 公司准备发行一批优先股，每股发行价格为 5 元，筹资费用为 0.2 元，预计年股利为 0.5 元。计算其资本成本率。

【解析】 $K_s = \frac{0.5}{5-0.2} \times 100\% = 10.42\%$

（2）普通股资本成本率。

普通股资本成本主要是向股东支付的各期股利。由于各期股利并不一定固定，随企业各期收益波动，因此普通股的资本成本只能按贴现模式计算，并假定各期股利的变化呈一定规律性。如果是上市公司普通股，其资本成本还可以根据该公司股票收益率与市场收益率的相关性，按资本资产定价模型法进行估计。

第一种方法：股利增长模型法。假设某股票本期支付的股利为 D_0，普通股的股利每年以固定比率 g 增长，目前股票市场价格为 P_0。具体公式如表 5-3 所示。

表 5-3　股利增长模型法

方法	公式
股利增长模型法	$K_s = \frac{D_0 \times (1+g)}{P_0 \times (1-f)} + g = \frac{D_1}{P_0 \times (1-f)} + g$ 【提示】在每年股利固定的情况下： 普通股资本成本 $= \dfrac{每年固定股利}{普通股金额 \times (1-普通股筹资费用率)}$

【经典案例 5-4】 某公司普通股市价为 30 元，筹资费用率为 2%，本年发放现金股利每股为 0.6 元，预期股利年增长率为 10%。求资本成本率。

【解析】 $K_s = \frac{0.6 \times (1+10\%)}{30 \times (1-2\%)} \times 10\% = 12.24\%$

第二种方法：资本资产定价模型法。普通股的资本成本率可以用投资者对发行企业的风险程度与股票投资承担的平均风险水平来评价。

根据资本资产定价模型，普通股的资本成本率=无风险报酬率+β 系数×（股票市场平均报酬率-无风险报酬率）。具体公式如表 5-4 所示。

表 5-4　资本资产定价模型法

方法	公式
资本资产定价模型法	$K_s = R_f + \beta(R_m - R_f)$

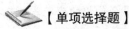【经典案例 5-5】某公司普通股的 β 系数为 1.2，无风险报酬率为 4%，股票市场平均报酬率为 10%。要求：计算该公司普通股的资本成本率。

【解析】该公司普通股资本成本率=4%+1.2×（10%-4%）=11.2%。

（3）留存收益资本成本率。

留存收益是由企业税后净利润形成的，它属于普通股股东所有。从表面上看，留存收益不需要现金流出，似乎不用计算其资本成本。其实不然，留存收益的资本成本率是一种机会成本，体现为股东追加投资要求的报酬率。因此，留存收益也必须计算资本成本率，其计算方法与普通股相似，唯一的区别是留存收益没有资本取得成本。计算公式为：

$$K_e = \frac{D_1}{P_0} + g$$

式中，K_e 表示留存收益资本成本率，D_1 表示第一年股利，P_0 表示普通股市场发行价格，g 表示普通股的股利每年固定增长率。

【经典案例 5-6】某公司普通股目前的股价为 10 元/股，筹资费用率为 6%，刚刚支付的每股股利为 2 元，股利固定增长率为 2%，则该企业利用留存收益的资本成本率为多少？

【解析】留存收益资本成本率=$\dfrac{2×(1+2\%)}{10}×100\%+2\%$=22.4%。

总结：个别资本成本是用来比较个别筹资方式的资本成本高低的。一般而言，个别资本成本从低到高排序为银行借款<债券<优先股<留存收益<普通股。

【单项选择题】

在不考虑筹款限制的前提下，下列筹资方式中个别资本成本最高的通常是（　　）。

A. 发行普通股　　B. 留存收益筹资　C. 长期借款筹资　D. 发行公司债券

【答案】A

【解析】股权的筹资成本大于债务的筹资成本，主要是由于股利从税后净利润中支付，不能抵税，而债务资本的利息可在税前扣除，可以抵税。另外，从投资人的风险来看，普通股的求偿权在债权之后，持有普通股的风险要大于持有债权的风险，股票持有人会要求一定的风险补偿，所以股权资本的资本成本大于债务资本的资本成本。留存收益的资本成本与普通股类似，只不过没有筹资费，由于普通股的发行费用较高，所以其资本成本高于留存收益的资本成本。因此发行普通股的资本成本通常是最高的。

（二）综合资本成本

综合资本成本的计算，是以各项个别资本在企业总资本中的比重为权数，对各项个别资本成本率进行加权平均而得到的总资本成本率，又称为加权平均资本成本或整体资本成本。计算公式为：

$$K_w = \sum_{j=1}^{n} K_j W_j$$

式中，K_w 为综合资本成本，K_j 为第 j 种个别资本成本率，W_j 为第 j 种个别资本在全部资本中的比重。

综合资本成本的计算存在着一个权数的选择问题，即个别资本成本按什么价值来确定。各种资金权数主要有三种选择：账面价值权数、市场价值权数和目标价值权数。三种价值权数的评价如表5-5所示。

表5-5 三种价值权数的比较

确定方法		评价
账面价值权数	优点	易于从资产负债表中取得资料，容易计算
	缺点	反映过去，资金账面价值可能不符合市场价值。如果资金的市场价值与账面价值差别很大，计算结果会与资本市场现行实际筹资成本存在较大的差距，从而不利于综合资本成本的测算和筹资管理决策的做出
市场价值权数	优点	能反映企业目前的实际情况
	缺点	证券市场价格变动频繁
目标价值权数	优点	能反映企业期望的资本结构，而不是像按账面价值和市场价值确定的权数那样只反映过去和现在的资本结构。所以，按目标价值权数计算得出的综合资本成本更适用于企业筹集新资金
	缺点	企业很难客观、合理地确定证券的目标价值，有时这种计算方法不易推广

【提示】在实务中，通常以账面价值权数计算综合资本成本。

 【单项选择题】

在下列各项中，不能用于综合资本成本计算的是（　　）。

A. 市场价值权数　B. 目标价值权数　C. 账面价值权数　D. 边际价值权数

【答案】D

【解析】在确定各种资金在总资金中所占的比重时，各种资金价值的确定基础包括三种：账面价值、市场价值和目标价值。

【经典案例5-7】筹资总金额为1 000万元，其中：发行普通股500万元，资本成本率为15%；发行债券300万元，资本成本率为8%；长期借款为200万元，资本成本率为7%。计算综合资本成本。

【解析】（1）计算各种资金所占的比重：

普通股占资金总额的比重=500÷1 000×100%=50%

债券占资金总额的比重=300÷1 000×100%=30%

长期借款占资金总额的比重=200÷1 000×100%=20%

（2）计算综合资本成本：

综合资本成本=15%×50%+8%×30%+7%×20%=11.3%

 【计算题】

某企业拟筹资4 000万元。其中：按面值发行债券1 000万元，筹资费用率为2%，债券年利率为5%；发行普通股3 000万元，发行价为10元/股，筹资费用率为4%，第一年预期股利为1.2元/股，以后各年增长5%。所得税税率为25%。计算该筹资方案的综合资本成本。

【解析】债券比重=1 000÷4 000=0.25

普通股比重=3 000÷4 000=0.75

$$债券资本成本=\frac{1\,000\times5\%\times(1-25\%)}{1\,000\times(1-2\%)}\times100\%=3.83\%$$

$$普通股资本成本=\frac{1.2}{10\times(1-4\%)}\times100\%+5\%=17.5\%$$

综合资本成本=0.25×3.83%+0.75×17.5%=14.08%

（三）边际资本成本

1．边际资本成本的概念

边际资本成本是企业追加筹资的成本。企业的个别资本成本和综合资本成本是企业过去筹资的单项资本的成本和目前使用全部资本的成本。然而，企业在追加筹资时，不能仅仅考虑目前所使用资本的成本，还要考虑新筹集资金的成本，即边际资本成本。边际资本成本是企业进行追加筹资的决策依据。采用筹资方案组合时，边际资本成本的权数采用目标价值权数。

2．边际资本成本的计算

计算边际资金成本时可按如下步骤进行：

（1）确定公司最优资本结构（即目标资本结构）：题目中属于已知条件。

（2）确定不同筹资方式在不同筹资范围的个别资金成本。

（3）计算筹资总额分界点。

$$筹资总额分界点=\frac{某种筹资方式的成本分界点}{目标资本结构中该种筹资方式所占比重}$$

（4）计算边际资金成本。根据计算出的分界点，可得出若干组新的筹资范围，对各筹资范围分别计算加权平均资金成本，即可得到各种筹资范围的边际资金成本。

【经典案例 5-8】 某公司设定的目标资本结构为：长期借款占比 20%、公司债券占比 15%、普通股占比 65%。现拟追加筹资 300 万元，按此资本结构来筹资。个别资本成本率预计分别为：长期借款 7%，公司债券 12%，股东权益 15%。要求计算追加筹资 300万元的边际资本成本。

【解析】 边际资本成本计算如表 5-6 所示。

表 5-6 边际资本成本计算

资本种类	目标资本结构	追加筹资额	个别资本成本	边际资本成本
银行借款	20%	60 万元	7%	1.40%
公司债券	15%	45 万元	12%	1.80%
股东权益	65%	195 万元	15%	9.75%
合计	100%	300 万元	—	12.95%

任务二 杠杆效应

杠杆效应

一、杠杆效应概述

杠杆本是物理学用语，意指在力的作用下能绕固定支点转动的杆。改变支点和力点间的距离，可以产生大小不同的力矩，这就是杠杆作用。经济学中所说的杠杆是无形的，通常指杠杆作用，反映的是不同经济变量的相互关系。

财务管理中的杠杆效应是指由于特定费用（如固定成本或固定财务费用）的存在而导致的，当某一财务变量以较小幅度变动时，另一相关财务变量会以较大幅度变动的现象。它包括经营杠杆、财务杠杆和复合杠杆三种形式。经营杠杆是指由于固定成本的存在而使得企业的息前税前利润（简称"息税前利润"）的变动幅度大于销售额的变动幅度。财务杠杆反映的是普通股每股收益与息税前利润的关系，是指由于债务利息、优先股股息等固定资本成本的存在，其犹如杠杆的支点，使得每股收益的变动幅度大于息税前利润的变动幅度。上述两个杠杆既可以各自发挥作用，也可以综合发挥作用。复合杠杆就是用来反映经营杠杆和财务杠杆综合作用的，即研究每股收益变动与销售额变动的关系。杠杆效应具有双面性，既可以产生杠杆利益，也可能带来杠杆风险。

二、成本习性、边际贡献与息税前利润

（一）成本习性及分类

1．成本习性

成本习性是指成本总额与业务量之间在数量上的依存关系。

2．成本分类

成本按习性可划分为固定成本、变动成本和混合成本三类。

（1）固定成本。

含义：指其总额在一定时期和一定业务量范围内不随业务量发生任何变动的那部分成本。

特点：总额不变，单位额与业务量成反比例变化。

（2）变动成本。

含义：指其总额随着业务量成正比例变动的那部分成本。

特点：总额随业务量呈正比例变动，但单位额不变。

【注意】变动成本也存在相关范围的问题。即只有在一定范围之内，产量和成本才能完全成正比例变化，超过了一定的范围，这种关系就不存在了。

（3）混合成本。

含义：固定成本与变动成本总和。

总成本习性模型：$y=a+bx$

其中，y 为总成本，a 为固定成本，b 为变动成本，x 为业务量。

（二）边际贡献及其计算

边际贡献是指销售收入减去变动成本后的差额。具体公式如下。

$$M=px-bx=(p-b)x=mx$$

式中，M 为边际贡献，p 为销售单价，b 为单位变动成本，x 为产销量，m 为单位边际贡献，$m=p-b$。

（三）息税前利润及其计算

息税前利润是指企业支付利息和缴纳所得税之前的利润。息税前利润是销售收入减

去变动成本和固定成本，或者说息税前利润是边际贡献减去固定成本，其公式为：

$$EBIT=px-bx-a=M-a$$

式中，$EBIT$ 为息税前利润，a 为固定成本。

上式中的固定成本和变动成本中不应包括利息费用。息税前利润也可以用利润总额加上利息费用求得。

三、经营杠杆

（一）经营杠杆的含义

经营杠杆是指由于固定性经营成本的存在，而使得企业的资产报酬（息税前利润）变动率大于业务量变动率的现象，也称为营业杠杆、营运杠杆。其实，经营杠杆是指由于企业经营成本中存在固定成本而带来的对企业收益的影响。在同等营业额条件下，固定成本在总成本中所占的比重较大时，单位产品分摊的固定成本额便大，若产品销售量发生变动时，单位产品分摊的固定成本会随之变动，最后导致利润发生更大幅度的变动。

（二）经营杠杆效应的度量

为了反映经营杠杆的作用程度，估计经营杠杆利益的大小，评价经营杠杆风险的高低，需要测算经营杠杆系数。

经营杠杆系数（Degree of Operating Leverage，DOL），也称经营杠杆程度，是息税前利润的变动率相当于销售量变动率的倍数。

$$DOL=息税前利润变动率÷销售量变动率$$

为了便于计算，上述公式可简化为：

$$DOL=M÷（M-F）=（EBIT+F）÷EBIT$$

式中，M 为边际贡献，$EBIT$ 为息税前利润，F 为固定成本。具体公式如表5-7所示。

表5-7　经营杠杆系数公式

经营杠杆系数	定义公式	$DOL=\dfrac{\Delta EBIT}{EBIT}÷\dfrac{\Delta Q}{Q}=\dfrac{息税前利润变动率}{销售量变动率}$	用于预测
	简化公式	$DOL=\dfrac{M}{M-F}=\dfrac{EBIT+F}{EBIT}=\dfrac{基期边际贡献}{基期息税前利润}$	用于计算

【经典案例 5-9】泰华公司产销某种服装，固定成本为 500 万元，变动成本率为 70%。年产销额为 5 000 万元时，变动成本为 3 500 万元，固定成本为 500 万元，息税前利润为 1 000 万元；年产销额为 7 000 万元时，变动成本为 4 900 万元，固定成本仍为 500 万元，息税前利润为 1 600 万元。可以看出，该公司产销量增长了 40%，息税前利润增长了 60%，产生了 1.5 倍的经营杠杆效应。具体计算如表5-8所示。求经营杠杆系数。

表5-8　成本资料

单位：万元

项目	①变动前	②变动后	增长率（②-①）÷①
销售收入	5 000	7 000	40%
变动成本	3 500	4 900	40%
固定成本	500	500	0
息税前利润	1 000	1 600	60%

【解析】$DOL=$息税前利润变动率÷销售量变动率$=60\%÷40\%=1.5$

$DOL=(EBIT+F)÷EBIT=(1\,000+500)÷1\,000=1.5$

【计算题】

阳光工厂的固定成本总额为 80 万元，变动成本率为 60%，在销售额为 400 万元时，息税前利润为 80 万元。要求：计算经营杠杆系数。

【解析】$DOL=(EBIT+F)÷EBIT=(80+80)÷80=2$

或 $DOL=M÷(M-F)=(400-400×60\%)÷(400-400×60\%-80)=2$

经营杠杆系数等于 2 的意义在于：当企业的销售额增长 10% 时，息税前利润将增长 20%；反之，当企业销售额下降 10% 时，息税前利润也将下降 20%。

（三）经营杠杆效应分析

具体分析结论如表 5-9 所示。

表 5-9　经营杠杆效应结论

存在前提	只要企业存在固定性经营成本，就存在经营杠杆效应
经营杠杆与经营风险	经营杠杆放大了市场和生产等因素变化对利润波动的影响。经营杠杆系数越高，表明资产报酬等利润波动程度越大，经营风险也就越大
影响经营杠杆的因素	固定成本比重越高、成本越高、产品销售数量和销售价格越低，经营杠杆效应就越大，反之亦然

四、财务杠杆

（一）财务杠杆的含义

财务杠杆是指由于固定性资本成本（利息等）的存在，而使得企业的普通股收益（或每股收益）变动率大于息税前利润变动率的现象。

在企业资本结构一定的条件下，企业从息税前利润中支付的债务利息、优先股股息等资本成本是相对固定的。当息税前利润增长时，每一元利润所负担的固定资本成本就会减少，从而使普通股的每股收益（Earning Per Share，EPS）以更快的速度增长；当息税前利润减少时，每一元利润所负担的固定资本成本就会相应增加，从而导致普通股的每股收益以更快的速度下降。这种由于筹集资本的成本固定引起的普通股每股收益的波动幅度大于息税前利润波动幅度的现象称为财务杠杆。同样，财务杠杆既有利益的一面，也有风险的一面。影响财务杠杆的主要因素有利率水平的变动、盈利能力的变化、资本供求的变化、资本负债率的变化等。运用财务杠杆可以获得财务杠杆利益，同时也承担相应的财务风险，对比可用财务杠杆系数来衡量财务风险的高低。

（二）财务杠杆效应的度量指标

财务杠杆系数（Degree of Financial Leverage，DFL），又称财务杠杆程度，是指普通股每股收益变动率（或普通股股本利润率的变动率，非股份制企业可用净资产利润率的变动率）相当于息税前利润变动率的倍数。它可用来反映财务杠杆的作用程度，估计财务杠杆利益的大小，评价财务风险的高低。

计算公式为：

$$财务杠杆系数=每股收益变动率÷息税前利润变动率$$

为了便于计算，可将上述公式变换为：

$$DFL=EBIT÷(EBIT-I)$$

式中，I 为利息费用。

财务杠杆系数具体公式如表5-10所示。

表5-10　财务杠杆系数公式

财务杠杆系数	定义公式	$DFL=\dfrac{\Delta EPS÷EPS}{\Delta EBIT÷EBIT}=\dfrac{每股收益变动率}{息税前利润变动率}$	用于预测
	计算公式	$DFL=\dfrac{EBIT}{EBIT-I}=\dfrac{息税前利润}{利润总额}$	用于计算

 【单项选择题】

某企业某年的财务杠杆系数为 2.5，息税前利润的计划增长率为 10%，假定其他因素不变，则该年普通股每股收益的增长率为（　　）。

A. 4%　　　　　　B. 5%　　　　　　C. 20%　　　　　　D. 25%

【答案】D

【解析】财务杠杆系数=每股收益变动率÷息税前利润变动率，即 2.5=每股收益增长率÷10%，所以每股收益增长率=25%。

（三）财务杠杆效应分析

财务杠杆效应分析具体如表5-11所示。

表5-11　财务杠杆效应

存在财务杠杆效应的前提	只要企业融资方式中存在固定性资本成本，就存在财务杠杆效应。例如，固定利息、固定融资租赁费、固定优先股股利等的存在，会产生财务杠杆效应
财务杠杆与财务风险	财务杠杆放大了资产报酬变化对普通股收益的影响，财务杠杆系数越高，表明普通股收益的波动程度越大，财务风险也就越大
影响财务杠杆的因素	债务成本比重越高、固定的资本成本支付额越高、息税前利润水平越低，财务杠杆效应越大，反之亦然

 【多项选择题】

下列各项中，影响财务杠杆系数的因素有（　　）。

A. 产品边际贡献总额　　　B. 变动成本　　　C. 固定成本　　　D. 财务费用

【答案】ABCD

【解析】根据财务杠杆系数的计算公式，$DFL=EBIT÷(EBIT-I)$，且 $EBIT=$ 销售收入-变动成本-固定成本，由公式可以看出影响财务杠杆系数的因素。

五、复合杠杆

（一）复合杠杆的含义

复合杠杆是指由于固定经营成本和固定资本成本的存在，导致普通股每股收益变动率大于产销业务量变动率的现象。复合杠杆也称总杠杆、联合杠杆。它用来反映企业综合利用财务杠杆和经营杠杆给企业普通股股东收益带来的影响。前已述及，经营杠杆是通过扩大销售量影响息税前利润，而财务杠杆是通过息税前利润影响普通股每股收益，两者最终都影响到普通股股东的收益。而且，这两种杠杆作用是相互影响和有关联的。如果企业同时利用经营杠杆和财务杠杆，那么销售额变动对普通股收益的影响就会更大，总的风险也就更高。

（二）复合杠杆效应的度量指标

对经营杠杆和财务杠杆的综合利用程度，可以用复合杠杆系数（Degree of Combined Leverage，DCL）或总杠杆系数（Degree of Total Leverage，DTL）来衡量。DTL 或 DTL 是经营杠杆系数与财务杠杆系数之乘积。

其计算公式是：

$$DTL=DOL×DFL$$
$$DTL=每股收益的变动率÷销售量的变动率$$
$$=（EBIT+F）÷（EBIT-I）$$

复合杠杆系数具体公式如表 5-12 所示。

表 5-12　复合杠杆系数

复合杠杆系数	定义公式	$DTL=\dfrac{\Delta EPS \div EPS}{\Delta Q / Q}=\dfrac{每股收益变动率}{销售量变动率}$
	关系公式	$DTL=DOL×DFL=经营杠杆系数×财务杠杆系数$
	计算公式	$DTL=\dfrac{EBIT+F}{EBIT-I}$

【经典案例 5-10】元一公司长期资本总额为 200 万元，其中长期负债占比为 50%，年利率为 10%，公司销售额为 50 万元，固定成本总额为 5 万元，变动成本率为 60%。要求：计算经营杠杆系数、财务杠杆系数、复合杠杆系数。

【解析】经营杠杆系数（DOL）=M÷EBIT=（50-50×60%）÷（50-50×60%-5）=20÷15=1.33

财务杠杆系数（DFL）=EBIT÷（EBIT-I）=（50-50×60%-5）÷（50-50×60%-5-200×50%×10%）=15÷5=3

复合杠杆系数=（EBIT+F）÷（EBIT-I）=（50-50×60%）÷（50-50×60%-5-200×50%×10%）=20÷5=4 或复合杠杆系数=经营杠杆系数×财务杠杆系数=1.33×3=4

（三）复合杠杆效应分析

复合杠杆效应的意义和影响因素如表 5-13 所示。

表 5-13　复合杠杆效应

意义	（1）只要企业同时存在固定性经营成本和固定性资本成本，就存在复合杠杆效应 （2）复合杠杆系数能够说明产销业务量变动对普通股收益的影响，据以预测未来的每股收益水平 （3）提示了财务管理的风险管理策略，即若要保持一定的风险状况水平，需要维持一定的复合杠杆系数，经营杠杆和财务杠杆可以有不同的组合
影响因素	凡是影响经营杠杆和财务杠杆的因素都会影响复合杠杆

任务三　资本结构决策方法

一、资本结构的含义

筹资管理中，资本结构有广义和狭义之分。广义资本结构是指全部债务与股东权益的构成比例；狭义的资本结构则是指长期负债与股东权益的构成比例。

资本结构是由企业采用多种筹资方式筹集资金而形成的，各种筹资方式不同的组合决定着企业资本结构及其变化。企业筹资方式虽然很多，但总的来看分为债务资本和权益资本两大类。权益资本是企业必备的基础资本，因此资本结构问题实际上也就是债务资本的比例问题，即债务资本在企业全部资本中所占的比重。

不同的资本结构会给企业带来不同的结果。企业利用债务资本进行举债经营具有重要的作用，既可以发挥财务杠杆的效应，也可能带来财务风险。因此企业必须权衡财务风险和资本成本的关系，确定最佳的资本结构。评价企业资本结构最佳状态的标准应该是既能够提高股权收益或降低资本成本，又能控制财务风险，最终目的是提升企业价值。

股权收益表现为净资产收益率或普通股每股收益；资本成本表现为企业的平均资本成本率。根据资本结构理论，当企业平均资本成本最低时，企业价值最大。所谓最佳资本结构，是指在一定条件下使企业平均资本成本率最低、企业价值最大的资本结构。资本结构优化的目标，是降低平均资本成本率或提高普通股每股收益。资本结构含义如表 5-14 所示。

表 5-14　资本结构的含义

资本结构的含义	资本结构是指企业资本总额中各种资本的构成及其比例关系。筹资管理中，资本结构有广义和狭义之分 广义的资本结构包括全部债务与股东权益的构成比例；狭义的资本结构则指长期负债与股东权益的构成比率。狭义资本结构下，短期债务作为营运资金来管理
最优资本结构内涵	指在一定条件下使企业平均资本成本率最低、企业价值最大的资本结构

二、影响资本结构的因素

影响资本结构的因素很多，具体如表 5-15 所示。

表 5-15　资本结构影响因素

影响因素	说明
企业经营状况的稳定性和成长率	如果产销业务稳定，企业可较多地负担固定的财务费用；如果产销业务量能够以较高的水平增长，企业可以采用高负债的资本结构，以提升权益资本的报酬
企业的财务状况和信用等级	企业财务状况良好，信用等级高，债权人愿意向企业提供信用，企业容易获得债务资本
企业资产结构	拥有大量固定资产的企业主要通过长期负债和发行股票融通资金；拥有较多流动资产的企业更多地依赖流动负债融通资金。资产适用于抵押贷款的企业负债较多；以技术研发为主的企业则负债较少
企业投资人和管理当局的态度	如果股东重视控制权问题，企业一般尽量避免通过发行普通股来筹资；稳健的管理当局偏好于选择低负债比例的资本结构

续表

影响因素	说明
行业特征和企业发展周期	产品市场稳定的成熟产业经营风险低，因此可提高债务资本比重，发挥财务杠杆作用。高新技术企业产品、技术、市场尚不成熟，经营风险高，因此可降低债务资本比重，控制财务风险
	企业初创阶段，经营风险高，在资本结构安排上应控制负债比例；企业发展成熟阶段，产品产销业务量稳定并持续增长，经营风险低，可适度增加债务资本比重，发挥财务杠杆效应；企业收缩阶段，产品市场占有率下降，经营风险逐步加大，应逐步降低债务资本比重
经济环境的税务政策和货币政策	当所得税率较高时，债务资本的抵税作用大，企业充分利用这种作用以提高企业价值。当国家执行紧缩的货币政策时，市场利率较高，企业债务资本成本增大

三、资本结构决策的方法

资本结构决策方法

（一）最优资本结构的含义

根据西方现代资本结构理论，最优资本结构是客观存在的。在最优资本结构这个点上，企业的综合资本成本最低，同时企业价值达到最大。

所谓最优资本结构，是指在一定时期最适宜的条件下，综合资本成本最低而企业价值最大时的资本结构。毫无疑问，最优资本结构是一个理性的企业理财者所追求的目标，因此又称为目标资本结构。

【判断题】

最佳资本结构是使企业筹资能力最强、财务风险最小的资本结构。（　　　）

【答案】×

【解析】资本结构是指长期负债与权益资本之间的构成及其比例关系。所谓最佳资本结构是指在一定条件下使企业综合资本成本最低、企业价值最大的资本结构。

（二）资本结构优化

1．综合资本成本比较法

综合资本成本比较法就是通过计算和比较企业的各种可能的筹资组合方案的综合资本成本，选择综合资本成本最低的方案。该方案下的资本结构即为最优资本结构。这种方法侧重于从资本投入的角度对资本结构进行优选分析。

【经典案例 5-11】某企业在初创时拟筹资 500 万元，现在有甲、乙两个备选方案。有关资料经测算如表 5-16 所示。

表5-16　某企业资本结构数据

筹资方式	甲方案		乙方案	
	筹资额（万元）	资本成本（%）	筹资额（万元）	资本成本（%）
长期借款	80	7	110	7.5
公司债券	120	8.5	40	8
普通股	300	14	350	14
合计	500	—	500	—

要求：用综合资本成本比较法确定该公司最佳的资本结构。

【解析】（1）甲方案：

各种筹资方式的筹资额比例如下。

长期借款比例=80÷500=16%；公司债券比例=120÷500=24%；普通股比例=300÷500=60%

甲方案的综合资本成本率=16%×7%+24%×8.5%+60%×14%=11.56%

（2）乙方案：

各种筹资方式的筹资额比例如下。

长期借款比例=110÷500=22%；公司债券比例=40÷500=8%；普通股比例=350÷500=70%

乙方案的综合资本成本率=22%×7.5%+8%×8%+70%×14%=12.09%

由于甲方案的综合资本成本率低于乙方案的综合资本成本率，应选择甲方案。

2．每股收益分析法

可以用每股收益的变化来判断资本结构是否合理，即能够提高普通股每股收益的资本结构就是合理的资本结构。在资本结构管理中，利用债务资本筹资的目的之一，就在于债务资本能够带来财务杠杆效应，利用负债筹资的财务杠杆作用来增加股东财富。

每股收益受到经营利润水平、债务资本成本水平等因素的影响，分析每股收益与资本结构的关系，可以找到每股收益无差别点。所谓每股收益无差别点，是指不同筹资方式下每股收益都相等时的息税前利润或产销量业务量水平。根据每股收益无差别点，可以分析判断在什么样的息税前利润水平或产销量业务量水平前提下，适于采用何种筹资组合方式，进而确定企业的资本结构安排。

在每股收益无差别点上，无论是采用债务筹资方案还是采用股权筹资方案，每股收益都是相等的。当预期息税前利润或业务量水平大于每股收益无差别点时，应当选择债务筹资方案，反之选择股权筹资方案。在每股收益无差别点时，不同筹资方案的每股收益是相等的，用公式表示为：

$$\frac{\left(\overline{EBIT}-I_1\right)\left(1-T\right)}{N_1}=\frac{\left(\overline{EBIT}-I_2\right)\left(1-T\right)}{N_2}$$

式中，$\overline{EBIT}$ 表示息税前利润平衡点（即每股收益无差别点），I_1、I_2 表示两种筹资方式下债务利息，N_1、N_2 表示两种筹资方式下普通股股数，T 表示所得税税率。

【经典案例 5-12】光华公司目前资本结构为：总资本 1 000 万元，其中债务资本 400 万元（年利息为 40 万元），普通股资本 600 万元（600 万股，面值为 1 元，市价为 5 元）。企业由于扩大经营规模，需要追加筹资 800 万元，所得税税率为 20%，不考虑筹资费用因素。有三种筹资方案。

甲方案：增发普通股 200 万股，每股发行价为 3 元；同时向银行借款 200 万元，利率保持原来的 10%。

乙方案：增发普通股 100 万股，每股发行价为 3 元；同时溢价发行 500 万元面值为 300 万元的公司债券，票面利率为 15%。

丙方案：不增发普通股，溢价发行 600 万元面值为 400 万元的公司债券，票面利率为 15%；由于受债券发行数额的限制，需要补充向银行借款 200 万元，年利率为 10%。

要求：（1）计算甲、乙方案的每股收益无差别点；

（2）计算乙、丙方案的每股收益无差别点；

（3）计算甲、丙方案的每股收益无差别点；

（4）根据以上资料，对三个筹资方案进行选择。

【解析】（1）甲、乙方案的每股收益无差别点计算如下。

$$\frac{(\overline{EBIT}-40-20)\times(1-20\%)}{600+200}=\frac{(\overline{EBIT}-40-45)\times(1-20\%)}{600+100}，得：\overline{EBIT}=260（万元）$$

（2）乙、丙方案的每股收益无差别点计算如下。

$$\frac{(\overline{EBIT}-40-45)\times(1-20\%)}{600+100}=\frac{(\overline{EBIT}-40-80)\times(1-20\%)}{600}，得：\overline{EBIT}=330（万元）$$

（3）甲、丙方案的每股收益无差别点计算如下。

$$\frac{(\overline{EBIT}-40-20)\times(1-20\%)}{600+200}=\frac{(\overline{EBIT}-40-80)\times(1-20\%)}{600}，得：\overline{EBIT}=300（万元）$$

（4）决策如下。

企业 EBIT 预期为 260 万元以下时，应当采用甲方案；EBIT 预期为 260 万元～330 万元时，应当采用乙方案；EBIT 预期为 330 万元以上时，应当采用丙方案。

3．公司价值分析法

以上两种方法都是从账面价值的角度进行资本结构优化分析，没有考虑市场反应，即没有考虑风险因素。公司价值分析法，是在考虑市场风险基础上，以公司市场价值为标准进行资本结构优化。即能够提升公司价值的资本结构，就是合理的资本结构。这种方法主要用于对现有资本结构进行调整，适用于资本规模较大的上市公司的资本结构优化。同时，在公司价值最大的资本结构下，公司的综合资本成本率也是最低的。

假设：V 表示公司价值，B 表示债务资本价值，S 表示权益资本价值，公司价值应该等于资本的市场价值，即：$V=S+B$。

为简化分析，假设公司各期的 EBIT 保持不变，债务资本的市场价值等于其面值，权益资本的市场价值可通过下式计算：

$$S=\frac{(EBIT-I)\times(1-T)}{K_s}$$

且

$$K_S=R_f+\beta\times(R_m-R_f)$$

此时

$$K_w=K_b\times\frac{B}{V}(1-T)+K_s\times\frac{S}{V}$$

【经典案例 5-13】某公司息税前利润为 400 万元，资本总额账面价值为 2 000 万元。假定无风险报酬率为 6%，证券市场平均报酬率为 10%，所得税税率为 40%。经测算，不同债务水平下的权益资本成本率和债务资本成本率如表 5-17 所示。

表5-17 债务资本成本率和权益资本成本率资料

债务资本市场价值（万元）	税前债务利率	股票 β 系数	权益资本成本率
0	—	1.50	12.0%
200	8.0%	1.55	12.2%
400	8.5%	1.65	12.6%
600	9.0%	1.80	13.2%
800	10.0%	2.00	14.0%
1 000	12.0%	2.30	15.2%
1 200	15.0%	2.70	16.8%

【解析】根据表 5-17，可计算出不同资本结构下的公司总价值和综合资本成本率，如表 5-18 所示。

表5-18 公司总价值和综合资本成本率

金额单位：万元

债务资本市场价值	股票市场价值	公司总价值	税后债务资本成本率	权益资本成本率	综合资本成本率
0	2 000	2 000	—	12.0%	12.0%
200	1 888	2 088	4.80%	12.2%	11.5%
400	1 747	2 147	5.10%	12.6%	11.2%
600	1 573	2 173	5.40%	13.2%	11.0%
800	1 371	2 171	6.00%	14.0%	11.1%
1 000	1 105	2 105	7.20%	15.2%	11.4%
1 200	786	1 986	9.00%	16.8%	12.1%

可以看出，在没有债务资本的情况下，公司的总价值等于股票的账面价值。当公司增加一部分债务时，财务杠杆开始发挥作用，股票市场价值小于其账面价值，公司总价值上升，综合资本成本率下降。在债务资本达到 600 万元时，公司总价值最高，综合资本成本率最低。债务资本超过 600 万元后，随着利率的不断上升，财务杠杆的作用逐步减弱甚至显现负作用，公司总价值下降，综合资本成本率上升。因此，债务资本为 600 万元时的资本结构是该公司的最优资本结构。

（三）实践中调整资本结构的方法

在企业财务管理实践中，当发现现有的资本结构不合理时，可采用以下方法进行调整。

1．债转股、股转债

当企业资产负债率过高或过低时，可以通过与现有的债权人、所有者协商的办法来改善资本结构。对于可转换债券，可以设计赎回条款，督促债权人尽快行使转换权。

2．从外部取得增量资本

从外部取得增量资本的方式包括发行新债券、举借新贷款、进行融资租赁、发行新股票等。

3．调整现有负债结构

与债权人协商，将短期负债转为长期负债，或将长期负债列入短期负债，收回发行在外的可提前收回债券。还可采用债务托管、债务转移等方法降低公司负债水平。

4．调整权益资本结构

调整权益资本结构的方式包括优先股转换为普通股、回购股票减少公司股本等。

5．改善企业资本结构

兼并其他企业、控股其他企业或进行企业分立，改善企业的资本结构。

 本学习单元小结

本学习单元任务一系统阐述了如何比较各种筹资方式的成本（个别资本成本的计算），以及综合资本成本和边际资本成本的计算。任务二重点分析了不同筹资方式的筹资风险，计算各种风险衡量指标，如各种杠杆系数。任务三系统地阐述了制定企业最佳资本结构的方法。

 复习与思考

1．简述资本成本的概念和作用。
2．简述降低资本成本的途径。
3．简述各种杠杆的概念和作用。
4．简述资本结构理论及其对企业财务的影响。
5．简述最佳资本结构及其选择标准。

 技能实训

1．已知某公司 2010 年产销 A 产品 20 万件，该产品单价为 80 元/件，单位变动成本为 50 元，固定成本总金额为 200 万元。公司负债总金额为 1 200 万元，年利率为 12%，所得税税率为 30%。

要求：（1）计算边际贡献。（2）计算息税前利润。（3）计算经营杠杆系数。（4）计算财务杠杆系数。（5）计算复合杠杆系数。

2．已知某公司当前资本结构数据如表 5-19 所示。

表 5-19　某公司资本结构数据

筹资方式	金额（万元）
长期债券（年利率 8%）	1 000
普通股（4 500 万股）	4 500
留存收益	2 000
合计	7 500

公司目前的息税前利润为 1 000 万元，因生产发展，公司年初准备增加资金 2 500 万元投资一个新项目，现有两个筹资方案可供选择：甲方案为增加发行 1 000 万股普通股，每股市价为 2.5 元；乙方案为按面值发行每年年末付息、票面利率为 10% 的公司债券 2 500 万元。假定股票与债券的发行费用均可忽略不计，适用的企业所得税税率为 25%。

要求：计算两种筹资方案下每股收益无差别点。

学习单元六　项目投资分析与决策

素质目标

1. 掌握现金流量的含义及计算方法
2. 掌握项目投资评价方法的特点、计算方法和应用
3. 熟悉项目投资的含义、类型、构成

技能目标

1. 能进行项目投资的现金流量的指标计算
2. 能运用投资项目静态评价方法评价投资项目的优劣
3. 能运用投资项目动态评价方法评价投资项目的优劣

案例导入

承接学习单元五，在李四的鼎力支持下，张三的拉面馆已经筹备起来了。

张三花 20 万元在某大学附近买下一个不错的店面，靠近学校，客流充足。还花了 6 万元用于购买桌椅、制作面条的设备、收银机等。同时，他还采购了总价值 5 万元的面粉、青菜以及牛肉。张三的拉面馆在投资期有哪些资金流入或流出？

面馆正式营业，为打造学生们吃得起的好面馆形象，张三决定将主打产品飘香牛肉面定价为 15 元/碗。由于价格公道、口味地道，因此大受学生欢迎，每月平均卖出 3 000 碗。而张三也大致估算了一下，面馆每月材料费、人工费折合到每碗面条仅 5 元。除此之外，拉面馆还有一些固定成本，其中最主要的是店铺、设备等的折旧费用，每月累计大概 1 万元。张三的拉面馆在经营期有哪些资金流入或流出？

面馆在经营了 2 年后决定终止营业，于是，张三把店铺连同店内的桌椅、设备一起卖给下家，总计收回了 5 万元。同时，随着经济寿命的结束，张三也将相关存货出售完毕，应收账款收回，应付账款也随之偿付。最终，收回营运资金 4 万元。张三的拉面馆在终结期有哪些现金流入或流出？

思考：张三投资开面馆是否是正确的投资决策？

任务一　项目投资认知

一、投资的含义、动机和种类

（一）投资的含义

投资，是指特定经济主体（包括国家、企业和个人）为了在未来可预见的时期内获得收益或使资金增值，在一定时期向一定领域的标的物投放足够数额的资金或实物的货币等价物的经济行为。从特定企业角度看，投资就是企业为获取收益而向一定对象投放资金的经济行为。

（二）投资的动机

财务活动最主要的目的是实现企业价值最大化，而投资是财务活动中最重要的活动，所以，从本质上说，企业投资的目的是实现企业价值最大化。企业价值最大化理念在投资活动中具体体现为以较低的投资风险与投资总额获取较高的投资收益，具体包括两个方面的内容，即取得投资收益和降低投资风险。

1．取得投资收益

企业取得投资收益可以通过增加投资规模、降低投资成本的方式进行。因此，取得投资收益这一目的又可细分为两种。

（1）取得规模效益。

所谓规模效益，是假定企业生产的产品或提供的服务的市场需求规模不受限制，而在产品或服务的固定成本一定的前提下，企业单纯通过扩大投资规模以扩大产品或服务的数量所取得的投资收益。这种收益从财务上可理解为：随着产品产量的提高，单位产品的固定成本相对减少，从而产生单位产品利润相对增加的效应；同时，它还可能意味着产品生产中的变动性成本的降低，从而使单位产品的毛利增加。

（2）维持现有的规模效益。

维持现有的规模效益是指假定企业生产的产品或提供的服务的市场需求规模不变，而在产品或服务的成本一定的前提下，为维持现有的规模效益所进行的更新投资。如不进行这种投资，必然带来规模缩减，引起企业经济效益下降。

2．降低投资风险

投资风险表现为投资收益的不确定性。企业为使投资收益相对稳定就要降低投资风险。为降低投资风险的投资主要有两种：一种是通过多样化经营分散风险，它可以使经营失败的项目受到经营成功的项目的抵销；另一种是通过风险控制机制减少投资风险。如在投资中，企业往往在前期投入大量资金前进行可行性论证，预知风险并提出控制措施，即所投入的资金有一部分用于风险防范机制的建立。

（三）投资的种类

为加强投资管理、提高投资效益，还必须对投资进行科学分类。一般认为，企业投资可分别从以下四个方面进行分类。

1．按照投资行为的介入程度不同，分为直接投资和间接投资

直接投资是指不借助金融工具，由投资人直接将资金转移交付给被投资对象使用的

投资，包括企业内部直接投资和对外直接投资。前者形成企业内部直接用于生产经营的各项资产，如各种货币资金、实物资产、无形资产等；后者形成企业持有的各种股权性资产，如持有子公司或联营公司股份等。间接投资是指通过购买被投资对象发行的金融工具而将资金间接转移交付给被投资对象使用的投资，如企业购买特定投资对象发行的股票、债券、基金等。

2．按照投入的领域不同，分为生产性投资和非生产性投资

生产性投资是指将资金投入生产、建设等物质生产领域中，并能够形成生产能力或可以产出生产资料的一种投资，又称为生产资料投资。这种投资的最终成果将形成各种生产性资产，包括形成固定资产的投资、形成无形资产的投资、形成其他资产的投资和流动资金投资。其中，前三项属于垫支资本投资，最后一项属于周转资本投资。非生产性投资是指将资金投入非物质生产领域中，不能形成生产能力，但能形成社会消费或服务能力，满足人民的物质文化生活需要的一种投资。这种投资的最终成果是形成各种非生产性资产。

3．按照投资的方向不同，分为对内投资和对外投资

对内投资是指企业将资金投放于为取得供企业生产经营使用的固定资产、无形资产、其他资产和垫支流动资金而形成的一种投资。对外投资是指企业为购买国家及其他企业发行的有价证券或其他金融产品，包括期货与期权、信托、保险等，或以货币资金、实物资产、无形资产向其他企业，如联营企业、子公司等，注入资金而发生的投资。

4．按照投资的内容不同，分为固定资产、无形资产、流动资金等

这里所讨论的企业投资，是指属于直接投资范畴的企业内部投资，即项目投资。

二、项目投资的含义、目的、特点和种类

（一）项目投资的含义

对于为企业创造价值而言，投资决策是最重要的决策。投资决策决定着企业的前景，以至提出投资方案和评价方案的工作已经不是财务人员能单独完成的，需要所有经理人员的共同努力。企业要获得盈利，需要组织经济资源进行生产销售，或将资金投入资本市场中赚取收益，企业的这种活动就是投资。上述两种投资活动分别被称为项目投资和证券投资。

项目投资是指在一定时间和预算规定的范围内，为达到既定质量水平而完成某项特定任务的长期投资活动，是对企业有着长远意义的经济行为，也称资本性投资或资本预算。从投资行为的介入程度看，项目投资属于直接投资；从投资领域看，项目投资是立足于生产目的的生产性投资；从投资方向看，项目投资是一种企业对其内部的投资。例如，新厂房建造计划实际上就是得力电器公司为了满足市场需求、解决生产能力不足的一项重要工程，它是得力电器公司对内直接投资的项目，整个项目的投入涉及厂房、设备等固定资产和人员培训等流动资金投资，并且在以后的运行过程中还需要发生维持性费用，可见该计划就是得力电器公司的一项重大项目投资方案。

（二）项目投资的目的

1．更新、保持业务能力

企业原有的项目在一定时期后就会存在设备老化、技术落后等情况，而该项目在目

前及以后的市场上是有利可图的，企业对该项目的设备、技术等进行更新，可以保持原有的业务能力。

2．降低成本

随着科技发展，新材料、新技术的出现将使行业的生产能力提高、生产成本降低。企业进行项目投资可以降低生产成本，提高市场竞争力，如冶炼厂投资于耗能更低的冶炼技术。

3．现有产品或市场的扩张

企业在自己的市场上进一步扩张，以获得更多的客户群和销售来源，如银行增加新的营业网点。

4．新产品和市场的扩张

新产品和市场的扩张指企业进行新产品的开发或进入新的市场，如每年饮料市场上都有上百种新口味的饮料推出。

5．其他

企业出于法律的要求和发展的需要，投资于一些辅助生产的项目，如安全设施、环保设施等，这类项目不要求从项目自身盈利，其决策方法与本学习单元的方法略有不同。

（三）项目投资的特点

1．投资数额大

项目投资，特别是与企业的战略发展相关的项目，需要投入大量的资金，项目投资所形成的资产在企业总资产中占有一定比重，对企业未来现金流量和财务状况具有深远的影响。

2．作用时间长

项目投资涉及的时间较长，需要几年甚至几十年才能收回投资。特别是作为决定企业发展方向的战略性投资，直接决定了企业未来的生产经营方向。

3．不经常发生

与证券投资相比，项目投资与企业的生产和经营相联系，而生产和经营方式形成之后，不会经常改变。

4．投资风险大

项目投资投入金额大，持续时间长，形成的资产不容易在短时间内变现。项目投资在长时间内受宏观环境和竞争对手等多方面因素的影响，不确定性很强。

由此可见，项目投资在决策中具有重要地位。因此，必须对整个投资项目建成后可能取得的经济效益和社会效益进行科学的分析和预测，从而做出该项目是否值得投资的决策。

（四）项目投资的种类

1．维持性投资与扩大生产能力投资

项目投资按其与企业未来经营活动的关系可分为维持性投资和扩大生产能力投资。维持性投资是为维持企业正常经营，保持现有生产能力而投入的财力，如固定资产的更新投资等；扩大生产能力投资是企业为扩大生产规模，增加生产能力，或改变企业经营方向，对企业今后经营与发展有重大影响的各种投资。

2．固定资产投资、无形资产投资和递延资产投资

项目投资按其投资对象可分为固定资产投资、无形资产投资和递延资产投资。固定资产投资是指投资于企业固定资产，特别是生产经营用固定资产的投资，如对房屋及建筑物、机器设备、工具器具等的投资都属于固定资产投资；无形资产投资是指投资于企业长期使用但没有实物形态的资产上的投资，如对专利权、非专利技术、商标权、著作权、土地使用权的投资等均属于无形资产投资；递延资产投资是指投资于递延资产上的投资。

3．战术性投资和战略性投资

项目投资按其对企业前途的影响可分为战术性投资和战略性投资。战术性投资是指不牵涉整个企业前途的投资，如为提高劳动生产率而进行的投资、为改善工作环境而进行的投资等；战略性投资是指对企业全局有重大影响的投资，如企业转产投资、增加新产品投资等。战略性投资一般所需资金多，回收时间长，风险大。

4．相关性投资和非相关性投资

项目投资按其相互关系可分为相关性投资和非相关性投资。如果采纳或放弃某一项目并不显著地影响另一项目，则可以说这两个项目在经济上是不相关的，二者互为非相关性投资，如一个制造公司在专用机床上的投资和它在某些办公设施上的投资，就是两个非相关性投资。如果采纳或放弃某个投资项目，会显著地影响另外一个投资项目，则可以说这两个项目在经济上是相关的，如对油田和输油管道的投资便属于相关性投资。

5．扩大收入投资和降低成本投资

项目投资按其增加利润的途径可分为扩大收入投资与降低成本投资两类。扩大收入投资是指通过扩大企业生产经营规模，以便增加利润的投资；降低成本投资则是指通过降低生产经营中的各种耗费，以便增加利润的投资。

6．采纳与否投资与互斥选择投资

项目投资按其决策角度可分为采纳与否投资和互斥选择投资。采纳与否投资是指决定是否投资于某一项目的投资；在两个或两个以上的项目中，只能选择其中之一的投资，叫互斥选择投资。

三、项目投资的决策过程

投资项目决策是通过资本预算进行的。所谓资本预算，就是公司提出长期投资方案并进行分析、选择的过程，一个完整的资本预算过程包括以下步骤。

（一）发现投资机会，提出投资项目建议

不同性质的投资项目可能由公司的不同部门提出，如新产品项目往往来自公司的营销部门，而对既有设备的更新项目一般来自公司的生产部门。有时公司的投资项目也可能来自公司外部，如政府部门对环保的要求等。但无论如何，都需要公司以高效的管理系统保证投资信息的传递，并根据投资项目的规模由有权决策的管理层进行决策。

对投资项目进行决策的具体方法有很多，并且在不断地发展，但最重要的是所提出的投资项目建议必须与公司的总体战略相符，服从公司的总体发展战略。

（二）分析项目可行性，预测投资价值

影响项目价值的因素有项目的收益、项目的风险和项目的预期寿命。在分析项目的

价值时，项目的收益是以现金流量而非收入流量的形式表现的。项目的现金流量包括初始现金流量、经营期间现金流量和期末的终点现金流量。对项目机制有意义的现金流量是项目的税后增量现金流量。

在分析、预测项目的价值时，不仅需要分析、预测项目的现金流量大小，还要分析项目的风险，即项目获取现金流量的不确定性。通过调整项目的折现率或调整项目的预期现金流量等方法，将不确定的现金流量转化为确定的现金流量。影响项目价值的还有项目的预期寿命，即项目所能获取现金流量的时间长短。

（三）依据价值最大化标准，评价选择投资项目

依据价值最大化标准选择投资项目时，首先需要确定评价指标和评价方法。对于不同性质的项目，项目评价的指标和方法有所不同，这构成了投资项目决策的各种方法。

（四）继续评估修正后的投资项目，审计已经完成的投资项目

对于初选可行的项目，应该继续扩大所考虑的因素，在更多因素发生变化的情况下，分析项目可行性的变化。对于已经完成的投资项目，要进行事后审计，评价项目是否实现了预定的目标，总结项目成功的经验，发现项目决策的不足，提高项目决策的科学性。

任务二　投资项目现金流量内容与计算

一、现金流量的概念

现金流量是投资项目财务可行性分析的主要分析对象，净现值、内含收益率、回收期等财务指标，均是以现金流量为对象进行可行性评价的。利润只是期间财务报告的结果，对于投资方案财务可行性来说，项目的现金流量状况比会计期间盈亏状况更为重要。一个投资项目能否顺利进行、有无经济效益，不一定取决于有无会计期间利润，而在于能否带来正现金流量，即整个项目能否获得超过项目投资的现金回收。

项目的现金流量

由一项长期投资方案所引起的在未来一定期间所发生的现金收支，叫作现金流量（Cash Flow）。其中，现金收入称为现金流入量，现金支出称为现金流出量，现金流入量与现金流出量相抵后的余额，称为现金净流量（Net Cash Flow，NCF）。

在一般情况下，投资决策中的现金流量通常指现金净流量。这里，现金既指库存现金、银行存款等货币性资产，也可以指相关非货币性资产的变现价值。

二、项目现金流量的计算

投资项目从整个经济寿命周期来看，大致可以分为三个阶段：投资期、营业期、终结期，现金流量的各个项目也可以归属于各个阶段。

（一）投资期

投资阶段的现金流量主要是现金流出量，即在该投资项目上的原始投资额，包括在长期资产上的投资和垫支的营运资金。如果该项目的筹建费较高，也可以作为初始阶段

的现金流出量计入递延资产。在一般情况下，初始阶段中的固定资产的原始投资通常在一年内一次性投入（如购买设备）。如原始投资不是一次性投入，则应把投资归属于不同投入年份之中。

1．长期资产投资

长期资产投资包括在固定资产、无形资产、递延资产等长期资产的购入、建造、运输、安装、试运行等方面所需要的现金支出，如购置成本、运输费、安装费等。对于投资实施后导致固定资产性能改进而发生的改良支出，属于固定资产的后期投资。

2．营运资金垫支

营运资金垫支是指投资项目形成了生产能力，需要在流动资产上追加的投资。由于扩大了企业生产能力，原材料、在产品、产成品等流动资产规模也随之扩大，需要追加投入日常营运资金。同时，企业营业规模扩充后，应付账款等结算性流动负债也随之增加，自动补充了一部分日常营运资金的需要。因此，为该投资垫支的营运资金是追加的流动资产扩大量与结算性流动负债扩大量的净差额。为简化计算，垫支的营运资金在营业期的流入流出过程可忽略不计，只考虑投资期投入与终结期收回对现金流量的影响。

（二）营业期

营业期是投资项目的主要阶段，该阶段有现金流入量，也有现金流出量。现金流入量主要是营运各年的营业收入，现金流出量主要是营运各年的付现营运成本。

另外，营业期内某一年发生的大修理支出，如果会计处理在本年内一次性作为损益性支出，则直接作为该年付现成本；如果跨年摊销处理，则本年作为投资性的现金流出量，摊销年份以非付现成本形式处理。营业期内某一年发生的改良支出是一种投资，应作为该年的现金流出量，以后年份通过折旧收回。

在正常营业阶段，由于营运各年的营业收入和付现营运成本数额比较稳定，如不考虑所得税因素，营业阶段各年现金净流量一般为：

营业现金净流量=营业收入−付现成本=营业利润+非付现成本

非付现成本主要是固定资产年折旧费用、长期资产摊销费用、资产减值损失等。其中，长期资产摊销费用主要有跨年大修理摊销费用、改良工程折旧摊销费用、筹建费摊销费用等。

所得税是投资项目的现金支出，即现金流出量。考虑所得税对投资项目的现金流量的影响，投资项目正常营运阶段所获得的营业现金净流量，可以按照下列公式进行测算：

营业现金净流量=营业收入−付现成本−所得税=税后营业利润+非付现成本

=收入×（1−所得税税率）−付现成本×（1−所得税税率）+

非付现成本×所得税税率

【经典案例 6-1】某项目投产后，每年增加营业收入 600 000 元，增加付现成本 350 000 元，每年折旧额为 50 000 元。求：若所得税税率为 40%，经营期内每年的现金净流量为多少？

【解析】经营期内每年的现金净流量=[600 000−（350 000+50 000）]×（1−40%）+ 50 000=170 000（元）

（三）终结期

终结期的现金流量主要是现金流入量，包括固定资产变价净收入、固定资产变现净损益和垫支营运资金的收回。

1．固定资产变价净收入

投资项目在终结阶段，原有固定资产将退出生产经营，企业对固定资产进行清理处置。固定资产变价净收入，指固定资产出售或报废时出售价款或残值收入扣除清理费用后的净额。

2．固定资产变现净损益

固定资产变现净损益对现金净流量的影响用公式表示如下。

$$固定资产变现净损益 =（账面价值 - 变现净收入）× 所得税税率$$

如果（账面价值 - 变现净收入）>0，则意味着发生了变现净损失，可以抵税，减少现金流出，增加现金净流量。如果（账面价值 - 变现净收入）<0，则意味着实现了变现净收益，应该纳税，增加现金流出，减少现金净流量。

变现时固定资产账面价值指的是固定资产账面原值与变现时按照税法规定计提的累计折旧的差额。如果变现时，按照税法的规定，折旧已经全部计提，则变现时固定资产账面价值等于税法规定的净残值；如果变现时，按照税法的规定，折旧没有全部计提，则变现时固定资产账面价值等于税法规定的净残值与剩余的未计提折旧之和。

3．垫支营运资金的收回

伴随着固定资产的出售或报废，投资项目的经济寿命结束，企业将与该项目相关的存货出售，应收账款收回，应付账款也随之偿付。营运资金恢复到原有水平，项目开始垫支的营运资金在项目结束时得到回收。

【经典案例 6-2】某投资项目需要 3 年建成，每年年初投入建设资金 90 万元，共投入 270 万元。建成投产之时，需投入营运资金 140 万元，以满足日常经营活动需要。项目投产后，估计每年可获税后营业利润 60 万元。固定资产使用年限为 7 年，使用后第 5 年预计进行一次改良，估计改良支出 80 万元，分两年平均摊销。资产使用期满后，估计有残值净收入 11 万元，采用年限平均法折旧。项目期满时，垫支营运资金全额收回。

【解析】根据以上资料，编制成投资项目现金流量表如表 6-1 所示。

表 6-1　投资项目现金流量

单位：万元

项目	年份											总计
	0	1	2	3	4	5	6	7	8	9	10	
固定资产价值	（90）	（90）	（90）									（270）
固定资产折旧					37	37	37	37	37	37	37	259
改良支出									（80）			（80）
改良支出摊销										40	40	80
税后营业利润					60	60	60	60	60	60	60	420
残值净收入											11	11
营运资金				（140）							140	0
总计	（90）	（90）	（90）	（140）	97	97	97	97	17	137	288	420

任务三　项目投资决策分析与评价

项目投资的决策方法很多，主要包括既不考虑资金时间价值又不考虑投资风险的静态评价法，考虑资金时间价值的动态评价法。

项目投资决策分析
与评价

一、静态评价法

（一）静态投资回收期法

回收期（Payback Period）是指投资引起的现金流入累计到与投资额相等所需要的时间。它代表收回投资所需要的年限。

投资者希望投入的资本能够以某种方式尽快地收回来，收回的时间越长，所承担的风险就越大。因而，投资方案回收期的长短也是投资者非常关心的问题，也是评价方案优劣的标准之一。回收年限越短，项目越有利。按照是否考虑资金时间价值，将回收期分为静态回收期和动态回收期。

静态回收期是指没有考虑资金时间价值，直接将未来现金净流量累计到原始投资数时所经历的时间作为回收期。

静态回收期的计算分两种情况。

（1）在原始投资一次支出，每年现金净流入量相等时：

$$静态回收期=原始投资额÷每年现金净流量$$

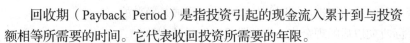【经典案例 6-3】某项目投资为 100 万元，没有建设期，项目寿命期为 10 年，每年现金净流量为 50 万元。

【解析】回收期=100÷50=2（年）

（2）如果现金流入量每年不等，或原始投资是分几年投入的，在这种情况下，应把未来每年的现金净流量逐年加总，根据累计现金流量来确定回收期。可根据以下公式进行计算（假设 M 是收回原始投资额的前一年）：

$$静态回收期=M+第\ M\ 年的尚未收回额÷第（M+1）年的现金净流量$$

【经典案例 6-4】迪力公司有一个投资项目，需投资 150 000 元，使用年限为 5 年，每年的现金流量不相等，资本成本率为 5%。项目现金流量如表 6-2 所示。要求：计算该投资项目的回收期。

表6-2　项目现金流量

单位：元

年份	现金净流量	累计现金净流量	净流量现值	累计现值
1	30 000	30 000	28 560	28 560
2	35 000	65 000	31 745	60 305
3	60 000	125 000	51 840	112 145
4	50 000	175 000	41 150	153 295
5	40 000	215 000	31 360	184 655

【解析】从表 6-2 的累计现金净流量栏中可见，该投资项目的静态回收期在第 3 年与

第 4 年之间。为了计算较为准确的静态回收期，采用以下方法计算：

$$项目回收期=3+\frac{150\,000-125\,000}{175\,000-125\,000}=3.5（年）$$

静态投资回收期法的优点如下。

（1）计算简便；

（2）容易为决策人所正确理解；

（3）可以大体上衡量项目的流动性和风险。

静态投资回收期法的缺点是：

（1）忽视了资金时间价值，把不同时间的货币收支看成是等效的；

（2）没有考虑回收期以后的现金流，也就是没有衡量盈利性；

（3）促使公司接受短期项目，放弃有战略意义的长期项目。

（二）投资收益率法

1．投资收益率法的基本原理

投资收益率法是通过计算项目投产后正常生产年份的投资收益率来判断项目投资优劣的一种决策方法。投资收益率是项目投产后正常生产年份的净收益与投资总额的比值。

$$R=\frac{NB}{K}$$

式中，R 为投资收益率，依 NB 的具体含义，R 可具体为投资利润率、投资利税率、投资净现金收益率等；K 为投资总额，计算方法与 P_t 所回收的全部投资相同，$K=\sum_{t=0}^{m}k_t$，k_t 为第 t 年的投资额，m 为投资年限；NB 为正常年份的净收益，按分析目的不同，NB 可以是年利润总额，也可以是年利税总额等。

2．投资收益率法的决策规则

运用投资收益率法进行互斥选择投资决策时，应优选投资收益率高的方案。运用投资收益率法进行选择与否投资决策时，应假设基准投资收益率为 R_c：若 $R \geq R_c$，项目可以考虑接受；若 $R<R_c$，项目应予拒绝。

3．投资收益率法的特点

（1）简便易懂，容易计算，它所需要的资料只是未折现净现金流量或年均营业利润或税后利润及初始投资额。

（2）未考虑资金的时间价值，把第一年的现金流量看作与其他年份的现金流量一样具有相同的价值，这可能会导致错误的决策。

二、动态评价法

动态评价法不仅要考虑资金的时间价值，而且还要考虑项目周期内现金流入与现金流出的全部数据。因此，它们是比静态评价法更全面、更科学的评价方法。

（一）净现值法

净现值（Net Preset Value，NPV）是指特定项目未来现金净流量的现值与原始投资额的现值之间的差额，它是评估项目是否可行的重要的指标。按照这种方法，所有未来现金净流量和原始投资额都要用资本成本折算现值。如果净现值为正数，表明投资报酬率大于资本成本，该项目可以增加股东财富，应予采纳。如果净现值为零，表明投资报酬率等于资本成本，不改变股东财富，没有必要采纳。如果净现值为负数，表明投资报酬率小于资本成本，该项目将减少股东财富，应予放弃。对于几个项目的比较，净现值越大，说明项目的盈利能力越强。

计算净现值的公式：

$$净现值=未来现金净流量的现值-原始投资额的现值$$

采用净现值法的步骤如下。

（1）测定投资方案各年的现金流量。

（2）设定投资方案采用的折现率。

折现率的参考标准：市场利率、投资者希望获得的预期最低投资报酬率等。

（3）按设定的利率，计算现值。

（4）将未来的现金净流量现值与投资额现值进行比较。

 【经典案例6-5】假设某企业某项目的资本成本为10%，现金流量如表6-3所示。

表6-3 现金流量

单位：万元

年份	0	1	2	3
现金流量	-9 000	1 200	6 000	6 000

要求：计算该项目的净现值，并判断项目能否采纳。

【解析】净现值=1 200×（P/F，10%，1）+6 000×（P/F，10%，2）+6 000×（P/F，10%，3）-9 000=1 557（万元）

因为净现值为正数，说明项目的投资报酬率超过10%，应予采纳。

净现值法所依据的原理是：假设原始投资是按资本成本借入的，当净现值为正数时偿还本息后该项目仍有剩余的收益，当净现值为零时偿还本息后一无所获，当净现值为负数时该项目收益不足以偿还本息。资本成本是投资人要求的最低报酬率，净现值为正数表明项目可以满足投资人的要求。

净现值这个指标是一个简单、易行的评价指标，它具有以下特点。

（1）净现值法具有广泛的适用性，在理论上也比其他方法更完善。

（2）考虑了投资风险。净现值法在所设定的折现率中包含着对投资风险报酬率的要求，因而有效地考虑了投资风险。

（3）净现值反映一个项目按现金流量计量的净收益现值，它是金额的绝对值，在比较投资额不同的项目时有一定的局限性。

（二）现值指数法

正是由于净现值这个指标具有一定的局限性，所反映的是一个绝对值，为了更好地对多个项目的优选问题进行抉择，引入了现值指数这个指标。

所谓现值指数是未来现金流入现值与原始投资额的现值的比率，亦称现值比率或获利指数。计算现值指数的公式：

$$现值指数=未来现金净流量现值÷原始投资额现值$$

从现值指数的计算公式可见，现值指数的计算结果有三种：大于 1，等于 1，小于1。若现值指数大于等于 1，方案可行，说明方案实施后的投资报酬高于或等于预期报酬；若现值指数小于 1，方案不可行，说明方案实施后的投资报酬低于预期报酬。现值指数越大，方案越好。

【经典案例6-6】有甲、乙两个投资项目，有关资料如表6-4所示。

表6-4　投资项目资料

单位：万元

	投资额（零时点一次投入）	现金流入现值	净现值
甲项目	100	150	50
乙项目	200	260	60

【解析】甲项目现值指数=150÷100=1.5

乙项目现值指数=260÷200=1.3

其实根据净现值法，我们是无法判断出甲、乙项目哪个更优的，因为虽然甲项目的净现值为 50 万元，小于乙项目净现值 60 万元，但并不表示乙项目优于甲项目，因为甲、乙的投资额并不相等。如果采用现值指数这一指标，根据现值指数的评判标准，甲项目优于乙项目。

（三）年金净流量法

投资项目的未来现金净流量与原始投资额的差额，构成项目的现金净流量总额。项目全部现金净流量总额的总现值或总终值折算为等额年金的平均现金净流量，称年金净流量。

年金净流量=现金净流量总现值÷年金现值系数=现金净流量总终值÷年金终值系数

【经典案例6-7】甲方案需一次投资 10 000 万元，可用 8 年，残值为 2 000 元，每年取得净利润 3 500 元。如果资本成本率为 10%，计算年金净流量。

【解析】甲方案每年的现金净流量=3 500+（10 000-2 000）÷8=4 500（元）

甲方案的净现值=4 500×5.335+2 000×0.467-10 000=14 941.50（元）

$$甲方案的年金净流量=\frac{14\,941.50}{(P/A,\ 10\%,8)}=2\,801（元）$$

年金净流量法的决策原则如下。

（1）一个方案：年金净流量大于 0。

（2）多个方案：年金净流量大于 0 且最大的。

年金净流量法的缺点：不能揭示各投资方案本身实际可能达到的收益率。

（四）内含报酬率法

内含报酬率（Internal Rate of Return，IRR）是指能够使未来现金流入量现值等于未来现金流出量现值的折现率或者说是使投资项目净现值为零的折现率。

净现值法和现值指数法虽然考虑了资金时间价值，可以说明投资项目的报酬率高于或低于资本成本，但没有揭示项目本身可以达到的报酬率是多少。内含报酬率是根据项目的现金流量计算的，是项目本身的投资报酬率。内含报酬率的计算有两种基本方法：一是逐步测试法，二是年金法。其中前者为普遍适用的方法，后者只能应用于特殊的情况。下面对两种方法分别进行介绍。不管采取何种方法，都可能需要用到插值法，当 i_1 对应的 NPV_1 大于 0，而当 i_2 对应的 NPV_2 小于 0，运用插值法公式如下。

$$内含报酬率 = i_1 + \frac{NPV_1}{NPV_1 + |NPV_2|}(i_2 - i_1)$$

1．未来每年现金净流量相等

每年现金净流量相等是一种年金的形式，通过查年金现值系数表，可计算出未来现金净流量的现值，并令其净现值等于 0，有：

$$未来每年现金净流量 \times 年金现值系数 - 原始投资额 = 0$$

计算出净现值为零时的年金现值系数后，通过查年金现值系数表，即可找到相应的折现率。若找不到净现值正好为零的折现率就找大于 0 和小于 0 的两个临界利率，应用插值法，求出的折现率就是方案的内含报酬率。

【经典案例6-8】已知某投资项目的有关资料如表 6-5 所示。

表6-5　投资资料

单位：万元

年份	0	1	2	3
现金净流量	-12 000	4 600	4 600	4 600

要求：计算该项目的内含报酬率。

【解析】净现值 $= 4\,600 \times (P/A, i, 3) - 12\,000$

令净现值 $= 0$，得出 $(P/A, IRR, 3) = 12\,000 \div 4\,600 = 2.609$。

查年金现值系数表可知：当折现率 $= 7\%$ 时，年金现值系数 $= 2.624$；当折现率 $= 8\%$ 时，年金现值系数 $= 2.577$。由此可以看出，该方案的内含报酬率在 $7\% \sim 8\%$，采用插值法确定 $IRR = 7.32\%$。如果该项目的最低报酬率为 10%，则该项目不可行；如果该项目的最低报酬率为 6%，则该项目可行。

2．未来每年现金净流量不相等

如果投资方案的未来每年现金净流量不相等，各年现金净流量的分布就不是年金形式，不能采用查年金现值系数表的方法来计算内含报酬率，需要采用逐步测试法。首先估计一个折现率，用它来计算项目的净现值。如果净现值为正数，说明项目本身的报酬率超过折现率，应提高折现率后进一步测试；如果净现值为负数，说明项目本身的报酬率低于折现率，应降低折现率后进一步测试。经过多次测试，寻找出使净现值接近于零的折现率，即为项目本身的内含报酬率。

【经典案例 6-9】某公司有一个投资方案，需一次性投资 120 000 元，使用年限为 4 年，每年现金净流量分别为：30 000 元、40 000 元、50 000 元、35 000 元。要求：计算该投资方案的内含报酬率，并据以评价该项目是否可行。

【解析】该方案每年的现金净流量不相等，需逐次测算方案的内含报酬率。测算如表 6-6 所示。

表 6-6 净现值的逐次测算

单位：元

年份	每年的现金净流量	第一次测算（8%）		第二次测算（12%）		第三次测算（10%）	
1	30 000	0.926	27 780	0.893	26 790	0.909	27 270
2	40 000	0.857	34 280	0.792	31 680	0.826	33 040
3	50 000	0.794	39 700	0.712	35 600	0.751	37 550
4	35 000	0.735	25 725	0.636	22 260	0.683	23 905
未来现金流量合计			127 485		116 330		121 765
减原始投资额现值			120 000		120 000		120 000
净现值			7 485		-3 670		1 765

第一次测算，采用的折现率为 8%，净现值为正，说明方案内含报酬率高于 8%；第二次测算 12%，净现值为负数，说明内含报酬率小于 12%。第三次测算 10%，净现值为 1 756，为正数。因此可以估计内含报酬率介于 10%与 12%之间。进一步运用插值法，得出方案的内含报酬率为 10.65%。

内含报酬率法的主要优点在于：第一，内含报酬率反映了投资项目本身能够达到的报酬率，易于为高层决策人员所理解；第二，对于原始投资额现值不同的投资方案，可以通过计算内含报酬率来反映方案的获利水平，进而做出投资评价。

内含报酬率法的主要缺点在于：第一，计算较为复杂，不易直接考虑投资风险大小；第二，在进行互斥投资方案决策时，如果各方案的原始投资额现值不相等，有时无法做出正确的决策。某一方案原始投资额低，净现值小，但内含报酬率可能较高；而另一方案原始投资额高，净现值大，但内含报酬率可能较低。

（五）动态回收期法

为了克服静态回收期法不考虑资金时间价值的缺点，人们提出了动态回收期法。动态回收期是指在考虑资金时间价值的情况下以项目现金流入抵偿全部投资所需要的时间。

1．未来每年现金净流量相等

在这种年金形式下，假定经历几年所取得的未来现金净流量的年金现值系数为 $(P/A, i, n)$，则：$(P/A, i, n) = \dfrac{\text{原始投资额现值}}{\text{每年现金净流量}}$

计算出年金现值系数后，通过查年金现值系数表，利用插值法，即可推算出回收期 n。

2．未来每年现金净流量不相等

在这种情况下，应把每年的现金净流量逐一折现并加总，根据累计现金流量现值来确定回收期。可依据以下公式进行计算（设 M 是收回原始投资额现值的前一年）：

动态回收期 $= M +$ 第 M 年的尚未收回额的现值÷第（$M+1$）年的现金净流量现值

【经典案例6-10】已知某投资项目的资本成本为10%,其他有关资料如表6-7所示。

表6-7　某企业投资方案有关数据

单位:万元

年份	0	1	2
现金净流量	−20 000	11 800	13 240

【解析】项目的动态回收期计算如表6-8所示。

表6-8　动态回收期计算

单位:万元

项目	年份		
	0	1	2
现金净流量	−20 000	11 800	13 240
折现系数	1	0.909 1	0.826 4
现金净流量现值	−20 000	10 727	10 942
累计现金净流量现值	−20 000	−9 273	1 669

动态回收期=1+9 273÷10 942=1.85(年)

动态回收期考虑了资金时间价值因素,但它与静态回收期具有一个共同的缺陷,就是没有考虑超过原始投资额的部分。显然,回收期长的项目,其超过原始投资额的现金流量并不一定比回收期短的项目少。

本学习单元小结

本学习单元主要讲解了项目投资是一种以特定项目为对象,直接与新建项目或更新改造项目有关的长期投资行为。与其他形式的投资相比,项目投资具有投资金额大、影响时间长、变现能力差和投资风险大的特点。现金流量是以收付实现制为基础计算的现金流入量和现金流出量。现金流入量包括营业收入、回收的固定资产残值、回收的流动资金。现金流出量包括建设投资、垫付的流动资金、付现的营业成本、支付的各项税款。在建设期内发生投资支出,现金净流量一般为负值;在生产经营期内,现金净流量一般为正值。投资项目从整个经济寿命周期来看,大致可以分为三个阶段:投资期、营业期、终结期。每个时点都会有现金流入和现金流出。投资决策评价指标包括净现值、现值指数、内含报酬率、动态回收期。非折现指标包括静态回收期。

复习与思考

1. 为什么对投资方案的评价必须以现金流量为基础而不是以利润的估价为基础?

2. 什么是现金流量? 现金流量包括哪些?

3. 内含报酬率是如何计算的? 它的决策规则是什么?

技能实训

1. 甲方案的经济寿命期为5年,每年现金流量数据分别为:NCF_0=−75 000,NCF_1=

30 000，NCF_2=25 000，NCF_3=28 000，NCF_4=25 000，NCF_5=20 000。试求甲方案的投资回收期。

2. 某企业计划投资，预定的投资报酬率为 10%，现有甲、乙两个方案可供选择，资料如表 6-9 所示。

要求：（1）计算甲、乙两个方案的净现值，并判断应采用哪个方案；

（2）计算甲、乙两个方案的内含报酬率；

（3）计算甲、乙两个方案的获利指数。

表 6-9　甲、乙方案的资料

单位：元

期间	甲方案的净现金流量	乙方案的净现金流量
初始	-180 000	-200 000
第 1 年	20 000	80 000
第 2 年	23 000	64 000
第 3 年	45 000	55 000
第 4 年	60 000	50 000
第 5 年	80 000	40 000

学习单元七 证券投资分析与决策

 素质目标

1. 了解股票、债券和基金的含义、种类和优缺点
2. 掌握证券投资的概念、特点、面临的风险
3. 掌握股票的价值评估方法及收益率计算
4. 掌握债券的价值评估方法及收益率计算

 技能目标

1. 熟悉股票和债券的发行
2. 能利用股票的价值评估模型评估股票的价值
3. 能利用债券价值和收益率的计算方法正确评价债券的价值和收益率

 案例导入

据媒体报道,比亚迪的股价在 2020 年全年涨幅超 300%,进入 2021 年还未到一个月的时间,累计涨幅已达 15%。随着股价的大涨,巴菲特成为了大赢家。

据悉,早在 2008 年 9 月,股神巴菲特创建的伯克希尔·哈撒韦公司旗下的子公司中美能源公司,就与比亚迪股份有限公司签署了策略性投资及股份认购协议。

根据协议,巴菲特将以每股港元 8 元的价格认购 2.25 亿股比亚迪公司的股份,约占比亚迪本次配售后 10% 的股份比例,本次交易价格总金额约为 18 亿港元。

在 2021 年 1 月 21 日,比亚迪股份有限公司宣布完成超 299 亿港元(约合人民币 249 亿元)新增配股发行。

有消息称,比亚迪此次定增是为了对抗特斯拉在中国市场的竞争。此外,此次配股获超 200 家投资机构抢购,累计订单超预期募资额数倍。

而比亚迪股价在 2020 年全年涨幅超 300%,随着定增后股价再次大涨。截至 1 月 22 日收盘,港股股价为 254.6 港元。

自从 2008 年抄底买入 2.25 亿股比亚迪股份后,巴菲特 12 年来从未减持,按照目前的价格,收益已超 30 倍。而当初的 18 亿港元如果折合成人民币,净收益已经超过 600 亿元。

通过以上案例,请同学们带着以下问题学习本单元。

1. 在本案例中,股神巴菲特选择的证券投资方式是什么?
2. 你认为应该如何评价证券投资的风险和收益?

任务一　证券投资认知

一、证券和证券投资

（一）证券的含义和类型

1．证券的含义

证券是多种经济权益凭证的统称，是一种具有一定票面金额，证明持券人或证券指定的特定主体拥有所有权或债权的凭证。证券的主要内容有双方交易的标的物、标的物的数量和质量、交易标的物的价格、交易标的物的时间和地点等。不同证券其中规定的内容有所不同。

2．广义证券与狭义证券

证券有广义与狭义两种概念。

（1）广义的证券。

广义的有价证券主要包括资本证券、货币证券。

资本证券是指由金融投资或与金融投资有直接联系的活动而产生的证券。持券人对发行人有一定的收入请求权。资本证券包括股票、债券、基金及其衍生品种，如期货、期权等。

货币证券是指本身能使持券人或第三者取得货币索取权的有价证券，货币证券主要包括汇票、本票和支票。

（2）狭义的证券。

狭义的证券又称资本证券或直接称为证券。

3．证券的分类

证券按不同的标准可分为以下几个类型。

（1）按证券发行主体的不同，分为政府证券、金融机构证券和公司证券。

（2）按证券所体现的关系不同，分为所有权证券和债权证券。

（3）按募集方式不同，分为公募证券和私募证券。

（4）按证券收益的决定因素不同，分为原生证券和衍生证券。

（二）证券投资的概念

证券投资是指投资者（法人或自然人）买卖股票、债券、基金等有价证券以及这些有价证券的衍生品，以获取差价、利息及资本利得的投资行为和投资过程，是直接投资的重要形式。证券投资包括以下四个要素。

1．投资主体

投资主体即证券投资者，主要指机构投资者和个人投资者。机构投资者包括政府部门、企事业单位、金融机构、社会公益基金等，其中金融机构包括银行、保险公司、证券经营机构和基金管理人。个人投资者为自然人。证券投资就是投资者进行的、以盈利为目的的投资活动和投资过程。

2．投资对象

投资对象即投资客体，包括股票、债券、投资基金，也包括认股权证、指数期货、期权等金融衍生品。投资者在选择具体投资对象时，既需要考虑证券的收益性、风险性，又要考虑流通性和投资时间的长短。

3．投资目的

证券投资就是为了获取收益。收益即投资所得的报酬，它具有不确定性。在证券市场上，风险总是和收益相伴。收益和风险有四种组合形式：高收益高风险、低收益低风险、高收益低风险、低收益高风险。

4．投资行为

证券投资的收益与风险并存，要求投资者不仅要对不同的证券类型进行选择，还要对证券的品种进行分析。因此，证券投资既是一种具有一定风险的投资行为，又是一种复杂的智力活动。投资者要想取得投资成功，必须学习和了解投资的基本知识，熟悉和遵守投资程序，并掌握投资决策的各种方法。

（三）证券资产的特点

1．价值虚拟性

证券资产不能脱离实体资产而完全独立存在，但证券资产的价值不是完全由实体资产的现实生产经营活动决定的，而是取决于契约性权利所能带来的未来现金流量，是一种未来现金流量折现的资本化价值。例如，债券投资代表的是未来按合同规定收取债息和收回本金的权利，股票投资代表的是对发行股票企业的经营控制权、财务控制权、收益分配权、剩余财产追索权等股东权利。证券资产的服务能力在于它能带来的未来现金流量，按未来的现金流量折现即资本化价值，是证券资产价值的统一表达。

2．可分割性

实体项目投资的经营资产一般具有整体性要求，如购建新的生产能力，往往是厂房、设备、配套流动资产的结合。证券资产可以分割为一个最小的投资单位，如一股股票、一份债券，折旧决定了证券资产投资的现金流量比较单一，往往由原始投资、未来收益或资本利得、本金回收所构成。

3．持有目的多元性

实体项目投资的经营资产往往是为消耗而持有，为流动资产的加工提供生产条件。证券资产的持有目的是多元的，既可能是为未来积累现金即为未来变现而持有，也可能是为谋取资本利得即为销售而持有，还有可能是为取得对其他企业的控制权而持有。

4．强流动性

证券资产具有很强的流动性，其流动性表现在：（1）变现能力强。证券资产往往都是上市证券，一般都有活跃的交易市场可供及时转让。（2）持有目的可以相互转换。当企业急需现金时，可以立即将为其他目的而持有的证券资产变现。证券资产本身的变现能力虽然较强，但其实际周转速度取决于企业对证券资产的持有目的。作为长期投资的形式，企业持有的证券资产周转一次一般都会经历一个会计年度以上。

5．高风险性

证券资产是一种虚拟资产，决定了金融投资受公司风险和市场风险的双重影响，不仅发行证券资产的公司业绩影响着证券资产投资的报酬率，资本市场的市场平均报酬率变化也会给金融投资带来直接的市场风险。

二、证券投资的意义

（1）证券投资为社会提供了筹集资金的重要渠道。

（2）证券投资有利于调节资金投向，提高资金使用效率，从而引导资源合理流动，实现资源的优化配置。

（3）证券投资有利于改善企业经营管理，提高企业经济效益和社会知名度，促进企业的行为合理化。

（4）证券投资为中央银行进行金融宏观调控提供了重要手段，对国民经济的持续、高效发展具有重要意义。

（5）证券投资可以促进国际经济交流。

三、证券投资的风险

由于证券资产的市价变动频繁，证券投资的风险往往较大。获取投资收益是证券投资的主要目的，证券投资的风险是投资者无法获得预期投资收益的可能性。按证券性质划分，证券投资风险分为系统性风险和非系统性风险两大类别。

（一）系统性风险

证券投资的系统性风险，是指由于外部经济环境因素变化引起整个资本市场不确定性加强，从而对所有证券都产生影响的共同性风险。系统性风险影响到资本市场上的所有证券，无法通过投资多元化的组合而加以避免，也称为不可分散风险。

系统性风险波及所有证券资产，最终会反映在资本市场平均利率的提高上，所有的系统性风险几乎都可以归结为利率风险。利率风险是由于市场利率变动引起证券资产价值变化的可能性。市场利率反映了社会平均报酬率，投资者对证券资产投资报酬率的预期总是在市场利率基础上进行的，只有当证券资产投资报酬率大于市场利率时，证券资产的价值才会高于其市场价格。一旦市场利率提高，就会引起证券资产价值的下降，投资者就不易得到超过社会平均报酬率的超额报酬。市场利率的变动会造成证券资产价格的普遍波动，两者呈反向变化：市场利率上升，证券资产价格下跌；市场利率下降，证券资产价格上升。

1．价格风险

价格风险是指由于市场利率上升，而使证券资产价格普遍下跌的可能性。价格风险来自资本市场买卖双方资本供求关系的不平衡：资本需求量增加，市场利率上升；资本供应量增加，市场利率下降。

2．再投资风险

再投资风险是由于市场利率下降，而造成的无法通过再投资而实现预期收益的可能性。根据流动性偏好利率，长期证券资产的报酬率应当高于短期证券资产的报酬率，这是因为：期限越长，不确定性就越强。证券资产投资者一般喜欢持有短期证券资产，因为它们较易变现而收回本金。

3．购买力风险

购买力风险是指由于通货膨胀而使货币购买力下降的可能性。在持续而剧烈的物价波动环境下，货币性资产会产生购买力损益：当物价持续上涨时，货币性资产会遭受购买力损失；当物价持续下跌时，货币性资产会带来购买力收益。

（二）非系统性风险

证券资产的非系统性风险，是指由于特定经营环境或特定事件变化引起的不确定性，从而对个别证券资产产生影响的特有性风险。非系统性风险源于每个公司自身特有的营业活动和财务活动，与某个具体的证券资产相关联，同整个证券资产市场无关。非系统性风险可以通过持有证券资产的多元化来抵销，也称为可分散风险。

非系统性风险是公司特有风险，从公司外部的证券资产市场投资者的角度考察，公司经营风险和财务风险的特征无法明确区分，公司特有风险是以违约风险、变现风险、破产风险等形式表现出来的。

1．违约风险

违约风险是指证券资产发行者无法按时兑付证券资产利息和偿还本金的可能性。有价证券资产本身就是一种契约性权利资产，经济合同的任何一方违约都会给另一方造成损失。违约风险是投资于收益固定型有价证券资产的投资者经常面临的，多发生于债券投资中。违约风险产生的原因可能是公司产品经销不善，也可能是公司现金周转不灵。

2．变现风险

变现风险是指证券资产持有者无法在市场上以正常的价格平仓出货的可能性。持有证券资产的投资者，可能会在证券市场持有期限内出售现有证券资产投资于另一项目，但在短期内找不到愿意出合理价格的买主，投资者就会丧失新的投资机会或面临降价出售的损失。在同一证券资产市场上，各种有价证券资产的变现力是不同的，交易越频繁的证券资产，其变现能力越强。

3．破产风险

破产风险是指在证券资产发行者破产清算时投资者无法收回应得权益的可能性。当证券资产发行者由于经营管理不善而持续亏损、现金周转不畅而无力清偿债务或其他原因导致难以持续经营时，可能会申请破产保护。破产保护会导致债务清偿的豁免、有限责任的推迟，使得投资者无法取得应得的投资收益，甚至无法收回投资的本金。

任务二 债券投资分析与评价

一、债券概述

根据投资期限不同，债券投资分为短期和长期投资。企业进行短期债券投资的目的主要是合理利用暂时闲置资金，调节现金余额，获得收益；企业进行长期债券投资的目的主要是获得稳定的收益。

（一）债券内涵

债券是政府、金融机构、工商企业等直接向社会借债筹措资金时，向投资者发行，承诺按一定利率支付利息并按约定条件偿还本金的债权债务凭证。债券的本质是债的证明书。债券投资者与发行者之间是一种债权债务关系，债券发行者即债务人，投资者（债券持有人）即债权人。债券是一种有价证券。由于债券的利息通常是事先确定的，所以债券是固定利息证券（定息证券）的一种。在金融市场发达的国家和地区，债券可以上市流通。在我国，比较典型的政府债券是国库券。

债券是依照法定程序发行，约定在一定期限内还本付息的有价证券。债券是国家或地区政府、金融机构、企业等机构直接向社会借债筹措资金时，向投资者发行，并且承诺按特定利率支付利息并按约定条件偿还本金的债权债务凭证。由此，债券包含了以下四层含义。

（1）债券的发行者（政府、金融机构、企业等机构）是资金的借入者；

（2）购买债券的投资者是资金的借出者；

（3）发行者（借入者）需要在一定时期还本付息；

（4）债券是债的证明书，具有法律效力。债券投资者与发行者之间是一种债权债务关系，债券发行者即债务人，投资者（或债券持有人）即债权人。

（二）债券要素

债券尽管种类多种多样，但是在内容上都要包含一些基本的要素。这些要素是指发行的债券上必须载明的基本内容，这是明确债权人和债务人权利与义务的主要约定，具体包括以下要素。

1．票面面值

债券的面值是指债券的票面价值，是发行人对债券持有人在债券到期后应偿还的本金数额，也是企业向债券持有人按期支付利息的计算依据。债券的面值与债券实际的发行价格并不一定是一致的，发行价格大于面值称为溢价发行，小于面值称为折价发行，等于面值称为平价发行。

2．偿还期

债券偿还期是指企业债券上载明的偿还债券本金的期限，即债券发行日至到期日之间的时间间隔。企业要结合自身资金周转状况及外部资本市场的各种影响因素来确定企业债券的偿还期。

3．付息期

债券的付息期是指企业发行债券后的利息支付的时间。它可以是到期一次支付，或一年、半年、三个月支付一次。在考虑资金时间价值和通货膨胀因素的情况下，付息期对债券投资者的实际收益有很大影响。到期一次付息的债券，其利息通常是按单利计算的；而年内分期付息的债券，其利息是按复利计算的。

4．票面利率

债券的票面利率是指债券利息与债券面值的比率，是发行人承诺以后一定时期支付给债券持有人报酬的计算标准。债券票面利率的确定主要受到银行利率、发行人的资信状况、偿还期限和利息计算方法以及当时资金市场上资金供求情况等因素的影响。

5．发行人名称

发行人名称指明债券的债务主体，为债权人到期追回本金和利息提供依据。

上述要素是债券票面的基本要素，但在发行时并不一定全部在票面印制出来。例如，在很多情况下，债券发行人是以公告或条例形式向社会公布债券的期限和利率。

（三）债券的特征

债券作为一种重要的融资手段和金融工具具有以下特征。

1．偿还性

债券一般都规定有偿还期限，发行人必须按约定条件偿还本金并支付利息。

2．流通性

债券一般都可以在流通市场上自由转让。

3．安全性

与股票相比，债券通常规定有固定的利率，与企业绩效没有直接联系，收益比较稳定，风险较小。在企业破产时，债券持有者享有优先于股票持有者对企业剩余资产的索取权。

4．收益性

债券的收益性主要表现在两个方面：一是投资债券可以给投资者定期或不定期地带来利息收入；二是投资者可以利用债券价格的变动，买卖债券赚取差额。

二、债券的价值估算

将在债券投资上未来收取的利息和收回的本金折为现值，即可得到债券的内在价值。债券的内在价值也称为债券的理论价格，只有债券内在价值大于其购买价格时，该债券才值得投资。影响债券内在价值的因素主要是债券的票面利率、期限和所采用的折现率等因素。

债券的价值

（一）债券估价基本模型

典型的债券类型是有固定的票面利率、每期支付利息、到期归还本金，这种债券模式下债券价值计量的基本模型是：

$$V_b = \frac{I_1}{(1+R)^1} + \frac{I_2}{(1+R)^2} + \cdots + \frac{I_n}{(1+R)^n} + \frac{M}{(1+R)^n}$$

或者

$$V_b = I \times (P/A, i, n) + M \times (P/F, i, n)$$

式中，V_b 表示债券的价值，I 表示债券各期的利息，M 表示债券的面值，R 表示评估债券价值所采用的折现率，即所期望的最低收益率。

一般来说，经常采用市场利率作为评估债券价值时所期望的最低投资报酬率。从债券价值基本计量模型中可以看出，债券面值、债券期限、票面利率、市场利率是影响债券价值的基本因素。

【经典案例 7-1】 某债券面值为 1 000 元，期限为 20 年，以市场利率作为评估债券价值的折现率，目前的市场利率为 10%，如果票面利率分别为 8%、10% 和 12%，求债券价值。

【解析】 票面利率为 8%，债券价值=80×（P/A，10%，20）+1 000×（P/F，10%，20）=829.72（元）

票面利率为 10%，债券价值=100×（P/A，10%，20）+1 000×（P/F，10%，20）=1 000（元）

票面利率为 12%，债券价值=120×（P/A，10%，20）+1 000×（P/F，10%，20）=1 170.28（元）

（二）到期一次还本付息债券估价模型

到期一次还本付息债券是指债务期间不支付利息，本金和各期利息都在债券到期时一次性支付的债券，即利随本清。

【经典案例 7-2】某债券 2×09 年 1 月 1 日发行，期限为 5 年，面值为 1 000 元，年利率为 6%，一年计息一次，按单利计息，一次性还本付息。某投资者希望以年 5% 的收益率于 2×12 年 1 月 1 日购买此债券，他能接受的价格是多少？

【解析】（1 000+1 000×6%×5）×（P/F, 5%, 2）=1 122.94（元）

如果市场价格等于或低于 1 122.94 元，则投资者会买入该债券。

（三）零息债券的价值模型

零息债券不支付利息，按票面进行大幅折扣后出售，债券到期时，利息和购买价格之和就是债券的面值。买入价与到期日赎回的面值之间的价差便是资本增值。这类债券的特点是：以低于面值的折现方式发行，由其发行折现率决定债券的利率；该类债券的兑付期限固定，到期后将按债券面值还款，形式上无利息支付问题。此类债券价值的计算如下。

$$P = \frac{F}{(1+i)^m}$$

式中，P 为价格，F 为面值，i 为折现率，m 为距离到期的时间。

【经典案例 7-3】从现在起 15 年到期的一张债券，如果面值是 1 000 元，折现率是 12%，求它的价格。

【解析】$P = \dfrac{1\ 000}{(1+12\%)^{15}} = 182.7$（元）

（四）债券价值对市场利率的敏感性

债券一旦发行，其面值、期限、票面利率都相对固定了，市场利率成为债券持有期间影响债券价值的主要因素。市场利率是决定债券价值的折现率，市场利率的变化会造成系统性的利率风险。

【经典案例 7-4】现有面值为 1 000 元、票面利率为 15% 的 2 年期和 20 年期两种债券，每年付息一次，到期归还本金。当市场利率发生变化时的债券价值如表 7-1 所示。

表 7-1 债券价值对市场利率变化的敏感性

单位：元

市场利率	债券价值	
	2 年期债券	20 年期债券
5%	1 185.91	2 246.30
10%	1 085.51	1 426.10
15%	1 000.00	1 000.00
20%	923.20	756.50
25%	856.00	605.10
30%	796.15	502.40

【解析】分析表7-1中的数据可以得出以下结论。

（1）市场利率的上升会导致债券价值的下降，市场利率的下降会导致债券价值的上升。

（2）长期债券对市场利率的敏感性会大于短期债券：在市场利率较低时，长期债券的价值远高于短期债券；在市场利率较高时，长期债券的价值远低于短期债券。

（3）市场利率低于票面利率时，债券价值对市场利率的变化较为敏感，市场利率稍有变动，债券价值就会发生剧烈的波动；市场利率超过票面利率后，债券价值对市场利率的变化并不敏感，市场利率的提高，不会使债券价值过分地降低。

根据上述分析结论，财务经理在债券投资决策中应当注意：长期债券的价值波动较大，特别是票面利率高于市场利率的长期溢价债券，容易获取投资收益但安全性较低，利率风险较大。如果市场利率波动频繁，利用长期债券来储备现金显然是不明智的，将为较高的收益率而付出安全性的代价。

（五）债券价值对债券期限的敏感性

选择长期债券还是短期债券，是公司财务经理经常面临的投资选择问题。由于票面利率的不同，当债券期限发生变化时，债券的价值也会随之波动。

【经典案例7-5】假定市场利率为10%，面值为1 000元，每年支付一次利息，到期归还本金，票面利率分别为8%、10%和12%的三种债券，在债券到期日发生变化时的债券价值如表7-2所示。

表7-2　债券价值对债券期限变化的敏感性

单位：元

债券期限	债券价值				
	票面利率10%	票面利率8%	环比差异	票面利率12%	环比差异
0年期	1 000	1 000	—	1 000	—
1年期	1 000	981.72	−18.28	1 018.08	+18.08
2年期	1 000	965.24	−34.76	1 034.32	+16.24
5年期	1 000	924.28	−40.60	1 075.92	+41.60
10年期	1 000	877.6	−46.68	1 123.40	+47.48
15年期	1 000	847.48	−30.12	1 151.72	+28.32
20年期	1 000	830.12	−17.36	1 170.68	+18.96

【解析】通过分析表7-2的数据，可以得出以下结论。

（1）引起债券价值随债券期限的变化而波动的原因，是债券票面利率与市场利率的不一致。如果债券票面利率与市场利率之间没有差异，债券期限的变化不会引起债券价值的变动。也就是说，只有溢价债券或折价债券，才会产生不同期限下债券价值有所不同的现象。

（2）债券期限越短，债券票面利率对债券价值的影响越小。不论是溢价债券还是折价债券，当债券期限较短时，票面利率与市场利率的差异，不会使债券的价值过于偏离债券的面值。

（3）债券期限越长，债券价值越偏离于债券面值。而且，溢价债券的价值对债券期限的敏感性会大于折价债券。

（4）随着债券期限延长，债券的价值会越偏离债券的面值，但这种偏离的变化幅度最终会趋于平稳。或者说，超长期债券的期限差异，对债券价值的影响不大。

根据上述分析结论，在进行债券投资决策时应当注意：短期的溢价或折价债券对决策的影响并不大；对于长期债券来说，溢价债券的价值与票面金额的偏离度较高，会给债券市场价格提供较大的波动空间，应当利用这个波动空间谋取投资的资本价差利得。

三、债券投资的收益率

（一）债券收益的来源

1. 利息收益

债券各期的名义利息收益都是其面值与票面利率的乘积。

2. 利息再投资收益

评价债券投资时，有两个重要假定：第一，债券本金是到期收回的，而债券利息是分期收取的；第二，将分期收到的利息重新投资于同一项目，并取得与本金同等的利息收益率。例如，某 5 年期债券面值为 1 000 元，票面利率为 12%，如果每期的利息不进行再投资，5 年共获利息收益 600 元。如果将每期利息进行再投资：第一年获利息 120 元；第二年 1 000 元本金获利息 120 元，第一年的利息 120 元在第二年又获利息收益 14.4 元，第二年共获利息收益 134.4 元；依此类推，到第 5 年末累计获利息 762.34 元。事实上，按 12% 的利率水平，1 000 元本金在第 5 年末的复利终值为 1 762.34 元，按资金时间价值的原理计算债券投资收益，就已经考虑了再投资因素。在取得再投资收益的同时，承担着再投资风险。

3. 价差收益

价差收益是指债券尚未到期时投资者中途转让债券，在转让价格与转让时的理论价格之间的价差上所获得的收益，也称为资本利得收益。

（二）债券的内部收益率

债券的内部收益率，是指按当前市场价格购买债券并持有至到期日或转让日，所产生的预期报酬率，也就是债券投资项目的内涵报酬率。在债券估价基本模型中，如果用债券的购买价格 P_0 代替内在价值 V_b，就能求出债券的内部收益率。也就是说，用该内部收益率折现所决定的债券内在价值，刚好等于债券的目前购买价格。

债券真正的内在价值是按市场利率折现所决定的内在价值，当按市场利率折现所计算的内在价值大于按内部收益率折现所计算的内在价值时，债券的内部收益率才会大于市场利率，这正是投资者所期望的。

【经典案例 7-6】假定投资者目前分别以 1 075.92 元、1 000 元、899.24 元的价格，购买一份面值为 1 000 元，每年付息一次、到期归还本金，票面利率为 12% 的 5 年期债券，投资者将该债券持有至到期日。求内部收益率。

【解析】1 075.92=120×（P/A，R，5）+1 000×（P/F，R，5），解得 R=10%。

同样原理，如果债券目前购买价格为 1 000 元或 899.24 元，有：

$R=12\%$或 $R=15\%$。

可见，溢价债券的内部收益率低于票面利率，折价债券的内部收益率高于票面利率，平价债券的内部收益率等于票面利率。

通常，也可以用简便算法对债券投资收益率近似估算，其公式为：

$$R=\frac{I+(B-P)/N}{(B+P)/2}\times100\%$$

式中，P 表示债券的当前购买价格，B 表示债券面值，N 表示债券期限，分母是平均占用，分子是平均收益，将数据代入公式：

$$R=\frac{120+(1\,000-1\,075.92)/5}{(1\,000+1\,075.92)/2}\times100\%=10.098\%$$

四、债券投资的风险

（一）债券投资风险的种类

债券投资的风险是指债券预期收益变动的可能性及变动幅度，债券投资的风险是普遍存在的。债券的市场价格及实际收益率受许多因素的影响，这些因素的变化，都有可能使投资者的实际利益发生变化，从而使投资行为产生各种风险。债券投资者的投资风险主要由以下几种风险形式构成。

1. 利率风险

利率风险是指利率的变动导致债券价格与收益率发生变动的风险。债券是一种法定的契约，大多数债券的票面利率是固定的（浮动利率债券与保值债券例外）。当市场利率上升时，债券价格下跌，使债券持有者的资本遭受损失。因此，投资者购买的债券距离到期日越远，则利率变动的可能性越大，其利率风险也相对越大。

2. 购买力风险

购买力是指单位货币可以购买的商品和劳务的数量，在通货膨胀的情况下，货币的购买力是持续下降的。债券是一种金钱资产，因为债券发行机构承诺在到期时付给债券持有人的是金钱，而非其他有形资产。换句话说，债券发行者在协议中承诺付给债券持有人的利息或本金的偿还，都是事先议定的固定金额，此金额不会因通货膨胀而有所增加。由于通货膨胀的发生，债券持有人从投资债券中所收到的金钱的实际购买力越来越低，甚至有可能低于原来投资金额的购买力。通货膨胀剥夺了债券持有人的收益，而债券的发行者则从中大获其利。

3. 信用风险

信用风险主要表现在企业债券的投资中，企业由于各种原因，存在着不能完全履行其责任的风险。企业发行债券以后，其营运成绩、财务状况都直接反映在债券的市场价格上，一旦企业走向衰退之路，第一个大众反应是股价下跌，接着，企业债券持有人担心企业在亏损状态下无法在债券到期时履行契约，即按规定支付本息，债券持有人便开始卖出其持有的企业债券，债券市场价格也逐渐下跌。

4. 收回风险

一些债券在发行时规定了发行者可提前收回债券，这就有可能发生债券在一个不利于债权人的时刻被债务人收回的风险。当市场利率低于债券利率时，收回债券对发行企业有利。这种状况使债券持有人面临着不对称风险，即在债券价格下降时承担了利率升高的所有负担，但在利率降低，债券价格升高时却没有收到价格升高的好处。

5．突发事件风险

突发事件风险是由于突发事件使发行债券的机构还本付息的能力发生了重大的、事先没有料到的风险。这些突发事件包括突发的自然灾害和意外的事故等。例如，一场重大的事故会极大地损害有关企业还本付息的能力。

6．税收风险

税收风险表现为两种具体的形式：一是投资免税的政府债券的投资者面临着税率下调的风险，税率越高，免税的价值就越大，如果税率下调，免税的实际价值就会相应减少，债券的价格就会下降。二是投资于免税债券的投资者面临着所购买的债券被有关税收征管当局取消免税优惠的风险。例如 1980 年 6 月美国市政当局发售的债券，在发行时当局宣布该债券享有免纳联邦收入税的待遇，到了 11 月，美国国内税收署裁定这些债券不能享有免税的待遇。

（二）债券投资风险的管理

面对着债券投资过程中可能会遇到的各种风险，投资者应认真加以对待，利用各种方法和手段去了解、识别风险，寻找风险产生的原因，然后制定风险管理的原则和策略，运用各种技巧和手段去规避风险、转嫁风险，减少风险损失，力求获取最大收益。

1．认真进行投资前的风险论证

在投资之前，应通过各种途径，充分了解和掌握各种信息，从宏观和微观方面去分析投资对象可能带来的各种风险。

从宏观角度，必须准确分析各种政治、经济、社会因素的变动状况；了解经济运行的周期性特点、各种宏观经济政策尤其是财政政策和货币政策的变动趋势；关注银行利率的变动以及影响利率的各种因素的变动，如通货膨胀、失业率等指标。

从微观角度，既要从总体上把握国家的产业政策，又要对影响国债或企业债券价格变动的各种因素进行具体的分析。对企业债券的投资者来说，了解企业的信用等级状况、经营管理水平、产品的市场占有情况以及发展前景、企业各项财务指标等都是十分必要的。

此外，还要进一步了解和把握债券市场的以下各种情况：债券市场的交易规则、市场规模、投资者的组成，以及基本的经济和心理状况、市场运作的特点等。

2．制定各种能够规避风险的投资策略

（1）债券投资期限梯形化。

期限梯形化是指投资者将自己的资金分散投资在不同期限的债券上。投资者手中经常保持短期、中期、长期的债券，不论什么时候，总有一部分即将到期的债券，当它到期后，又把资本投资到最长期的证券中去。假定某投资者拥有 10 万元资金，他分别用 2 万元购买 1 年期、2 年期、3 年期、4 年期和 5 年期的各种债券，这样，他每年都有 2 万元债券到期，资金收回后再购买 5 年期债券，循环往复。这种方法简便易行、操作方便，能使投资者有计划地使用、调度资金。

（2）债券投资种类分散化。

种类分散化是指投资者将自己的资金分别投资于多种债券，如国债、企业债券等。

（3）债券投资期限短期化。

期限短期化是指投资者将资金全部投资于短期债券上。这种投资方法比较适合我国目前的企业投资者。因为我国大部分单位能够支配的长期资金十分有限，能用于债券投资的仅仅是一些暂时闲置的资金。采取期限短期化既能使债券具有高度的流动性，又能取得高于银行存款的收益。由于所投资的债券期限短，企业一旦需要资金时，能够迅速转让，满足生产经营的需要。采取这种投资方式能保持资金的流动性和灵活性。

3．运用各种有效的投资方法和技巧

（1）利用国债期货交易进行套期保值。

国债期货套期保值交易对规避国债投资中的利率风险十分有效。国债期货交易是指投资者在金融市场上买入或卖出国债期货的同时，相应地做一笔交易进行对冲，用期货交易的盈亏抵补或部分抵补相关期限内现货买卖的盈亏，从而达到规避或减少国债投资利率风险的目的。

（2）准确进行投资收益的计算，并以此作为投资决策的依据。

投资收益的计算有时十分复杂，必须准确进行。

五、债券投资的优缺点

（一）债券投资的优点

1．安全性高

由于债券发行时就约定了到期后可以支付本金和利息，故其收益稳定、安全性高。特别是对于国债来说，其本金及利息的给付是由政府做担保的，几乎没有什么风险，是具有较高安全性的一种投资方式。

2．收益高于银行存款

在我国，债券的利率高于银行存款的利率。投资于债券，投资者一方面可以获得稳定的、高于银行存款的利息收入，另一方面可以利用债券价格的变动，买卖债券，赚取价差。

3．流动性强

上市债券具有较好的流动性。当债券持有人急需资金时，可以在交易市场随时卖出，而且随着金额市场的进一步开放，债券的流动性将会不断加强。

（二）债券投资的缺点

1．风险较大

利率上扬时，债券价格会下跌；对抗通货膨胀的能力较差；债券投资本金的安全性视发行机构的信用而定。

2．没有经营管理权

债券投资只能获得收益，相对股票投资来说，无权参与债券发行单位的经营和管理。

任务三　股票投资分析与评价

一、股票的价值估算

股票的估值

股票是股份证书的简称，是股份公司为筹集资金而发行给股东作为持股凭证并借以取得股息和红利的一种有价证券。每股股票都代表股东对公司拥有一个基本单位的所有权。股票是股份公司在筹集资本时向出资人或投资者公开或私下发行的、用以证明持有者（即股东）对股份公司的所有权，并根据持有人所持有的股份数享有权益和承担义务的凭证。

投资于股票预期获得的未来现金流量的现值，即为股票的价值或内在价值、理论价格。股票是一种权利凭证，它之所以有价值，是因为它能给持有者带来未来的收益，这种未来的收益包括各期获得的股利、转让股票获得的价差收益、股份公司的清算收益。价格小于内在价值的股票，是值得投资者投资购买的。股份公司的净利润是决定股票价值的基础。股票给持有者带来未来的收益一般是以股利形式出现的，因此也可以说股利决定了股票价值。

（一）股票估价的基本模型

从理论上说，如果股东不中途转让股票，股票投资没有到期日，投资于股票所得到的未来现金流量是各期的股利。假定某股票未来各期股利为 D_t（t 为期数），R_s 为估价所采用的折现率即所期望的最低收益率，股票价值的估价模型为：

$$V_b = \frac{D_1}{(1+R_s)^1} + \frac{D_2}{(1+R_s)^2} + \cdots + \frac{D_n}{(1+R_s)^n} + \cdots = \sum_{i=1}^{\infty} \frac{D_t}{(1+R_s)^t}$$

优先股是特殊的股票，优先股每期在固定的时点上支付相等的股利，并且没有到期日，未来的现金流量是一种永续年金，其价值计算为：

$$V_s = \frac{D}{R_s}$$

（二）常用的股票估价模式

与债券不同的是，持有期限、股利、折现率是影响股票价值的重要因素。如果投资者准备永久持有股票，未来的折现率也是固定不变的，那么未来各期不断变化的股利就成为评价股票价值的难题。为此，我们不得不假定未来的股利按一定的规律变化，从而形成几种常用的股票估价模式。

1. 固定成长模式

一般来说，公司并没有把每年的盈余全部作为股利分配出去，留存的收益增加了公司的资本额，不断增长的资本会创造更多的盈余，又进一步引起下期股利的增长。如果公司本期的股利为 D_0，未来各期的股利按上期股利的 g 速度呈几何级数增长，基本模型的公式为：

$$V_b = \sum_{i=1}^{\infty} \frac{D_0(1+g)^t}{(1+R_s)^t}$$

因为 g 是一个固定的常数，上式可以化简为：

$$V_{\mathrm{s}} = \frac{D_1}{R_{\mathrm{s}} - g}$$

【经典案例7-7】 假定某投资者准备购买A公司股票，要求达到12%的收益率，该公司今年每股股利为0.8元，预计未来股利会以9%的速度增长，求A股票的价值。

【解析】 $V = \dfrac{0.8}{12\% - 9\%} \approx 26.67$（元）

2．零成长模式

如果公司未来各期发放的股利都相等，并且投资者准备永久持有，那么这种股票与优先股相类似。或者说，当固定增长模式中 $g=0$ 时，$D_1 = D_2 = D_3 = \cdots = D$，有：

$$V_{\mathrm{s}} = \frac{D}{R_{\mathrm{s}}}$$

如果 $g=0$，**【经典案例7-7】** 中，A股票的价值为：$V_{\mathrm{s}} = 6.67$（元）。

3．阶段性成长模式

许多公司的股利在某一阶段有一个超常的增长率增长，这段时期的增长率 g 可能大于股票收益率，而后阶段公司的股利固定不变或正常增长。对于阶段性成长的股票，需要分段计算，才能确定股票的价值。

【经典案例7-8】 假定某投资者准备购买B公司的股票，要求达到12%的收益率，该公司今年每股股利为0.6元，预计B公司未来3年股利以15%的速度高速成长，而后以9%的速度转入正常的成长。计算B公司股票的价值。

【解析】 首先，计算高速成长期股利的现值，如表7-3所示。

表7-3　高速成长期股利现值

年份	股利（元）	现值系数（12%）	股利现值（元）
1	0.6×（1+15%）=0.69	0.893	0.616 2
2	0.69×（1+15%）=0.793 5	0.797	0.632 4
3	0.793 5×（1+15%）=0.912 5	0.712	0.649 7
合计			1.898 3

其次，计算正常成长期股利在第三年年末的现值：$V_3 = 0.912\ 5 \times (1+9\%) / (12\% - 9\%) = 33.154\ 2$（元）。

最后，计算该股票的价值：

$V = 33.154\ 2 \times 0.712 + 1.898\ 3 = 25.50$（元）

（三）增长率 g 的确定

未来每期股利的固定增长率 g 是不容易估计的。从理论上看，g 就是公司的成长率，它至少应当不低于整个社会国民生产总值的增长率。从操作上看，一个近似的思路是以净资产报酬率为标准来推断股利增长率 g。

公司只有把每年盈余的一部分留存下来，才能增加公司的权益资本额，进而创造更多的未来盈余。利润留存增加资本，资本扩大增加利润，多获利则多分股利。按这样一个思路，假定一个经营稳定的公司，每年股利发放率都相等，每年的净资产报酬率也相等，则每年盈余的留存部分用于投资，也能取得与净资产报酬率一致的收益率。因此：

$$股利增长率=（1-股利发放率）×净资产报酬率$$

$$净资产报酬率=\frac{本期净利润}{期末净资产}=\frac{每股收益}{每股净资产}$$

式中，净资产报酬率指标所指的期末净资产，是指本期利润未留存之前的净资产。

【经典案例 7-9】某公司本期每股收益（EPS）为 1.65 元，股利发放率为 40%，净资产报酬率为 12%，股东所要求的报酬率为 15%，求股利增长率和股票价值。

【解析】股利增长率=（1-40%）×12%=7.2%，股票价值=1.65×40%×（1+7.2%）/（15%-7.2%）=9.07（元）

二、股票投资的收益率

（一）股票收益的来源

股票投资的收益由股利收益、股利再投资收益、转让价差收益三部分构成。并且，只要按照资金时间价值的原理计算股票投资收益，就无须单独考虑再投资收益的因素。

（二）股票的内部收益率

股票的内部收益率，是在股票投资上未来现金流量折现现值等于目前的购买价格时的折现率。股票的内部收益率高于投资者所要求的最低报酬率时，投资者才愿意购买该股票。在固定成长股票估价模型中，用股票的购买价格代替内在价值，有公式：

$$R_s=\frac{D_1}{P_0}+g$$

上式由两部分构成：一部分是预期股利收益率，另一部分是股利增长率 g。

如果投资者不打算长期持有股票，而将股票转让出去，则股票投资的收益由股利收益和资本利得（转让价差收益）构成。这时，股票内部收益率 R 是使股票投资净现值为零时的折现率，计算公式为：

$$NPV=\sum_{t=1}^{n}\frac{D_t}{(1+R)^t}+\frac{P_t}{(1+R)^n}-P_0=0$$

【经典案例 7-10】某投资者 2×06 年 5 月购入 A 公司股票 1 000 股，每股购价为 3.2 元；A 公司 2×07 年、2×08 年、2×09 年分别派分现金股利 0.25 元/股、0.32 元/股、0.45 元/股；该投资者 2×09 年 5 月以每股 3.5 元的价格出售该股票，计算 A 公司股票内部收益率。

【解析】$NPV=\frac{0.25}{1+R}+\frac{0.32}{(1+R)^2}+\frac{0.45}{(1+R)^3}+\frac{3.5}{(1+R)^3}-3.2=0$

当 R=12%时，NPV=0.27。

当 R=14%时，NPV=-0.07。

用插值法计算，R=13.58%。

（三）市盈率决定的收益率

由于预计未来股利的困难，极大地限制了股票价值估价模型使用的广泛性。在实务中，可以利用市盈率大致地估计股票投资的内部收益率。

市盈率是股票目前市价与每股盈余的比值。它反映投资者为取得对每股盈余的要求权而愿意支付的代价，即购买价格是每股盈余的倍数。由于股票的购买价格就是在股票上的投资额，每股盈余则表示在该股票上应当取得的投资收益（包括股利收益和留存收益），那么市盈率的倒数就表示一种在股票投资上的收益率。用 PE 表示市盈率，有：

$$投资收益率（R）= \frac{1}{市盈率（PE）} = \frac{EPS_0}{P_0}$$

只要用股票的价值 V 取代股票价格 P_0，用股利 D 取代 EPS，请注意上式的表达与零成长模式股票估价公式非常相似。所以，用市盈率来估计股票投资的收益率有两个基本前提：第一，本期的公司盈余全部用来发放股利，即利润留存率为零；第二，由利润留存决定的股利增长率 g 也为零。

股利增长率 g 为零，并不意味着公司未来的盈余和股利不会增加。固定成长模式是假定股利的增长来源于权益资本的扩大，权益资本的扩大来源于利润的留存。事实上，公司可能利用其他途径扩大资本，进而增加利润。所以，未来的 EPS 的增长引起未来股价 P 的同步增长，市盈率保持不变，由市盈率的倒数决定的投资收益率也保持不变。

三、股票投资的优缺点

（一）股票投资的优点

1. 投资收益高

虽然普通股票的价格变动频繁，但优质股票的价格总是呈上涨趋势。随着股份公司的发展，股东获得的股利也会不断增加。只要投资决策正确，股票投资收益是比较高的。

2. 能降低购买力的损失

普通股票的股利是不固定的，随着股份公司收益的增长而提高。在通货膨胀时期，股份公司的收益增长率一般仍大于通货膨胀率，股东获得的股利可全部或部分抵销通货膨胀带来的购买力损失。

3. 流动性很强

上市股票的流动性很强，投资者有闲散资金可随时买入，需要资金时又可随时卖出。这既有利于增强资产的流动性，又有利于提高其收益水平。

4. 能达到控制股份公司的目的

投资者是股份公司的股东，有权参与或监督公司的生产经营活动。当投资者的投资额达到公司股本一定比例时，就能实现控制公司的目的。

（二）股票投资的缺点

1. 求偿权居后

普通股对企业资产和盈利的求偿权居于最后。企业破产时，股东原来的投资可能得不到全额补偿甚至一无所有。

2. 价格不稳定

普通股的价格受众多因素影响，很不稳定。政治因素、经济因素、投资人心理因素、企业的盈利情况、风险情况都会影响股票价格，这也使股票投资具有较高的风险。

3. 收入不稳定

普通股股利的多少，视企业经营状况和财务状况而定。其有无、多寡均无法律上的保证，其收入的风险也远远大于固定收益证券。

任务四　基金投资分析与评价

一、投资基金的运作原理

（一）投资基金的组建

投资基金，是一种利益共享、风险共担的集合投资方式，即通过发行基金股份或受益凭证等有价证券聚集众多的确定投资者的出资，交由专业投资机构经营运作，以规避投资风险并谋取投资收益的金融投资工具。

投资基金的称谓各有不同。美国称为共同基金或互惠基金，也称为投资公司；英国称为单位信托基金；日本称为证券投资信托基金。尽管称谓各异，但投资基金的组建框架及操作过程基本上是相同的。

一般来说，投资基金的组织与运作包括以下几个方面的内容。

第一，由投资基金的发起人设计、组织各种类型的投资基金。通过向社会发行基金受益凭证或基金股份，将社会上众多投资者的零散资金聚集成一定规模数额，设立基金。

第二，基金的份额用"基金单位"来表达，基金单位也称为受益权单位，它是确定投资者在某一投资基金中所持份额的尺度。将初次发行的基金总额分成若干等额的整数份，每一份即为一个基金单位，表明认购基金所要求达到的最低投资金额。例如，某基金发行时要求以 100 元的整数倍认购，表明该基金的基金单位是 100 元，投资 2 000 元即拥有 20 个基金单位。一个基金单位与股份公司一股的含义基本上是相同的。

第三，由指定的基金保管机构保管和处分基金资产，专款存储以防止基金资产被挪为他用。基金保管机构亦称为基金保管公司，接受基金管理人的指令，负责基金的投资操作，处理基金投资的资金拨付、证券交割和过户、利润分配及本金偿付等事项。

第四，由指定的基金经理公司（也称为基金管理公司）负责基金的投资运作。基金经理公司负责设计基金品种，制定基金投资计划，确定基金的投资目标和投资策略，以基金的名义购买证券资产或其他资产，向基金管理人发出投资操作指令。

（二）投资基金的类型

按基金的组织形式，投资基金分为契约型基金和公司型基金两大类；按基金发行的限制条件，投资基金分为封闭型基金和开放型基金。这两种分类是投资基金最基本的运作分类。

1. 契约型基金与公司型基金

契约型基金是基于一定的信托契约而联结起来的代理投资行为，是发展历史最为悠久的一种投资基金。在契约型基金运作中，委托人（基金经理公司）与受托人（基金保管公司）之间签订信托契约，由基金经理公司作为发起人发行等额或不等额的受益凭证募集社会资金，交由基金保管公司保管，基金经理公司专致力于下达投资指令。

公司型基金是按公司法组建股份有限公司而构建的代理投资组织，公司型基金本身就是一个基金股份公司，通常称为投资公司。投资公司向社会发行基金股份，投资者通过购买股份成为股东，股东大会选出董事会，监督基金资产的运用，负责基金资产的安全与增值。

从组织结构上来说，投资公司与一般的股份有限公司并无多大的差别。但投资公司并不是一个自身开展业务的经营实体，只是一种名义、一种机制，一种集腋成裘进行规模性专业投资的集合式间接投资机制，公司型投资基金本身就可以称为投资公司。投资公司的主要职责是创办基金并对基金资产的运作进行监督。除了董事会以外，投资公司可以没有其他工作人员，甚至没有专门的办公场所。

契约型基金的大众化程度较高，公司型基金的经营比较稳定，两种形式的基金各有优势。各国的证券投资信托制度均以这两种组织形式为基本模式，英国的单位信托基金以契约型基金为主，我国的投资基金多属于契约型基金。

2. 封闭型基金与开放型基金

封闭型基金，有基金发行总额和发行期限的限定，在募集期间结束和达到基金发行限额后，基金即宣告成立并予以封闭，在封闭期内不再追加发行新的基金单位，也不可赎回原有的基金单位。

开放型基金，没有基金发行总额和发行期限的限定，发行者可以连续追加发行新的基金单位，投资者也可以随时将原有基金单位退还给基金经理公司。从基金退换角度看，基金经理公司可回购基金股份或受益凭证，赎回基金，投资者可退还基金，赎回现金，因此开放型基金也叫可赎回基金。

在市场流通方面，封闭型基金采用证券交易所上市的方式，基金募集完毕上市后，投资者要购买或转让基金，都要通过证券经纪商在二级市场上竞价交易。可以说，封闭型基金类似于普通股票，交易价格受供求关系影响。开放型基金在国家规定的营业场所申购，通过基金经理公司的柜台交易赎回，其赎回价格由基金单位净资产值决定。

在基金期限方面，开放型基金的投资者由于随时可以向基金经理人提出赎回要求，故无设定基金期限的必要，而封闭型基金则需要设定一个固定的基金经营期限。

二、投资目标与投资方向

不论是公司型基金还是契约型基金，投资基金的经营主体是基金经理公司，投资基金的经营业绩完全取决于基金经理人的努力。基金经理公司在对投资基金进行经营运作时，确立投资目标和设计投资方向是决定投资基金经营业绩的前提因素。

（一）投资目标

投资目标是基金投资经营运作所要达到的目的，引导着基金的投资方向和投资政策。根据对投资风险和收益的选择，基金的投资目标一般有三种类型。

1. 资本迅速增值

资本迅速增值基金强调在较短的时期内为投资者谋取较大的资本增长幅度，投资收益的来源主要是资本利得，即投资对象的买卖差价，而当期的期间收益不是追求的对象。谋求资本迅速增值的基金称为积极成长型基金，一般投资于高成长潜力的小型公司股票、高科技公司股票，投资政策往往采取快进快出策略，以避免投资风险。这类基金通常很少或不分派基金分红，而是将盈利滚入本金再投资，以取得高速成长。谋取资本的快速成长，是以承担高风险为代价的。

2. 资本长期增值

资本长期增值基金强调为投资者谋取长期而稳定的资本增幅，投资收益的来源主要也是资本利得。谋取资本长期增值的基金称为成长型基金，它并不要求资本在短期内迅速扩大，而是强调资本增值的持续性。这类基金的投资对象往往是价格稳定上升的绩优股，投资政策主要是在有成长潜力的证券中组合投资。成长型基金在短期内价值下跌的风险也较大。

3. 收益与风险平衡

收益与风险平衡基金同时注重收益稳定和资本增值，要求既能派发红利又能使资本适当成长。这类基金称为平衡型基金，其投资对象一般是价格波动较小的证券，强调在收益稳定性证券（如债券、优先股）和成长性证券（如股票）中组合投资。平衡型基金较为保守，适合资金不多的小投资者购买。

（二）投资方向

投资方向是指设计投资基金的主要投资区域。虽然投资基金的投资对象主要是有价证券，但受投资目标的影响，各类基金的投资方向是不同的。

1. 货币投资方向

基金投资的取向是以货币为客体的金融工具，形成货币市场基金。货币市场基金的业务主要是货币市场上的一系列长期和短期的存款和贷款，包括银行存款、银行票据、商业票据、短期国库券等。以货币作为投资方向的优势在于：汇集投资者的零散资金作为大额存款，获得优惠的利率；参与外汇市场投资，赚取汇兑收益和利息差。

2. 股票投资方向

基金投资的取向是普通股票或分行业专门股票，既可以取得资本收益又可以取得资本利得。对于中小投资者而言，利用基金投资于股票比自己操作股票更安全，市场信息更易取得。并且，股票市场的国际化没有货币市场高，利用基金可以投资境外股票。

3. 债券投资方向

基金投资的方向是各类债券，包括政府公债、地方债券、公用事业债券、公司债券等。无疑，投资于债券的风险较小、收益稳定，但受市场利率的影响较大。

4. 认股权证投资方向

认股权证是一种票据类金融工具，持有人有权在指定的期间按指定的价格购买发行公司一定数量的股份。从理论上说，认股权证的价格是正股市价与认股价的差价，但认股权证价格的波动幅度远大于正股市价的波动幅度，具有强烈的杠杆效用，风险较大。

5. 衍生金融工具投资方向

衍生金融工具是以基础金融工具存在为前提、以基础金融工具为对象、其价值也依附于基础金融工具的金融合同或合约，如金融远期、金融期货、金融期权、金融互换等。衍生金融工具诞生的原动力就是风险管理，它通过买空、卖空等手段把市场风险聚集起来，在基础金融工具的价格上涨行情和下跌行情中都能赚取收益。但衍生金融工具的收益与风险放大的杠杆效用比认股权证更加强烈，在聚集风险的同时释放风险，需要较高的投资技巧。

6．专门化投资方向

专门化投资方向是从股票投资方向衍化过来的，基金主要集中投放于一些特殊领域背景的证券。例如，投资于金矿采掘和加工公司的股票的黄金基金，投资于国家资源公司的证券的资源基金，投资于目前未上市而前景良好的小型企业和新兴企业创业基金，投资于高科技领域的科技基金等。

三、投资基金的优缺点

（一）投资基金的优点

1．集合投资

基金是这样一种投资方式：它将零散的资金巧妙地汇集起来，交给专业机构投资于各种金融工具，以谋取资产的增值。基金对投资的最低限额要求不高，投资者可以根据自己的经济能力决定购买数量，有些基金甚至不限制投资额大小，完全按份额计算收益的分配。因此，基金可以广泛地吸收社会闲散资金，集腋成裘，汇成规模巨大的投资资金。在参与证券投资时，资本越雄厚，优势越明显，而且可能享有大额投资在降低成本上的相对优势，从而获得规模效益的好处。

2．分散风险

以科学的投资组合降低风险、提高收益是基金的另一大特点。在投资活动中，风险和收益总是并存的，因此，"不能将所有的鸡蛋都放在一个篮子里"，这是证券投资的名言。但是，要实现投资资产的多样化，需要一定的资金实力，对中小投资者而言，由于资金有限，很难做到这一点，而基金则可以帮助中小投资者解决这个困难。基金可以凭借雄厚的资金，在法律规定的投资范围内进行科学的组合，分散投资于多种证券，借助于资金庞大和投资者众多的公有制使每个投资者面临的投资风险较小，另外又利用不同的投资对象之间的互补性，达到分散投资风险的目的。

3．专家理财

基金实行专家管理制度，这些专业管理人员都经过专门训练，具有丰富的证券投资和其他项目投资经验。他们善于利用基金与金融市场的密切联系，运用先进的技术手段分析各种信息资料，能对金融市场上各种品种的价格变动趋势做出比较正确的预测，最大限度地避免投资决策失误，提高投资成功率。对于那些没有时间或者对市场不太熟悉、没有能力专门研究投资决策的中小投资者来说，投资于基金，实际上就可以获得专家们在市场信息、投资经验、金融知识和操作技术等方面所拥有的优势，从而尽可能地避免盲目投资带来的失败。

4．投资小，费用低

证券投资基金最低投资数量（1000个基金单位）一般较低，投资者可以根据自己的财力，多买或少买基金单位，解决了中小投资者"钱不多，入市难"的问题。

（二）基金投资的缺点

1．无法获得很高的投资收益

基金是一种相对稳定的投资方式，故可能出现股市多头时，基金获利不如某些股票的情况。

2．不能完全消除风险

首先，投资基金虽然可以分散投资，降低风险，但并不能完全消除风险。特别是大盘整体大幅度下跌的情况下，进行基金投资也可能会损失较多，投资人需承担较大风险。

3．不适合短期投资者

基金更适宜于中长期投资，对于短期投资者，由于买卖都需支付一笔手续费，反而增加了投资成本。

 本学习单元小结

证券投资是指投资者（法人或自然人）买卖股票、债券、基金等有价证券以及这些有价证券的衍生品，以获取差价、利息及资本利得的投资行为和投资过程，是直接投资的重要形式。股票是股份公司在筹集资本时向出资人或投资者公开或私下发行的、用以证明持有者（即股东）对股份公司的所有权，并根据持有人所持有的股份数享有权益和承担义务的凭证。债券是政府、金融机构、工商企业等直接向社会借债筹措资金时，向投资者发行，承诺按一定利率支付利息并按约定条件偿还本金的债权债务凭证。投资基金，是一种利益共享、风险共担的集合投资方式，即通过发行基金股份或受益凭证等有价证券聚集众多的确定投资者的出资，交由专业投资机构经营运作，以规避投资风险并谋取投资收益的金融投资工具。

 复习与思考

1．股票与债券的区别有哪些？
2．在我国，企业以哪种筹资方式为主？
3．简述债券、股票、投资基金的性质和特点。
4．债券可以分为哪几类？

 技能实训

1．在网上收集不同专家、学者以及股评人对今后一段时间内股票市场走势的判断的各种观点后，撰写题为《股票市场走势判断——对当前不同观点的综述分析》的文章，然后思考在进行股票投资时需要考虑哪些因素。

2．假如现在让你利用 10 万元人民币进行模拟股票投资，请你根据自己的判断选择股票组合。在这一过程中，可以根据股票市场的变化调整自己的投资组合。30 个股票交易日后，计算你的投资收益，并分析获利或损失的原因。

3．请就"个人投资者是愿意直接投资于各种股票或债券，还是更愿意投资于证券基金"这一问题，在周围的亲戚朋友中进行小范围的调查，然后得出结论，并分析原因。

学习单元八　营运资金管理实务

 素质目标

1. 理解营运资金的概念、内容、管理原则与策略
2. 掌握最佳现金持有量的确定方法及现金收支日常管理的理念
3. 重点掌握信用政策的构成要素、信用政策的制定方法
4. 深入理解存货构成内容，重点掌握存货储备的决策方法

 技能目标

1. 能找出企业持有现金的动机，有针对性地确定最佳现金持有量
2. 能结合实际，制定科学、合理的信用政策
3. 能够进行存货的功能与成本、存货水平的管理与控制

 案例导入

　　青岛海尔自 1984 年成立以来，经过 30 多年的持续快速发展，现已成为全球知名的家电制造商。早在 1998 年海尔集团率先在行业内进行以市场链为纽带的流程再造，在集团范围内对隶属于各产品事业部的营销、采购、财务、人力等职能部门进行专业化剥离、规模化整合、流程化运作和市场化服务的组织改造，对上游供应链和下游分销渠道做了全面梳理和整合，为各产品事业部搭建了集团物流平台、营销平台、结算平台、人力平台，实施统一物流、统一营销、统一结算、统一人力资源管理，建立起快速响应市场需求的组织架构和流程体系，实现"客户零距离、质量零缺陷、资金少占用"的流程再造目标，有效地克服了大企业病。海尔集团从 2005 年开始，在前期流程再造的基础上，进一步创新升级，在全集团划分出了 2 000 多个自主经营体，实施"人单合一"模式。每个经营体独立核算、自负盈亏。"人单合一"模式实施至今，对提高企业竞争力和效益起到了决定性的作用，形成了基于供应链的集约化营运资金管理模式。它是一种全方位、多角度、突破企业边界的系统管理方式。

　　请思考以下问题。

1. 海尔集团是如何将营运资金管理的责任落实到企业运营的每一个环节的？
2. 通过阅读上述案例，你还能得到哪些启示？

任务一　营运资金管理认知

一、营运资金的概念及特点

营运资金是指投入日常经营活动（营业活动）的资本。营运资金

什么是营运资金

是企业流动资产和流动负债的总称。流动资产减去流动负债的余额称为净营运资金。营运资金管理包括流动资产管理和流动负债管理。

（一）流动资产

流动资产是指可以在一年内或超过一年的一个营业周期内变现或运用的资产，流动资产具有占用时间短、周转快、易变现等特点。企业拥有较多的流动资产，可在一定程度上降低财务风险。流动资产在资产负债表中主要包括以下项目：货币资金、应收票据、应收账款、预付款项和存货。

流动资产按不同的标准可进行不同的分类，常见的分类方式如下。

（1）按占用形态不同，分为现金、交易性金融资产、应收及预付款项和存货等。

（2）按在生产经营过程中所处的环节不同，分为生产领域中的流动资产、流通领域中的流动资产以及其他领域中的流动资产。

（3）按盈利能力不同，分为收益性流动资产和非收益性流动资产。收益性流动资产是指可以直接给企业带来收益的各种流动资产，包括短期资产、产品、应收账款、应收票据等。企业将资产投放于这类流动资产，其目的主要是取得收益，提高企业的整体经济效益。非收益性流动资产是指不能直接给企业带来收益的流动资产，包括现金、银行存款、预付账款、其他应收款等。这类流动资产虽然不能给企业带来明显的收益，但它是维持企业正常生产经营活动、加速资金的循环和周转的基础与前提。

（二）流动负债

流动负债是指需要在一年内或者超过一年的一个营业周期内偿还的债务。流动负债又称短期融资，具有成本低、偿还期短的特点，必须认真进行管理，否则，将使企业承受较大的风险。流动负债在资产负债表中主要包括以下项目：短期借款、应付票据、应付账款、应付职工薪酬、应交税费等。

流动负债按不同的标准可进行不同的分类，常见的分类方式如下。

（1）以应付金额是否确定为标准，可以分成应付金额确定的流动负债和应付金额不确定的流动负债。应付金额确定的流动负债是指根据合同或法律规定到期必须偿付并有确定金额的流动负债，如短期借款、应付票据、应付短期融资券等；应付金额不确定的流动负债是指要根据企业生产经营状况，到一定时期或具备一定条件时才能确定的流动负债，或应付金额需要估计的流动负债，如应交税费、应付产品质量担保债务等。

（2）以流动负债的形成情况为标准，可以分成自然性流动负债和人为性流动负债。自然性流动负债是指不需要正式安排，由于结算程序或有关法律法规的规定等原因而自然形成的流动负债；人为性流动负债是指由财务人员根据企业对短期资金的需求情况，通过人为安排所形成的流动负债，如短期银行借款等。

（3）以是否支付利息为标准，可以分为有息流动负债和无息流动负债。当流动资产大于流动负债时，营运资金是正值，表示流动负债提供了部分流动资产的资金来源，另外的部分是由长期资金来源支持的，这部分金额就是营运资金。

企业持有一定的营运资金是很有必要的，这是因为企业在管理过程中客观地存在现金流入量与现金流出量不同步与不确定的情况。营运资金越多，则企业不能偿还短期债务的风险越小，可见营运资金的多少可以反映偿还短期借款的能力。但过多地持有营运资金，又会降低企业的收益率。因此，企业应当合理地配置营运资金，使营运资金的数量控制在一个合理的范围内。

（三）营运资金的特点

营运资金的特点需从流动资产和流动负债两个方面予以说明。

1. 流动资产的特点

流动资产投资又称经营性投资，与固定资产投资相比有以下特点。

（1）投资回收期短。

投资于流动资产的资本一般在一年或一个营业周期内收回，对企业影响的时间比较短。因此，流动资产投资所需要的资金一般可通过商业信用、短期银行借款等加以解决。

（2）流动性。

流动资产在循环周转过程中，经过供、产、销三个阶段，其占用形态不断变化，即按现金、材料、在产品、产成品、应收账款、现金的顺序转换。流动性使流动资产的变现能力较强。如遇意外情况，可迅速变卖流动资产，以获取现金。这对财务上满足临时性资金需求具有重要意义。

（3）并存性。

在流动资产周转过程中，每天不断有资金流入，也有资金流出。资金的流入和流出要占用一定的时间，从供、产、销的某一瞬间看，各种不同形态的流动资产同时存在。因此，合理地配置流动资产各项目的比例，是保证流动资产得以顺利周转的必要条件。

2. 流动负债的特点

与长期负债融资相比，流动负债融资具有以下特点。

（1）速度快。

申请短期借款往往比申请长期借款更容易、更便捷，通常在较短时间内便可获得。长期借款的借贷时间长、贷款风险大、贷款人需要对企业的财务状况评估后方能做出决定。因此，当企业急需资金时，往往首先寻求短期借款。

（2）弹性高。

与长期借款相比，短期借款给债务人更大的灵活性，长期借款的债权人为了保护自己的利益，往往要在债务契约中对债务人的行为加以种种限制，使债务人丧失某些经营决策权；而短期借款契约中的限制条款比较少，企业有更大的经营自主性。对于季节性企业，短期借款比长期借款具有更大的灵活性。

（3）成本低。

在正常情况下，短期负债筹资所发生的利息支出低于长期负债筹资的利息支出，而某些自然融资，如应付税金、应计费用等，则没有利息负担。

（4）风险大。

尽管短期债务的成本低于长期债务，其风险却大于长期债务，这主要表现在两个方面：一方面长期债务的利率相对比较稳定，即在相当长一段时间内保持不变，而短期债务的借款利率则随市场利率的变化而变化，时高时低，企业难以适应；另一方面，如果企业过多筹措短期债务，当债务到期时，企业不得不在短期内筹措大量资金还债，这极易导致企业财务状况恶化，甚至会因无法及时还债而破产。

二、营运资金的管理原则

企业的营运资金在全部资金中占有相当大的比重，而且周转期短，形态易变。营运资金管理是企业日常财务管理工作的一项重要内容。企业进行营运资金管理，应遵循以下原则。

（一）保证合理的资金需求

营运资金的管理必须把满足正常、合理的资金需求作为首要任务。企业营运资金的需求数量与企业生产经营活动有直接关系。一般情况下，当企业产销两旺时，流动资产会不断增加，流动负债也会相应增加；而当企业产销数量减少时，流动资产和流动负债也会相应减少。因此，企业财务人员应认真分析生产经营状况，采用一定的方法预测营运资金的需求数量，营运资金的管理必须把满足正常、合理的资金需求作为首要任务。

（二）提高资金使用效率

营运资金的周转是指企业的营运资金从现金投入生产经营开始，到最终转化为现金的过程。加速资金周转是提高资金使用效率的主要手段之一。提高营运资金使用效率的关键就是采取得力措施，缩短营运周期，加速变现过程，加快营运资金周转。因此，企业要千方百计地加速存货、应收账款等流动资产的周转，以便用有限的资金服务于更大的产业规模，为企业取得更优的经济效益提供条件。

（三）节约资金使用成本

在营运资金管理中，必须正确处理保证生产经营需要和节约资金使用成本两者之间的关系。要在保证生产经营需要的前提下，尽力降低资金使用成本。一方面，要挖掘资金潜力，加速资金周转，精打细算地使用资金；另一方面，要积极拓展融资渠道，合理配置资源，筹措低成本资金，服务于生产经营。

（四）保持足够的短期偿债能力

偿债能力是企业财务风险高低的标志之一。合理安排流动资产与流动负债的比例关系，保持流动资产结构与流动负债结构的适配性，保证企业有足够的短期偿债能力是营运资金管理的重要原则之一。流动负债是在短期内需要偿还的债务，而流动资产则是在短期内可以转化为现金的资产。因此，如果一个企业的流动资产比较多，流动负债较少，说明企业的短期偿债能力较强。反之，则说明企业偿债能力比较弱。但如果企业的流动资产太多，流动负债太少，也不是正常现象，这可能是因为流动资产闲置或流动负债利用不足导致的。

企业在进行营运资金管理的时候一定要遵守上述四个原则。提高营运资金的使用效率，降低风险，为企业创造财富。

任务二 现金及有价证券的评价与管理

一、现金管理的目标

流动资产投资需求主要来自现金和有价证券、存货和应收账款，有时还包括预付账款。

现金是可以立即投入流动的交换媒介。它的首要特点是普遍的可

现金管理

接受性，即可以立即有效地用来购买商品、货物、劳务或偿还债务。因此，现金是企业中流动性最强的资产。属于现金内容的项目，包括企业的库存现金、各种形式的银行存款和银行本票、银行汇票。

有价证券是企业现金的一种转换形式。有价证券变现能力强，可以随时兑换成现金。企业有多余现金时，常将现金兑换成有价证券；现金流出量大于流入量需要补充现金时，再出让有价证券换回现金。在这种情况下，有价证券就成了现金的替代品。获取收益是持有有价证券的原因。这里讨论的有价证券是将其视为现金的替代品，是"现金"的一部分。

为了了解现金管理的目标，必须先了解企业持有现金的动机。

（一）企业持有现金的动机

企业置存现金的原因，主要是满足交易性需要、预防性需要和投机性需要。

1. 交易性需要

交易性需要是指满足日常业务的现金支付需要。企业经常得到收入，也经常发生支出，两者不可能同步同量。收入多于支出，形成现金置存；收入少于支出，需要借入现金。企业必须维持适当的现金余额，才能使业务活动正常地进行下去。

2. 预防性需要

预防性需要是指置存现金以防发生意外的支付。企业有时会出现意想不到的开支，现金流量的不确定性越大，预防性现金的数额也应越大；反之，企业现金流量的可预测性强，预防性现金数额则可小一些。此外，预防性现金数额还与企业的借款能力有关，如果企业能够很容易地随时借到短期资金，也可以减少预防性现金的数额；否则，应增加预防性现金的数额。

3. 投机性需要

投机性需要是指置存现金用于不寻常的购买机会。比如遇有廉价原材料或其他资产供应的机会，便可用手头现金大量购入；再如在适当时机购入价格有利的股票和其他有价证券；等等。当然，除了金融和投资公司外，一般来说，其他企业专为投机性需要而特殊置存现金的不多，遇到不寻常的购买机会，也常设法临时筹集资金。但拥有相当数额的投机性现金，确实为突然的大批采购提供了方便。

企业缺乏必要的现金，将不能应付业务开支，使企业蒙受损失。企业由此而造成的损失，称之为短缺现金成本。短缺现金成本不考虑企业其他资产的变现能力，仅就不能以充足的现金支付购买费用而言，内容上大致包括丧失购买机会（甚至会因缺乏现金不能及时购买原材料，而使生产中断造成停工损失）、造成信用损失和得不到折扣好处。其中失去信用而造成的损失难以准确计量，但其影响往往很大，甚至导致供货方拒绝或拖延供货、债权人要求清算等。但是，如果企业置存过量的现金，又会因这些资金不能投入周转无法取得盈利而遭受另一些损失。此外，在市场正常的情况下，一般说来，流动性强的资产，其收益性较低，这意味着企业应尽可能少地置存现金，即使不将其投入本企业的经营周转，也应尽可能多地投资于能产生高收益的其他资产，避免资金闲置或用于低收益资产带来的损失。这样，企业便面临现金不足和现金过量两方面的威胁。企业现金管理的目标，就是要在资产的流动性和盈利能力之间做出抉择，以获取最大的长期利润。

（二）现金管理的目标

现金是企业流动资产的重要内容，持有过量的现金可以提高企业的支付能力，降低财务风险，但同时企业的收益也会降低；企业现金短缺会影响企业日常交易活动。因此，企业现金管理的目标就是在保证生产经营所需现金的同时，尽可能减少现金的持有量，而将闲置的现金用于投资，以获取一定的投资收益。

与现金有关的成本通常由四个部分组成。

1. 机会成本

现金作为企业的一项资金占用是有代价的，这种代价就是它的机会成本。

$$机会成本=现金持有量×有价证券利率或报酬率$$

如企业欲持有 150 000 元现金，就只有放弃 15 000 元的证券投资收益（假设证券投资收益率为 10%）。机会成本随着企业现金持有量的增加而成正比例上升。现金持有量越大，机会成本越高。现金持有量过多所造成的机会成本大幅度提高，对企业是极为不利的。

2. 管理成本

管理成本是企业因持有一定数量的现金而发生的管理费用。企业拥有现金会发生管理费用，如管理人员工资、安全保障措施费用等，这些费用是现金的管理成本，是一种固定成本。在一定范围内与现金持有量之间无明显的比例关系。

3. 短缺成本

短缺成本是因现金持有量不足，又无法及时通过有价证券变现加以补充而使企业遭受的直接损失和间接损失。例如丧失的购买机会，甚至因原材料供应不足，造成停工损失，造成信用损失和得不到折扣的好处等。现金短缺成本随现金持有量的增加而下降，随现金持有量的减少而上升，即与现金持有量负相关。

4. 转换成本

转换成本是指企业用现金购入有价证券以及用有价证券换取现金时付出的交易费用。即现金同有价证券之间相互转换的成本，如委托买卖佣金、委托手续费、证券过户费、印花税、实物交割费等。转换成本可以分为两类：一类是与委托金额相关的费用，如委托买卖佣金和印花税，这些费用通常是按照委托成交金额计算的，属于变动转换成本；另一类是与委托金额无关，只与转换次数有关的费用，如委托手续费、证券过户费等，这样与证券变现次数密切相关的转换成本便只包括其中的固定性交易费用。转换成本与证券变现次数呈线性关系。

明确与现金有关的成本及其各自的特性，有助于从现金持有总成本最低的角度出发确定最佳现金持有量。

二、最佳现金持有量的确定

现金的管理除了做好日常收支，加速现金流转速度外，还需控制好现金持有规模，即确定适当的现金持有量。

下面是几种确定最佳现金持有量的方法。

（一）成本分析模式

成本分析模式是通过分析持有现金的成本，寻找持有成本最低的现金持有量。采用这种方法确定现金最佳持有量，假定只持有一定量的现金而产生的机会成本、管理成本及短缺成本，而不予考虑转换成本，这种成本费用合计最小时的现金余额，就是最佳现金持有量。其计算公式为：

$$最佳现金持有量=机会成本+管理成本+短缺成本$$

上述三项成本之和最小的现金持有量，就是最佳现金持有量。如果把以上三种成本线放在一张图上，如图 8-1 所示，就能表现出持有现金的总成本（总代价），找出最佳现金持存量的点。机会成本线向右上方倾斜，短缺成本线向右下方倾斜，管理成本线为平行于横轴的平行线，总成本线便是一条抛物线，该抛物线的最低点持有现金的总成本最低。超过这一点，机会成本上升的代价又会大于短缺成本下降的好处；这一点之前，短缺成本上升的代价又会大于机会成本下降的好处。这一点横轴上的量，即是最佳现金持有量。

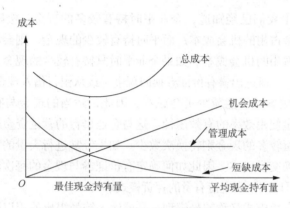

图 8-1　持有现金的总成本

在实际工作中运用成本分析模式确定最佳现金持有量的具体步骤如下。
（1）根据不同现金持有量测算并确定有关成本数值。
（2）按照不同现金持有量及其相关成本资料编制最佳现金持有量测算表。
（3）在测算表中找出总成本最低时的现金持有量，即最佳现金持有量。

对最佳现金持有量的具体计算，可以先分别计算出各种方案的机会成本、管理成本、短缺成本之和，再从中选出总成本之和最低的现金持有量即为最佳现金持有量。

【经典案例 8-1】 某企业有四种现金持有方案，它们各自的机会成本率、管理成本、短缺成本如表 8-1 所示。

表8-1　现金持有方案

项目	方案			
	A	B	C	D
现金持有量（元）	20 000	30 000	40 000	50 000
机会成本率	10%	10%	10%	10%
管理费用（元）	1 000	1 000	1 000	1 000
短缺成本（元）	6 000	4 000	2 000	1 200

【解析】 这四种现金持有方案的总成本计算结果如表 8-2 所示。

表 8-2　最佳现金持有量测算

单位：元

方案	机会成本	管理费用	短缺成本	总成本
A	2 000	1 000	6 000	9 000
B	3 000	1 000	4 000	8 000
C	4 000	1 000	2 000	7 000
D	5 000	1 000	1 200	7 200

将以上各方案的总成本加以比较可知，C 方案的总成本最低，也就是说当企业平均持有 7 000 元现金时，各方面的总代价最低，对企业最合算，故 7 000 元是该企业的最佳现金持有量。

（二）存货模式

从上面的分析中我们已经知道，企业平时持有较多的现金，会降低现金的短缺成本，但也会增加现金占用的机会成本；而平时持有较少的现金，则会增加现金的短缺成本，却能减少现金占用的机会成本。如果企业平时只持有较少的现金，在有现金需要时（如手头的现金用尽），通过出售有价证券换回现金（或从银行借入现金），能既满足现金的需要，避免短缺成本，又能减少机会成本。因此，适当的现金与有价证券之间的转换，是企业提高资金使用效率的有效途径。这与企业奉行的营运资金政策有关。采用宽松的投资政策，保留较多的现金则转换次数少。如果经常进行大量的有价证券与现金的转换，则会加大转换交易成本。因此如何确定有价证券与现金的每次转换量，是一个需要研究的问题。这可以应用现金持有量的存货模式解决。

现金持有量的存货模式又称鲍曼模型，是威廉·鲍曼提出的用以确定目标现金持有量的模型。

企业每次以有价证券转换回现金是要付出代价的（如支付经纪费用），这被称为现金的交易成本。现金的交易成本与现金转换次数、每次的转换量有关。假定现金每次的交易成本是固定的，在企业一定时期现金使用量确定的前提下，每次以有价证券转换回现金的金额越大，企业平时持有的现金量便越高，转换的次数便越少，现金的交易成本就越低；反之，每次转换回现金的金额越小，企业平时持有的现金量便越低，转换的次数便越多，现金的交易成本就越高，现金交易成本与持有量成反比。在现金成本构成的图上，可以将现金的交易成本与现金的短缺成本合并为同一条曲线，反映与现金持有量相关的总成本。这样，现金的成本构成可重新表现，如图 8-2 所示。

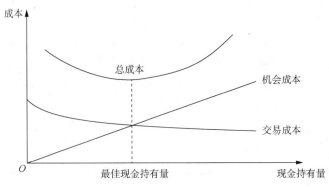

图 8-2　现金的成本构成

在图 8-2 中，现金的机会成本和交易成本是两条随现金持有量变化呈不同方向变化的曲线，两条曲线交叉点相应的现金持有量，即是总成本最低的现金持有量，它可以运用现金持有量存货模式求出。以下通过举例，说明现金持有量存货模式的应用。

某企业的现金使用量是均衡的，每周的现金净流出量为 100 000 元。若该企业第 1 周开始时持有现金 300 000 元，那么这些现金够企业支用 3 周，在第 3 周结束时现金持有量将降为 0，其 3 周内的平均现金持有量则为 150 000 元（300 000÷2）。第 4 周开始时，企业需将 300 000 元的有价证券转换为现金以备支用；待第 6 周结束时，现金持有量再次降为 0，这 3 周内的现金平均余额仍为 150 000 元。如此循环，企业一段时期内的现金持有状况可表现为图 8-3 所示。

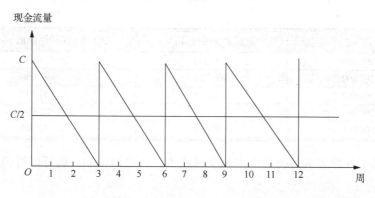

图 8-3　一段时期内的现金持有状况

在图 8-3 中，每 3 周为一个现金使用的循环期，以 C 代表各循环期之初的现金持有量，以 C/2 代表各循环期内的现金平均持有量。如果企业将 C 定得较高一些，如定为 600 000 元，每周的现金净流出量仍为 100 000 元，这些现金将够支用 6 周，企业可以在 6 周后再出售有价证券补充现金，这能够减少现金的交易成本；但 6 周内的现金平均余额将增加为 300 000（600 000÷2）元，这又会增加现金的机会成本。如果企业将 C 定得较低一些，如定为 200 000 元，每周的现金净流出量还是 100 000 元，那么这些现金只够支用 2 周，企业必须频繁地每 2 周就出售有价证券，这必然增加现金的交易成本；不过 2 周循环期内的现金平均余额可降为 100 000（200 000÷2）元。这降低了现金的机会成本。

于是，企业需要合理地确定 C，以使现金的相关总成本最低。解决这一问题要明确三点。

（1）一定期间内的现金需求量，用 T 表示。

（2）每次出售有价证券以补充现金所需的交易成本，用 F 表示。一定时期内出售有价证券的总交易成本为：

$$交易成本=（T/C）×F$$

（3）持有现金的机会成本率，用 K 表示。一定时期内持有现金的总机会成本表示为：

$$机会成本=（C/2）×K$$

$$相关总成本=机会成本+交易成本=（C/2）×K+（T/C）×F$$

在以上的举例中，企业一年的现金需求量为 100 000 元×52 周=5 200 000（元）。该企业有几种确定 C 的方案，每种方案对应的机会成本和交易成本如表 8-3、表 8-4 所示。

表 8-3 现金持有的机会成本

单位：元

初始现金持有量 C	平均现金持有量 C/2	机会成本（K=0.1）(C/2)×K
600 000	300 000	30 000
400 000	200 000	20 000
300 000	150 000	15 000
200 000	100 000	10 000
100 000	50 000	5 000

表 8-4 现金持有的交易成本

单位：元

现金总需求 T	初始现金持有量 C	交易成本（F=1 000）(T/C)×F
5 200 000	600 000	8 667
5 200 000	400 000	13 000
5 200 000	300 000	17 333
5 200 000	200 000	26 000
5 200 000	100 000	52 000

计算出了各种方案的机会成本和交易成本，将它们相加，就可以得到各种方案的总成本：

$$总成本=机会成本+交易成本=(C/2)×K+(T/C)×F$$

该企业各种初始现金持有量方案的总成本如表 8-5 所示。

表 8-5 现金持有的总成本

单位：元

初始现金持有量	机会成本	交易成本	总成本
600 000	30 000	8 667	38 667
400 000	20 000	13 000	33 000
300 000	15 000	17 333	32 333
200 000	10 000	26 000	36 000
100 000	5 000	52 000	57 000

表 8-5 显示，当企业的初始现金持有量为 300 000 元时，现金总成本最低。以上结论是通过对各种初始现金持有量方案的逐次成本计算得出的。此外，也可以利用公式求出成本最低的现金持有量，这一现金持有量称为最佳现金持有量，以 C^* 表示。

从图 8-2 中已知，最佳现金持有量 C^* 是机会成本线与交易成本线交叉点所对应的现金持有量，因此 C^* 应当满足：机会成本=交易成本，即：$(C^*/2)×K=(T/C^*)×F$。

整理后，可得出：$(C^*)^2=2TF/K$。等式两边分别取平方根，有：$C^*=(2TF/K)^{1/2}$。

本例中，T=5 200 000 元，F=1 000 元，K=0.1。

利用上述公式即可计算出最佳现金持有量 C^*=322 490（元）。

现金持有量的存货模式是一种简单、直观的确定最佳现金持有量的方法；但它也有缺点，主要是假定现金的流出量稳定不变，实际上这很少有。相比而言，那些适用于现金流量不确定的控制最佳现金持有量的方法，就显得更具普遍应用性。

（三）随机模式

随机模式是在现金需求量难以预知的情况下进行现金持有量控制的方法。对企业来讲，现金需求量往往波动大且难以预知，但企业可以根据历史经验和现实需要，测算出一个现金持有量的控制范围，即制定出现金持有量的上限和下限，将现金持有量控制在上下限之内。当现金持有量达到控制上限时，用现金购入有价证券，使现金持有量下降；当现金持有量降到控制下限时，则抛售有价证券换回现金，使现金持有量回升。若现金持有量在控制的上下限之内，便不必进行现金与有价证券的转换，保持它们各自的现有存量。对现金持有量的控制，如图 8-4 所示。

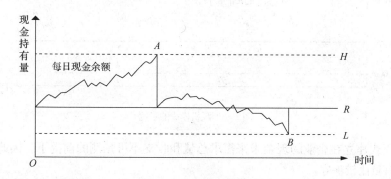

图 8-4　现金持有量的随机模式

在图 8-4 中，虚线 H 为现金持有量的上限，虚线 L 为现金持有量的下限，实线 R 为最优现金返回线。从图 8-4 中可以看到，企业的现金持有量（表现为现金每日余额）是随机波动的，当其达到 A 点时，即达到了现金控制的上限，企业应用现金购买有价证券，使现金持有量回落到最优现金返回线（R 线）的水平；当现金持有量降至 B 点时，即达到了现金控制的下限，企业则应转让有价证券换回现金，使其持有量回升至最优现金返回线的水平。现金持有量在上下限之间的波动属于控制范围内的变化，是合理的，不予理会。以上关系中的上限 H、持有现金返回线 R 可按下列公式计算：

$$R = \sqrt[3]{\frac{3bd^2}{4i}} + L$$
$$H = 3R - 2L$$

式中，b 为每次有价证券的固定转换成本，i 为有价证券的日利率，d 为预期每日现金余额波动的标准差（可根据历史资料测算）。

而下限 L 的确定，则要受到企业每日的最低现金需要、管理人员的风险承受倾向等因素的影响。

【经典案例 8-2】假定某公司有价证券的年利率为 9%，每次固定转换成本为 50元，公司认为任何时候其银行活期存款及现金余额均不能低于 1 000 元，又根据以往经验测算出现金余额波动的标准差为 800 元。计算最优现金返回线 R、现金控制上限 H。

【解析】有价证券日利率=9%÷360=0.025%

$$R = \sqrt[3]{\frac{3bd^2}{4i}} + L = \sqrt[3]{\frac{3\times50\times800^2}{4\times0.025\%}} = 5\,579（元）$$

$H=3R-2L=3×5\,579-2×1\,000=14\,737$（元）

这样，当公司的现金余额达到 14 737 元时，即应以 9 158（14 737-5 579）元的现金去投资有价证券，使现金持有量回落为 5 579 元；当公司的现金余额降至 1 000 元时，则应转让 4 579（5 579-1 000）元的有价证券，使现金持有量回升为 5 579 元。相关示例如图 8-5 所示。

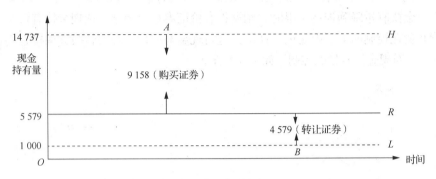

图 8-5　随机模式的示例

随机模式建立在企业的现金未来需求总量和收支不可预测的前提下，因此计算出来的现金持有量比较保守。

三、资金集中管理模式

企业集团下属机构多，地域分布广，如果子、分公司多头开户，资金存放分散，会大大降低资金的使用效率。通过资金的集中管理，统一筹集、合理分配、有序调度，能够降低融资成本，提高资金使用效率，确保集团战略目标的实现，实现整体利益的最大化。

资金集中管理，是指集团企业借助商业银行网上银行功能及其他信息技术手段，将分散在集团各所属企业的资金集中到总部，由总部统一调度、统一管理和统一运用。资金集中管理在各个集团的具体运用可能会有所差异，但一般包括以下主要内容：资金集中、内部结算、融资管理、外汇管理、支付管理等。其中资金集中是基础，其他各方面均建立在此基础之上。目前，资金集中管理模式逐渐被我国企业集团采用。

资金集中管理模式的选择，实质上是集团管理集权还是分权管理体制的体现，也就是说，在企业集团内部所属各子企业或分部是否有货币资金使用的决策权、经营权，这是由行业特点和本集团资金运行规律决定的。现行的资金集中管理模式大致可以分为以下几种。

（一）统收统支模式

在统收统支模式下，企业的一切现金收入都集中到总部的财务部门，各分支机构或子企业不单独设立账号，一切现金支出都通过集团总部财务部门付出，现金收支的批准权高度集中。统收统支模式有利于企业集团实现全面收支平衡，提高资金的周转效率，减少资金沉淀，监控现金收支，降低现金持有成本。但是该模式不利于调动成员企业开源节流的积极性，影响成员企业经营的灵活性，以至降低整个集团经营活动和财务活动的效率，而且在制度的管理上欠缺一定的合理性，如果每笔收支都要经过总部财务部门之手，那么总部财务部门的工作量就大了很多。因此，这种模式通常适用于规模比较小的企业。

（二）拨付备用金模式

拨付备用金模式是指集团按照一定的期限统一拨给所有所属分支机构或子企业备用的一定数额的现金。各分支机构或子企业发生现金支出后，持有关凭证到集团财务部门报销以补足备用金。拨付备用金模式相比统收统支模式具有一定的灵活性，但这种模式也通常适用于经营规模比较小的企业。

（三）结算中心模式

结算中心通常是企业集团内部设立的，办理内部各成员现金收付和往来结算业务的专门机构。结算中心通常设立于财务部门，是一个独立运行的职能机构。结算中心是企业集团发展到一定阶段，应企业内部资金管理需求而生的一个内部资金管理机构，是根据集团财务管理和控制的需要在集团内部设立的，为成员企业办理资金融通和结算，以降低企业成本、提高资金使用效率的服务机构。结算中心帮助企业集中管理各分、子公司的现金收入和支出。分、子公司收到现金后就直接转账存入结算中心在银行开立的账户。当需要资金的时候，再进行统一的拨付，有助于企业监控资金的流向。

（四）内部银行模式

内部银行是将社会银行的基本职能与管理方式引入企业内部管理机制而建立起来的一种内部资金管理机构，它将"企业管理""金融信贷"和"财务管理"三者融为一体，一般是将企业下属各单位闲散资金，调剂余缺，减少资金占用，活化与加速资金周转速度，提高资金使用效率、效益。内部银行通常具有三大职能：结算、融资信贷和监督控制。内部银行模式一般适用于具有较多责任中心的企事业单位。

（五）财务公司模式

财务公司是一种经营部分银行业务的非银行金融机构，它一般是集团公司发展到一定水平后，需要经过中国人民银行审核批准才能设立的。其主要职责是开展集团内部资金集中结算，同时为集团成员企业提供包括存贷款、融资租赁、担保、信用鉴证、债券承销、财务顾问等在内的全方位金融服务。集团设立财务公司是把一种市场化的企业关系或银企关系引入集团资金管理，使得集团各子公司具有完全独立的财权，可以自行经营自身的现金，对现金的使用行使决策权。另外集团对各子公司的现金控制是通过财务公司进行的，财务公司对集团各子公司进行专门的约束，而且这种约束是建立在各自具有独立的经济利益基础上的。集团公司经营者（或最高决策机构）不再直接干预子公司的现金使用和取得。

四、现金日常收支管理

企业在确定了最佳现金持有量和进行现金收支预算后，还应采取各种措施，加速现金的日常管理。在保证现金安全和完整的基础上，加速现金的周转速度，提高现金的使用效率。现金日常管理的基本内容包括以下几个方面。

（一）现金回收管理

为了最大限度地发挥现金的使用效能，企业要尽量加速款项的收回。一般来说，企业款项的收回包括客户开出支票、企业收到支票和银行清算支票三个阶段。那么，企业款项的收回时间包括支票邮寄时间、支票在企业停留时间以及银行支票结算的时间，这些时间的长短，不但与客户、企业、银行之间的距离有关，而且与收款的效率有关。

因此，企业要缩短款项的回收时间，应满足以下要求。

（1）减少客户付款的邮寄时间。

（2）减少企业收到客户开来支票与支票兑现之间的时间。

（3）加速资金存入资金往来银行的过程。

为达到以上要求，企业除了建立科学的信用政策，科学地选择转账结算方式并采用有效的催收策略外，还可以借鉴西方国家常用的两种收款方法：邮政信箱法和银行业务集中法。

（二）现金支出管理

现金支出管理是尽可能控制现金支出的时间。延迟现金支付是企业在不影响其商业信誉的前提下，根据风险和收益权衡的原则，选用适当的方法尽可能地推迟应付款项的支付时间，充分利用供货方的信用优惠。

（三）力争现金流量同步

如果企业能尽量使它的现金流入与现金流出发生的时间趋于一致，就可以使其所持有的交易性现金余额降到最低水平。这就是所谓的现金流量同步。

（四）使用现金浮游量

从企业开出支票，收票人收到支票并存入银行，至银行将款项划出企业账户，中间需要一段时间。现金在这段时间的占用称为现金浮游量。在这段时间里，尽管企业已开出了支票，却仍可动用在活期存款账户上的这笔资金。不过，在使用现金浮游量时，一定要控制好使用的时间，否则会发生银行存款的透支。

（五）推迟应付账款的支付

推迟应付账款的支付，是指企业在不影响自己信誉的前提下，尽可能地推迟应付账款的支付期，充分运用供货方所提供的信用优惠。如遇企业急需现金，甚至可以放弃供货方的折扣优惠，在信用期的最后一天支付款项。当然，这要权衡折扣优惠与急需现金之间的利弊得失。

（六）汇票代替支票

汇票分为商业承兑汇票和银行承兑汇票，与支票不同的是，承兑汇票并不是见票即付。这一方式的优点是推迟了企业调入资金支付汇票实际所需时间。这样企业就只需在银行中保持较少的现金余额。它的缺点是某些供应商可能并不喜欢用汇票付款，银行也不喜欢处理汇票，它们通常需要耗费更多的人力。同支票相比，银行会收较高的手续费。

（七）改进员工工资支付模式

企业可以为支付工资专门设立一个工资账户，通过银行向职工支付工资。为了最大限度地减少工资账户的存款余额，企业要合理预测开出支付工资的支票到职工去银行兑现的具体时间。

（八）透支

透支是指企业开出支票的金额大于活期存款余额。它实际上是银行向企业提供的信用。透支的限额，由银行和企业共同商定。

（九）使用零余额账户

零余额账户即企业与银行合作，保持一个主账户和一系列子账户。企业只在主账户保持一定的安全储备，而在一系列子账户不需要保持安全储备。当从某个子账户签发的支票需要现金时，所需要的资金立即从主账户划拨，从而使更多的资金可以另作他用。

五、短期有价证券的管理

（一）短期有价证券的特点

短期有价证券是指短期内到期并可以随时兑换成现金的有价证券。短期有价证券的流动性仅次于现金。它具有以下几个特点。

（1）短期有价证券有到期日。其期限较短，不同种类的短期有价证券期限长短不等，短则几天、1个月。长则1年。有些有价证券虽然期限比较长，超过1年，但在接近到期日（不超过1年）时购买，也可以作为短期投资。

（2）短期有价证券有利率。不同种类的有价证券利率不同。一般来说期限越长，风险越大，利率就越高。

（3）短期有价证券具有较强的流动性。短期有价证券可以在金融市场上出售、转让，容易兑现，畅销性好，流动性较强。

（4）短期有价证券具有一定的风险。一般认为，国库券是没有风险的，其报酬被视为无风险报酬率。但其他的证券都是有风险的，要求的报酬率都含有风险报酬率。比如购买某些企业的短期债券，就存在债券发行者可能不付利息和本金的风险。

（二）选择短期有价证券的标准

企业可以投资的有价证券有很多，不同的投资者对证券的需求也不同。但一般都会要求投资的短期有价证券能够较为容易变现并获取一定的收益。此外，还必须考虑一定的安全性。因而，短期有价证券的投资者所关心的主要是投资的安全性、变现性和收益性。

所谓安全性，是指本金不受损失。一般情况下，企业存入银行及其他金融机构的存款可以在指定的日期随着利息一起付还。但是，即使相当大的金融公司或银行，也有可能因财务困难而使存户面临风险。企业购买定期固定利息债券不仅在其销售过程中可能因价格波动而蒙受损失，而且债券本金能否得到补偿也具有不确定性，尤其是企业债券。投资于普通股则会在价格上面临相当大的风险。

所谓变现性，是指有价证券易于出售的程度，包括当销售时所需经历的销售时间的长短、取得价款的时间以及在急售时须降价的幅度等。有价证券的销售时间，一方面取决于证券市场的活跃程度，另一方面又取决于投资者持有某种有价证券的份额大小。比如一个投资者持有某上市股票的比例较大，达到50%，那么不太可能在很短的时间内出售手中所持有的股份，可能需要的变现时间较长。

所谓收益性，是指一项投资所获得纳税后的利息、股利和资本增值数额的大小。对大部分的债券投资来说，它的收益是固定的；小部分的债券投资由于利率不固定，因而其收益也是不固定的。普通股的投资收益也是不稳定的，因为企业的盈利是不确定的。

总之，一种证券所提供的预期收益越高，其风险也就越大，因此，投资者必须在风险和预期收益之间做出权衡。

（三）短期有价证券的投资政策

短期有价证券的投资政策是指企业在利用暂时闲置现金购买有价证券时，对于投资相关的一系列基本问题所做的选择。由于各企业对待安全性、流动性、收益性与投资风险等的态度不同，就相应形成了以下三种基本的短期有价证券投资政策。

1．保守的短期有价证券投资政策

保守的短期有价证券投资政策非常注重手头持有的可用现金数额，只有现金余额巨大时才考虑进行短期有价证券投资，而且投资时特别看重短期有价证券本金的安全性、流动性与投资风险，把投资收益放在一个比较次要的位置。

2．激进的短期有价证券投资政策

激进的短期有价证券投资政策并不希望手头持有太多现金，而是最大限度地将现金用于购买有价证券，把持有现金的理由看成是持有现金有价证券的理由，投资时更注重短期有价证券的收益能力，考虑流动性也是为了频繁地买入卖出，以确保收益最大。

3．中庸的短期有价证券投资政策

中庸的短期有价证券投资政策对待投资的态度介于保守与激进政策之间。这种政策通常需要对最佳现金持有量和未来的现金流转进行精心测算，并严格据以进行投资。选择短期有价证券时，基本上是按照保证流动性、安全性的基础上追求最大可能收益的投资思路，但绝不像激进的投资政策那样为获得最大投资收益而去冒亏本风险。

任务三　应收账款管理

一、应收账款的功能

这里所说的应收账款是指因对外销售产品、材料、供应劳务及其他原因，应向购货单位或接受劳务的单位及其他单位收取的款项，包括应收销售款、其他应收款、应收票据等。它是企业流动资产的一个重要组成部分，合理安排应收账款的资金占用，加强对企业应收账款的管理是企业营运资金管理的一项重要内容。

企业通过提供商业信用，采取赊销、分期付款等方式可以扩大销售，增强竞争力，获得利润。应收账款作为企业为扩大销售和盈利的一项投资，也会发生一定的成本，所以企业需要在应收账款所增加的盈利和所增加的成本之间做出权衡。应收账款管理就是分析赊销的条件，使赊销带来的盈利增加大于应收账款投资产生的成本费用增加，最终使企业现金收入增加，企业价值上升。

应收账款的功能指其在生产经营中的作用。主要有以下两个方面。

（一）扩大销售的功能

在激烈的市场竞争中，通过提供赊销可有效地促进销售。因为企业提供赊销不仅向顾客提供了商品，也在一定时间内向顾客提供了购买商品的资金，顾客将从赊销中得到好处。所以赊销会带来企业销售收入和利润的增加，特别是在企业销售新产品、开拓新

市场时，赊销更具有重要的意义。

提供赊销所增加的产品一般不增加固定成本，因此，赊销所增加的收益等于增加的销量与单位边际贡献之积，计算公式如下。

$$增加的收益=增加的销售量×单位边际贡献$$

（二）减少存货的功能

企业持有一定产成品存货会相应地占用资金，形成仓储费用、管理费用等，产生成本，而赊销则可避免这些成本的产生。所以，无论是季节性生产企业还是非季节性生产企业，当产成品存货较多时，一般会采用优惠的信用条件进行赊销，将存货转化为应收账款，减少产成品存货，存货资金占用成本、仓储与管理费用等会相应减少，从而提高企业收益。

二、应收账款的管理目标

发生应收账款的原因，主要有以下两种。

第一，商业竞争。这是发生应收账款的主要原因。在市场经济的条件下，存在着激烈的商业竞争。竞争机制的作用迫使企业以各种手段扩大销售。除了依靠产品质量、价格、售后服务、广告等外，赊销也是扩大销售的手段之一。对于同等的产品价格、类似的质量水平、一样的售后服务，实行赊销的产品或商品的销售额将大于现金销售的产品或商品的销售额。这是因为顾客将从赊销中得到好处。出于促进销售的竞争需要，企业不得不以赊销或其他优惠方式招揽顾客，于是就产生了应收账款。竞争引起的应收账款，是一种商业信用。

第二，销售和收款的时间差距。商品成交的时间和收到货款的时间经常不一致，这也导致了应收账款。当然，现实生活中现金销售是很普遍的，特别是在零售企业更常见。不过就一般批发和大量生产企业来讲，发货的时间和收到货款的时间往往不同。这是因为货款结算需要时间。结算手段越是落后，结算所需时间就越长，销售企业只能承认这种现实并承担由此引起的资金垫支。

由于销售和收款的时间差而造成的应收账款，不属于商业信用，也不是应收账款的主要内容，不再对它进行深入讨论，而只论述属于商业信用的应收账款管理。

既然企业发生应收账款的主要原因是扩大销售、增强竞争力，那么其管理的目标就是求得利润。应收账款是企业的一项资金投放，是为了扩大销售和取得盈利而进行的投资。而投资肯定要发生成本，这就需要在应收账款信用政策所增加的盈利和这种政策的成本之间做出权衡。只有当应收账款所增加的盈利超过所增加的成本时，才应当实施应收账款赊销；如果应收账款赊销有着良好的盈利前景，就应放宽信用条件增加赊销量。因此，应收账款管理的目标就是：发挥应收账款强化竞争、扩大销售的功能，同时，尽可能降低应收账款投资的机会成本、坏账成本与管理成本，最大限度地提高应收账款投资的效益。

三、应收账款的成本

应收账款的成本是指企业持有一定金额的应收账款所要付出的代价，包括机会成本、管理成本以及坏账成本。

（一）机会成本

应收账款会占用企业一定量的资金，而企业若不把这部分资金投放于应收账款，便可以用于其他投资并可能获得收益。这种因投资于应收账款而放弃其他投资收益，即为应收账款的机会成本。其计算公式为：

应收账款平均余额=日销售额×平均收账期=全年赊销额÷360×平均收账期

维持应收账款所需要的资金=应收账款平均余额×变动成本率

应收账款的机会成本=维持应收账款所需要的资金×资本成本率

=应收账款平均余额×变动成本率×资本成本率

=日销售额×平均收账期×变动成本率×资本成本率

=全年赊销额÷360×平均收账期×变动成本率×资本成本率

=（全年赊销额×变动成本率）÷360×平均收账期×资本成本率

=全年变动成本÷360×平均收账期×资本成本率

式中，平均收账期指的是各种收账期的加权平均数。

通过公式可以看出，全年赊销额和平均收账期是影响应收账款机会成本的两个重要因素。若要降低机会成本，就应尽可能地降低赊销额或缩短平均收账期。

【经典案例 8-3】 长江公司 2×13 年全年赊销额为 2 400 000 元，应收账款平均收账天数为 30 天，变动成本率为 65%，资本成本率为 10%，公司持有应收账款的机会成本是多少？

【解析】 应收账款的机会成本$=\dfrac{2\,400\,000}{360}\times30\times65\%\times10\%=13\,000$（元）

从计算结果可以看出，企业投放 13 000 元的资金就可维持 2 400 000 元的赊销业务，赊销额接近于垫支资金的 200 倍。

正常情况下，应收账款收账天数越少，一定数量资金所维持的赊销额就越大；应收账款收账天数越多，维持相同赊销额所需要的资金数量就越大。

（二）管理成本

应收账款的管理成本主要是指在进行应收账款管理时所增加的费用。主要包括调查客户信用状况的费用、收集各种信息的费用、账簿的记录费用、收账费用、数据处理成本、相关管理人员成本和从第三方购买信用信息的成本等。

（三）坏账成本

在赊销交易中，债务人由于种种原因无力偿还债务，债权人就有可能无法收回账款而发生损失，这种损失就是坏账成本。可以说，企业发生坏账成本是不可避免的，而此项成本一般与应收账款发生的数量成正比。一般用公式表达如下。

应收账款的坏账成本=赊销额×预计坏账损失率

四、应收账款的信用政策

应收账款赊销的效果，依赖于企业的信用政策。信用政策包括信用标准、信用条件、收账政策三个方面。

（一）信用标准

信用标准，是指客户获得企业提供的商业信用所应具备的最低条件。如果客户达不到信用标准，便不能享受企业的信用或只能享受较低的信用优惠。企业在设定某一客户的信用标准时，主要从以下几个方面来分析。

1. 同行业竞争对手的情况

如果企业的竞争对手实力很强，企业应放宽信用标准；反之，其信用标准应严格一些。

2. 企业承担违约风险的能力

当企业具有较强的违约风险承受力时，可以指定较低的信用标准以争取客户，提高竞争力；反之，就只能制定严格的信用标准以尽可能地降低客户的违约风险。

3. 客户的资信程度

如果客户的资信程度高，企业应放宽信用标准；反之，应制定严格的信用标准。评估客户信用的方法有很多，常见的可以通过 "5C" 系统来进行。所谓 "5C" 系统，是评估客户信用品质的五个方面，即品质（Character）、能力（Capacity）、资本（Capital）、抵押（Collateral）和条件（Condition）。

（1）品质。

品质指客户的信誉，即履行偿债义务的可能性。企业必须设法了解客户过去的付款记录，看其是否有按期如数付款的一贯做法，及其与其他供货企业的关系是否良好。这一点经常被视为评价客户信用的首要因素。

（2）能力。

能力指客户的偿债能力，即其流动资产的数量和质量以及与流动负债的比例。客户的流动资产越多，其转换为现金支付款项的能力越强。同时，还应注意客户流动资产的质量，看是否有存货过多、过时或质量下降，影响其变现能力和支付能力的情况。

（3）资本。

资本指客户的财务实力和财务状况，表明客户可能偿还债务的背景。

（4）抵押。

抵押指客户拒付款项或无力支付款项时能被用作抵押的资产。这对于不知底细或信用状况有争议的客户尤为重要。一旦收不到这些客户的款项，便以抵押品抵补。如果这些客户提供足够的抵押，就可以考虑向他们提供相应的信用。

（5）条件。

条件指可能影响客户付款能力的经济环境。例如，万一出现经济不景气的情况，会对客户的付款产生什么影响、客户会如何做等，这需要了解客户在过去困难时期的付款历史。

上述客户信用状况五个方面的资料，可通过以下途径取得：企业可通过商业代理机构或资信调查机构，获得客户信息资料及信用等级标准资料；委托往来银行信用部门向客户有关联业务银行索取信用资料；与同一客户有信用关系的其他企业相互交换该客户信用资料；查阅客户财务报告资料或凭企业自身的经验或其他方面取得资料。

（二）信用条件

信用条件是销货企业要求赊购客户支付货款的条件，由信用期限、折扣期限和现金折旧三个要素组成。

1．信用期限

信用期限是企业允许客户从购货到付款之间的时间，或者说是企业给予客户的付款期限。例如，若某企业允许客户在购货后的 50 天内付款，则信用期限为 50 天。信用期限过短，不足以吸引客户，在竞争中会使销售额下降；信用期限过长，对销售额增加固然有利，但只顾及销售额增长而盲目放宽信用期限，所得的收益有时会被增长的费用抵销，甚至造成利润减少。因此，企业必须慎重研究，确定出恰当的信用期限。信用期限的确定，主要是分析改变现行信用期限对收入和成本的影响。延长信用期限，会使销售额增加，产生有利影响；与此同时，应收账款、收账费用和坏账损失增加，会产生不利影响。当收入大于成本时，可以延长信用期限，否则不宜延长。如果缩短信用期限，情况与此相反。

在实际工作中，企业的信用期限通常根据行业惯例确定，在此基础上，如果更改信用期限，可以采用边际收益法进行评估，以确定更适宜的信用期限。

边际收益法的基本思路是：首先按以前年度的信用期限、本行业的信用期限或假定信用期限为零设计一种基准信用期限作为分析基础，然后确定适当延长或缩短信用期限的几个方案并测算更改信用期限后的边际收益和边际成本，最后按照边际收益大于边际成本的原则，选择最适宜的信用期限。

【经典案例 8-4】某公司现在采用 30 天按发票金额付款的信用政策，拟将信用期限放宽至 60 天，仍按发票金额付款即不给折扣。假设风险投资的最低报酬率为 15%，有关数据如表 8-6 所示。

表 8-6　某公司信用期限放宽的有关资料

信用期项目	30 天	60 天
销售量（件）	100 000	120 000
销售额（元）（单价 5 元/件）	500 000	600 000
销售成本（元）	—	—
变动成本（4 元/件）	400 000	480 000
固定成本（元）	50 000	50 000
毛利（元）	50 000	70 000
可能发生的收账费用（元）	3 000	4 000
可能发生的坏账损失（元）	5 000	9 000

【解析】在分析时，先计算放宽信用期限得到的收益，然后计算增加的成本，最后根据两者比较的结果做出判断。

（1）计算边际收益。

增加的收益=增加的销售量×单位边际贡献=（120 000-100 000）×（5-4）=20 000（元）

（2）计算边际成本。

应收账款占用资金的机会成本增加：

应收账款机会成本=维持应收账款所需要的资金×资本成本率

维持应收账款所需要的资金=应收账款平均余额×变动成本率

应收账款平均余额=日销售额×平均收账期

$$30天信用期限机会成本=\frac{500\,000}{360}\times30\times\frac{400\,000}{500\,000}\times15\%=5\,000（元）$$

$$60天信用期限机会成本=\frac{600\,000}{360}\times60\times\frac{480\,000}{600\,000}\times15\%=12\,000（元）$$

机会成本增加额=12 000-5 000=7 000（元）

（3）计算收账费用和坏账损失增加额。

收账费用增加额=4 000-3 000=1 000（元）

坏账损失增加额=9 000-5 000=4 000（元）

边际成本=7 000+1 000+4 000=12 000（元）

由于边际收益 20 000 元大于边际成本 12 000 元，故应采用 60 天的信用期限。

上述信用期限分析的方法比较简略，可以满足一般制定信用政策的需要。如有必要，也可以进行更细致的分析，如进一步考虑销货增加引起存货增加而多占用的资金等。

2．折扣期限

折扣期限是在信用期限内，客户可以得到现金折扣的时间限定。

3．现金折扣

现金折扣是企业对客户在商品价格上所做的扣减。向顾客提供这种价格上的优惠，主要目的在于吸引客户为享受优惠而提前付款，缩短企业的平均收账期。另外，现金折扣也能招揽一些视折扣为减价出售的客户前来购货，借此扩大销售量。折扣的表示常采用如 5/10、3/20、n/30 这样一些符号形式。这三种符号的含义为：5/10 表示 10 天内付款，可享受 5%的价格优惠，即只需支付原价的 95%，如原价为 10 000 元，只支付 9 500 元；3/20 表示 20 天内付款，可享受 3%的价格优惠，即只需支付原价的 97%，若原价为 10 000 元，只支付 9 700 元；n/30 表示付款的最后期限为 30 天，此时付款无优惠。

企业采用什么程度的现金折扣，要与信用期限结合起来考虑。比如，考虑要求客户最迟不超过 30 天付款，若希望客户 20 天、10 天付款，能给予多大折扣；或者给予 5%、3%的折扣，能吸引客户在多少天内付款。不论是信用期限还是现金折扣，都可能给企业带来收益，但也会增加成本。现金折扣带给企业的好处前面已讲过，它使企业增加的成本指的是价格折扣损失。当企业给予客户某种现金折扣时，应当考虑折扣所能带来的收益与成本孰高孰低，权衡利弊，抉择决断。

因为现金折扣是与信用期限结合使用的，所以确定折扣程度的方法与程序实际上与前述确定信用期限的方法与程序一致，只不过要把所提供的延期付款时间和折扣综合起来，看各方案的延期与折扣能取得多大的收益增量，再计算各方案带来的成本变化，最终确定最佳方案。

【经典案例 8-5】沿用【经典案例 8-4】的资料，假定该公司在放宽信用期限的同时，为了吸引顾客尽早付款，提出了"0.8/30、n/60"的现金折扣条件，估计会有一半的顾客（按 60 天信用期限所能实现的销售量计算）将享受现金折扣优惠。

【解析】（1）计算边际收益。

增加的收益=增加的销售量×单位边际贡献=（120 000-100 000）×（5-4）=20 000（元）

（2）计算应收账款占用资金的机会成本。

$$30\text{天信用期限机会成本} = \frac{500\,000}{360} \times 30 \times \frac{400\,000}{500\,000} \times 15\% = 5\,000 \text{（元）}$$

$$\text{提供现金折扣的机会成本} = \frac{600\,000}{360} \times 60 \times \frac{480\,000}{600\,000} \times 15\% \times 50\% + \frac{600\,000}{360} \times 30 \times \frac{480\,000}{600\,000} \times$$

$$15\% \times 50\%$$

$$= 6\,000 + 3\,000 = 9\,000 \text{（元）}$$

机会成本的增加额=9 000-5 000=4 000（元）

（3）计算收账费用和坏账损失增加额。

收账费用增加额=4 000-3 000=1 000（元）

坏账损失增加额=9 000-5 000=4 000（元）

（4）估计现金折扣成本的变化。

现金折扣成本增加额=新的销售水平×新的现金折扣率×享受现金折扣的顾客比例-旧的销售水平×旧的现金折扣率×享受现金折扣的顾客比例

$$= 600\,000 \times 0.8\% \times 50\% - 500\,000 \times 0 \times 0 = 2\,400 \text{（元）}$$

（5）计算提供现金折扣后的税前损益。

收益增加额-成本费用增加额=20 000-（4 000+1 000+4 000+2 400）=8 600（元）

由于可获得税前收益，故应当放宽信用期限，提供现金折扣。

（三）收账政策

应收账款发生后，企业应采取各种措施，尽量争取按期收回款项，否则会因拖欠时间过长而发生坏账，使企业蒙受损失。这些措施包括对应收账款回收情况的监督和收账政策的制定。

1. 应收账款回收情况的监督

企业已发生的应收账款时间有长有短，有的尚未超过收账期，有的则超过了收账期。一般来讲，拖欠时间越长，款项收回的可能性越小，形成坏账的可能性越大。对此，企业应实施严密的监督，随时掌握回收情况。实施对应收账款回收情况的监督，可以通过编制账龄分析表进行。账龄分析表是一张能显示应收账款在外天数（账龄）长短的表格，其格式如表8-7所示。

表8-7 账龄分析

账龄（天）	应收账款金额（元）	占应收账款总额的百分比（%）
0～30	1 750 000	70
31～60	375 000	15
61～90	250 000	10
91 以上	125 000	5
合计	2 500 000	100

账龄分析表能够揭示出应收账款的变化趋势，可以表明账款的拖欠情况。对不同拖欠时间的欠款，企业应采取不同的收账方法，制定经济、可行的收账政策；对可能发生的坏账损失，则应提前做好准备，充分估计这一因素对损益的影响。

2．收账政策的制定

企业对各种不同过期账款的催收方式，包括准备为此付出的代价，就是收账政策。比如：对过期较短的顾客，不过多地打扰，以免将来失去这一市场；对过期稍长的顾客，可措辞婉转地写信催款；对过期较长的顾客，进行频繁的信件催款并电话催询；对过期很长的顾客，可在催款时措辞严厉，必要时提请有关部门仲裁或提起诉讼；等等。

催收账款要发生费用，某些催款方式的费用（如诉讼费）还会很高。一般来说，收账的花费越大，收账措施越有力，可收回的账款越多，坏账损失也就越小，因此制定收账政策，又要在收账费用和所减少坏账损失之间做出权衡。制定有效、得当的收账政策很大程度上靠有关人员的经验；从财务管理的角度讲，也有一些数量化的方法可以参照。根据收账政策的优劣在于应收账款总成本是否最小化的道理，企业通过比较各收账方案成本的大小对其加以选择。

五、应收账款的日常管理

应收账款的管理难度比较大，在确定合理的信用政策之后，还要做好应收账款的日常管理工作，包括对账户的信用调查和分析评价、应收账款的催收工作等。

（一）调查客户信用

信用调查是指收集和整理反映客户信用状况有关资料的工作。信用调查是企业应收账款日常管理的基础，是正确评价客户信用的前提条件。企业对客户进行信用调查主要通过两种方法。

1．直接调查

直接调查是指调查人员通过与被调查单位进行直接接触，通过当面采访、询问、观看等方式获取信用资料的一种方法。直接调查可以保证收集资料的准确性和及时性，但也有一定的局限，往往获得的是感性资料，同时若不能得到被调查单位的合作，则会使调查工作难以开展。

2．间接调查

间接调查是以被调查单位以及其他单位保存的有关原始记录和核算资料为基础，通过加工整理获得被调查单位信用资料的一种方法。这些资料主要来自以下几个方面。

（1）财务报表。通过财务报表分析，可以基本掌握一个企业的财务状况和信用状况。

（2）信用评估机构。信用评估机构指专门的信用评估部门，因为它们的评估方法先进，评估调查细致，评估程序合理，所以可信度较高。在我国，目前的信用评估机构有三种形式：第一种是独立的社会评级机构，它们只根据自身的业务吸收有关专家参加，不受行政干预和集团收益的牵制，独立自主地开办信用评估业务；第二种是政策性银行、政策性保险公司负责组织的评估机构，一般由银行、保险公司有关人员和各部门专家进行评估；第三种是由商业性银行、商业性保险公司组织的评估机构，由商业性银行、商业性保险公司组织专家对其客户进行评估。

（3）银行。银行是信用资料的一个重要来源，许多银行都设有信用部，为其客户服务，并负责对其客户信用状况进行记录、评估。但银行的资料一般仅愿意在内部及同行间进行交流，而不愿向其他单位提供。

（4）其他途径。例如财税部门、工商管理部门、消费者协会等机构都可能提供相关的信用状况资料。

（二）评估客户信用

收集好信用资料以后，就需要对这些资料进行分析、评价。企业一般采用"5C"系统来评价，并对客户信用进行等级划分。在信用等级方面，目前主要有两种：一种是三级九等，即将企业的信用状况分为 AAA、AA、A、BBB、BB、B、CCC、CC、C 九等，其中 AAA 为信用最优等级，C 为信用最低等级。另一种是三级制，即分为 AAA、AA、A 三个信用等级。

（三）收账的日常管理

应收账款发生后，企业应采用各种措施，尽量争取按期收回款项，否则会因拖欠时间过长而发生坏账，使企业蒙受损失。因此，企业必须在对应收账款的收益与成本进行比较分析的基础上，制定切实可行的收账政策。通常企业可以采取寄发账单、电话催收、派人上门催收、法律诉讼等方式进行催收应收账款，然而催收账款要发生费用，某些催款方式的费用还会很高。

（四）应收账款保理

保理是保付代理的简称，是指保理商与债权人签订协议，转让应收账款的部分或全部权利与义务，并收取一定费用的过程。

保理又称托收保付，是指卖方（供应商或出口商）与保理商间存在的一种契约关系。根据契约，卖方将其现在或将来的基于其与买方（债务人）订立的货物销售（服务）合同所产生的应收账款转让给保理商，由保理商提供下列服务中的至少两项：贸易融资、销售账户管理、应收账款的催收、信用风险控制与坏账担保。

任务四　存货管理

一、存货管理的目标

存货是指企业在生产经营过程中为销售或者耗用而储备的物资，包括材料、燃料、低值易耗品、在产品、半成品、产成品、协作件、商品等。存货管理水平的高低直接影响着企业的生产经营能否顺利进行，并最终影响企业的收益、风险等状况。因此，存货管理是财务管理的一项重要内容。

存货管理

如果工业企业能在生产投料时随时购入所需的原材料，或者商业企业能在销售时随时购入该项商品，就不需要存货。但实际上，企业总有储存存货的需要，并因此占用或多或少的资金。进行存货管理，就要尽力在各种存货成本与存货效益之间做出权衡，达到两者的最佳结合，就是在保证生产或者销售经营需要的前提下，最大限度地降低存货成本，这就是存货管理的目标。具体包括以下几个方面。

（一）保证生产或销售的经营需要

实际上，企业很少能做到随时购入生产或销售所需的各种物资，即使是市场供应量充足的物资也如此。这不仅因为不时会出现某种材料的市场断档，还因为企业距供货点较远而需要必要的途中运输及可能出现运输故障。一旦生产或销售所需物资短缺，生产经营将被迫停顿，造成损失。为了避免或减少出现停工待料、停业待货等事故，企业需要储存存货。

（二）出自价格优惠的考虑

零购物资的价格往往较高，而整批购买在价格上常有优惠。但是，过多的存货要占用较多的资金，并且会增加包括仓储费、保险费、维护费、管理人员工资在内的各项开支。存货占用资金是有成本的，占用过多会使利息支出增加并导致利润的损失；各项开支的增加更直接使成本上升。

（三）有利于销售

一定数量的存货储备能够增加企业在生产和销售方面的机动性和适应市场变化的能力。当企业市场需求量增加时，若产品储备不足，就有可能失去销售良机。同时，由于顾客为节约采购成本和其他费用，一般可能成批采购；企业为了达到运输上的最优批量也会组织成批发运。所以保持一定量的存货是有利于市场销售的。

（四）便于维持均衡生产，降低产品成本

有些企业产品属于季节性产品或者需求波动较大的产品，此时若根据需求状况组织生产，则可能有时生产能力得不到充分利用，有时又超负荷生产，造成产品成本的上升。为了降低生产成本，实现均衡生产，就要储备一定的产成品存货，并相应地保持一定的原材料存货。

（五）防止意外事件的发生

企业在采购、运输、生产和销售过程中，都可能发生意料之外的事故，保持必要的存货保险储备，可以避免和减少因意外事件造成的损失。

二、存货的成本

（一）取得成本

取得成本指为取得某种存货而支出的成本，通常用 TC_a 表示。其又分为订货成本和购置成本。

1. 订货成本

订货成本指取得订单的成本，如办公费、差旅费、邮资等支出。订货成本中有一部分与订货次数无关，如常设采购机构的基本开支等，称为订货的固定成本，用 F_1 表示；另一部分与订货次数有关，如差旅费、邮资等，称为订货的变动成本，每次订货的变动成本用 K 表示。订货次数等于存货年需要量 D 与每次进货量 Q 之商。订货成本的计算公式为：

$$订货成本 = F_1 + \frac{D}{Q}K$$

2. 购置成本

购置成本指存货本身的价值，经常用数量与单价的乘积来确定。年需要量用 D 表示，单价用 U 表示，则购置成本为 DU。

订货成本加上购置成本，就等于存货的取得成本。其公式可表达为：

$$取得成本=订货成本+购置成本$$
$$=订货固定成本+订货变动成本+购置成本$$
$$TC_a = F_1 + \frac{D}{Q}K + DU$$

（二）储存成本

储存成本指为保持存货而发生的成本，包括存货占用资金所应计的利息（若企业用现有现金购买存货，便失去了现金存放银行或投资于证券本应取得的利息，称作"放弃利息"；若企业借款购买存货，便要支付利息费用，称作"付出利息"）、仓库费用、保险费用、存货破损和变质损失等，通常用 TC_c 来表示。

储存成本也分为固定成本和变动成本。固定成本与存货数量的多少无关，如仓库折旧、仓库职工的固定月工资等，通常用 F_2 来表示。变动成本与存货的数量有关，如存货资金的应计利息、存货的破损和变质损失、存货的保险费用等，单位成本用 K_c 来表示。用公式表达的储存成本为：

$$储存成本=储存固定成本+储存变动成本$$
$$TC_c = F_2 + \frac{Q}{2}K_c$$

（三）缺货成本

缺货成本指由于存货供应中断而造成的损失，包括材料供应中断造成的停工损失、产成品库存缺货造成的拖欠发货损失和丧失销售机会的损失（还应包括需要主观估计的商誉损失）。如果生产企业以紧急采购代用材料解决库存材料中断之急，那么缺货成本表现为紧急额外购入成本（紧急额外购入的开支会大于正常采购的开支）。缺货成本用 TC_s 表示。

如果以 TC 来表示储备存货的总成本，它的计算公式为：

$$TC = TC_a + TC_c + TC_s = F_1 + \frac{D}{Q}K + DU + F_2 + \frac{Q}{2}K_c + TC_s$$

企业存货的最优化，即是使企业总成本即上式 TC 值最小。

三、存货决策

存货的决策涉及四项内容：决定进货项目、选择供应单位、决定进货时间和决定进货批量。决定进货项目和选择供应单位是销售部门、采购部门和生产部门的职责。财务部门要做的是决定进货时间和决定进货批量（分别用 T 和 Q 表示）。按照存货管理的目的，需要通过合理的进货批量和进货时间，使存货的总成本最低，这个批量叫作经济订货量或经济批量。有了经济订货量，可以很容易地找出最适宜的进货时间。

与存货总成本有关的变量（即影响总成本的因素）很多，为了解决比较复杂的问题，有必要简化或舍弃一些变量，先研究解决简单的问题，然后再扩展到复杂的问题。

这需要设立一些假设，在此基础上建立经济订货量的基本模型。

（一）经济订货量基本模型

经济订货量基本模型需要设立的假设条件如下。

（1）企业能够及时补充存货，即需要订货时便可立即取得存货。

（2）能集中到货，而不是陆续入库。

（3）不允许缺货，即无缺货成本，TC_s 为零，这是因为良好的存货管理本来就不应该出现缺货成本。

（4）需求量稳定，并且能预测，即 D 为已知常量。

（5）存货单价不变，即 U 为已知常量。

（6）企业现金充足，不会因现金短缺而影响进货。

（7）所需存货市场供应充足，不会因买不到需要的存货而影响其他。

设立了上述假设后，存货总成本的公式可以简化为：

$$TC = F_1 + \frac{D}{Q}K + DU + F_2 + \frac{Q}{2}K_c$$

当 F_1、K、DU、F_2、K_c 为常量时，TC 的大小取决于 Q。为了求出 TC 的最小值，对其进行求导演算，可得出下列公式：

$$Q^* = \sqrt{\frac{2KD}{K_c}}$$

这一公式称为经济订货量基本模型，求出的每次订货批量，可使 TC 达到最小值。并且通过这个公式可以推导出与订货批量有关的存货总成本公式：

$$TC^* = \sqrt{2KDK_c}$$

每年最佳订货次数公式为：

$$N^* = \frac{D}{Q^*}$$

最佳订货周期公式为：

$$t^* = \frac{1}{N^*}$$

经济订货量占用资金公式为：

$$I^* = \frac{Q^*}{2}$$

【经典案例 8-6】某企业每年耗用某种材料 3 600 千克，该材料单位成本为 10 元/千克，单位存储成本为 2 元/千克，一次订货成本为 25 元。求进货量、存货总成本、订货次数、订货周期和存货占用资金。

【解析】 $Q^* = \sqrt{\frac{2KD}{K_c}} = \sqrt{\frac{2 \times 3\ 600 \times 25}{2}} = 300$（千克）

$TC^* = \sqrt{2KDK_c} = \sqrt{2 \times 3\ 600 \times 25 \times 2} = 600$（元）

订货次数 $= \frac{D}{Q} = \frac{3\ 600}{300} = 12$（次）

$$订货周期=\frac{360}{订货次数}=\frac{360}{12}=30（天）$$

$$存货占用资金=\frac{Q}{2}\times U=\frac{300}{2}\times 10=1500（元）$$

经济订货量也可以用图解法求得：先计算出一系列不同批量的各有关成本，然后在坐标图上描出由各有关成本构成的订货成本线、储存成本线和总成本线，总成本线的最低点（或者订货成本线和储存成本线的交叉点）对应的批量，即为经济订货量。不同批量的有关成本变动情况如图 8-6 所示。从图中可以很清楚地看出，当订货批量为 300 千克时总成本最小，小于或大于这一批量都是不合算的。

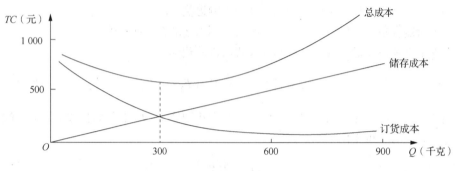

图 8-6　不同批量的成本变动情况

（二）基本模型的扩展

经济订货量的基本模型是在前述各假设条件下建立的，但现实生活中能够满足这些假设条件的情况十分罕见。为使模型更接近于实际情况，具有较高的可用性，需逐一放宽假设，同时改进模型。

1．订货提前期

一般情况下，企业的存货不能做到随用随时补充，不能等存货用光再去订货，而需要在没有用完时提前订货。在提前订货的情况下，企业再次发出订货单时，尚有存货的库存量，称为再订货点，用 R 来表示。它的数量等于交货时间（L）和每日平均需用量（d）的乘积：

$$R=L\times d$$

【经典案例 8-7】沿用【经典案例 8-6】的资料，企业订货日至到货期的时间为 10 天，每日存货需要量为 10 千克，求再订货点。

【解析】$R=L\times d=10\times 10=100$（千克）

即企业在尚存 100 千克存货时，就应当再次订货，等到下批订货到达时（再次发出订货单 10 天后），原有库存刚好用完。此时，有关存货的每次订货批量、订货次数、订货间隔时间等并无变化，与瞬时补充相同。订货提前期的情形如图 8-7 所示。这就是说，订货提前期对经济订货量并无影响，可仍以原来瞬时补充情况下的 300 千克为订货批量，只不过在达到再订货点（库存为 100 千克）时即发出订货单罢了。

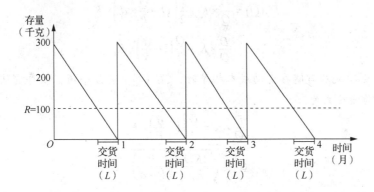

图 8-7　订货提前期

2．存货陆续供应和使用

在建立基本模型时，是假设存货一次全部入库，故存货增加时存量变化为一条垂直的直线。事实上，各批存货可能陆续入库，使存量陆续增加。尤其是产成品入库和在产品转移，几乎总是陆续供应和陆续耗用的。在这种情况下，需要对图 8-7 基本模型做一些修改。

【经典案例 8-8】某零件年需用量（D）为 3 600 件，每日送货量（P）为 30 件，每日耗用量（d）为 10 件，单价（U）为 10 元/件，一次订货成本（生产准备成本）（K）为 25 元，单位储存变动成本（K_c）为 2 元/件。存货数量的变动如图 8-8 所示。

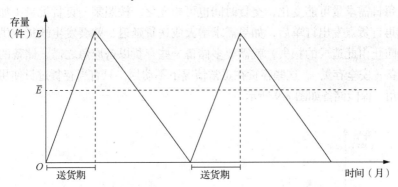

图 8-8　陆续供货时存货数量的变动

【解析】设每批订货数为 Q。由于每日送货量为 P，故该批货全部送达所需日数为 Q/P，称之为送货期。

因零件每日耗用量为 d，故送货期内的全部耗用量为：$\dfrac{Q}{P} \times d$

由于零件边送边用，所以每批送完时，最高库存量为：$Q - \dfrac{Q}{P} \times d$

平均存量则为：$\dfrac{1}{2}\left(Q - \dfrac{Q}{P} \times d\right)$

图 8-8 中的 E 表示最高库存量，这样，与批量有关的总成本为：

$$TC(Q) = \frac{D}{Q} \times K + \frac{1}{2}\left(Q - \frac{Q}{P} \times d\right) \times K_c$$

$$= \frac{D}{Q} \times K + \frac{Q}{2}\left(1 - \frac{d}{P}\right) \times K_c$$

在订货变动成本与储存变动成本相等时，$TC(Q)$ 有最小值，故存货陆续供应和使用的经济订货量公式为：

$$\frac{D}{Q} \times K = \frac{Q}{2}\left(1 - \frac{d}{P}\right) \times K_c$$

求得：

$$Q^* = \sqrt{\frac{2KD}{K_c} \times \left(\frac{P}{P-d}\right)}$$

将这一公式代入上述 $TC(Q)$ 公式，可得存货陆续供应和使用的经济订货量总成本公式：

$$TC(Q^*) = \sqrt{2KDK_c \times \left(1 - \frac{d}{P}\right)}$$

将上述数据代入，则：

$$Q^* = \sqrt{\frac{2 \times 3\,600 \times 25}{2} \times \frac{30}{30-10}} = 367 \text{（件）}$$

$$TC(Q^*) = \sqrt{2 \times 3\,600 \times 25 \times \left(1 - \frac{10}{30}\right)} = 346 \text{（元）}$$

3. 保险储备

以前讨论假定存货的供需稳定且确知，即每日需求量不变，交货时间也固定不变。实际上，每日需求量可能变化，交货时间也可能变化。按照某一订货批量（如经济订货批量）和再订货点发出订单后，如果需求增大或送货延迟，就会发生缺货或供货中断的情况。为防止由此造成的损失，就需要多储备一些存货以备应急之需，储备的存货量称为保险储备（安全存量）。这些存货在正常情况下不动用，只有当存货过量使用或送货延迟时才动用。保险储备如图 8-9 所示。

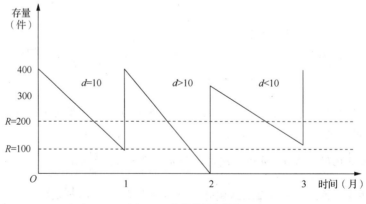

图 8-9　存货的保险储备

图 8-9 中，年需用量（D）为 3 600 件，已计算出经济订货量为 300 件，每年订货 12 次。又知全年平均日需求量（d）为 10 件，平均每次交货时间（L）为 10 天。为防止需求变化引起缺货损失，设保险储备（B）为 100 件，再订货点 R 由此而相应提高为：

R=交货时间×平均日需求量+保险储备=$L \times d + B$=10×10+100=200（件）

建立保险储备，固然可以使企业避免缺货或供应中断造成的损失，存货平均储备量加大却会使储备成本升高。研究保险储备的目的，就是要找出合理的保险储备量，使缺货或供应中断损失和储备成本之和最小。方法上可先计算出各不同保险储备量的总成本，然后再对总成本进行比较，选出其中最低的。

四、存货的日常管理

存货日常管理目标是保证企业生产经营在正常进行的前提下，尽量减少库存、防止积压。在实践中，常用的方法有存货 ABC 分类管理法、存货的归口分级管理、存货储存期控制法和零存货管理等。

（一）存货 ABC 分类管理法

存货 ABC 管理法又称重点管理法，是把不同项目的存货按照一定的标准分成 A、B、C 三大类，并对 A 类存货重点管理的一种方法。

存货 ABC 分类管理适用于大型企业对存货的管理控制。在一个大型企业，存货项目有成千上万种，有的价值昂贵，有的价值较低，有的数量庞大，有的寥寥无几，如果不分主次，面面俱到，对每一种存货都进行周密的规划、严格的控制，会浪费大量的人力和财力，而且也没有必要。采用存货 ABC 分类管理法就可以抓住重点，合理、有效地控制存货资金。

1．存货 ABC 分类管理的分类标准

分类标准主要有两个：一是金额标准；二是品种数量标准。其中金额标准是最基本的，品种数量标准仅作为参考。A 类存货的特点是金额巨大、品种数量少；B 类存货金额一般、品种数量相对较多；C 类存货品种数量繁多但价值金额很小。一般而言，三类存货的金额比重大致为 A：B：C=0.7：0.2：0.1，而品种数量比重大致为 A：B：C=0.1：0.2：0.7。对 A 类存货要重点规划和控制；对于 B 类存货作为次重点管理；对于 C 类存货只是从总额上掌握，进行一般管理。

2．存货 ABC 分类管理的操作步骤

运用存货 ABC 分类管理存货资金占用量时，一般可按以下步骤进行。

（1）计算每一种存货在一定时间内（一般为一年）资金占用额；

（2）计算每一种存货的资金占用额占全部存货资金占用额的百分比，并按大小顺序排列编成表格；

（3）根据事先测定好的标准，把重要的存货划为 A 类，把一般存货划为 B 类，把不重要的存货划为 C 类，并画图表示出来；

（4）对 A 类存货进行重点规划和管理，对 B 类存货进行次重点管理，对 C 类存货只进行一般管理即可。

【经典案例 8-9】美华公司共有 40 种材料，计划年度材料的耗用总额为 1 000 000 元，按占用资金多少的顺序排列后，根据公司规定的控制标准把 40 种材料划分为 A、B、C 类，编制材料资金 ABC 分类表。

【解析】材料资金 ABC 分类如表 8-8 所示。

表 8-8　材料资金 ABC 分类

材料品种	各种材料耗用资金数额（元）	各类材料资金占用		各类材料品种		管理类别
		金额（元）	比重（%）	品种数（种）	比重（%）	
1#	300 000					
2#	180 000	750 000	75	4	10	A
3#	150 000					
4#	120 000					
5#	42 000					
6#	30 000					
7#	27 000	200 000	20	10	25	B
……	……					
13#	12 000					
14#	10 000					
15#	9 200					
16#	8 000					
17#	6 800	50 000	5	26	65	C
……	……					
38#	450					
39#	230					
40#	120					

（二）存货的归口分级管理

1. 存货资金的统一管理

财务部门对存货实行统一综合管理，实现资金使用的综合平衡。财务部门对存货统一管理的重要内容包括：根据财务制度和企业具体情况，制定资金管理的各种制度；测算原材料、在产品、产成品的资金占用定额，汇总编制存货资金计划；将有关控制指标分别归口落实到供应、生产、销售等部门；对各部门资金运用情况进行检查、分析和考核。

2. 存货资金的归口管理

根据物资管理和资金管理相结合的原则，每项物资由哪个部门使用，其资金就由哪个部门管理。资金归口管理一般按以下原则分工：原材料、燃料、包装物等占用的资金归物资供应部门负责；在产品和自制半成品占用的资金归生产部门负责；产成品占用的资金归销售部门负责；工具、用具的占用资金属于工具管理部门负责；修理用备件占用的资金归维修部门负责。

3. 存货资金的分级管理

各归口的管理部门要根据具体情况，将资金控制计划进行层层分解，分配给所属的仓库、车间、班组等基层单位。原材料资金计划指标分解给各车间、半成品库管理；产成品资金计划指标分解给仓库保管、成品发运、销售等业务组管理。

（三）存货储存期控制法

无论是商品流通企业还是生产制造企业，其商品一旦买进入库或产品一旦生产完工入库，便面临着如何尽快销售出去的问题。且不考虑未来市场供求关系如何变化，仅就存货储存本身就会给企业造成较多的费用支出。这些费用支出按照与储存时间的关系可以分为固定储存费用与变动储存费用两类。其中固定储存费用的大小与存货储存期的长短没有直接联系，如进货运杂费、包装费、行政管理费等；变动储存费用则随着存货储存期的长短成正比例增减变动，如保管费、库存商品占用资金的利息、储存期间损耗等。

企业在生产经营过程中，售出产品后，实现的毛利要抵补费用和税金，剩下的才是企业经营利润。其计算公式如下。

$$利润=毛利-固定储存费用-税金及附加-变动储存费用×储存天数$$

由上述公式可见，变动储存费用的大小，会直接影响到企业利润的减增。这样随着存货储存期的延长，利润将日渐减少。当毛利减固定储存费用减税金及附加的金额被变动储存费用抵销到等于企业目标利润时，表明存货储存到了保利期；当完全被变动储存费用抵销时，便意味着存货储存已经到了保本期。无疑，存货如果能够在保本期内售出，所获得的利润将会超过目标值。反之，将难以实现预期的利润目标。如果存货不能在保本期内出售，便会使企业蒙受损失。

（四）零存货管理

零存货管理系统的特征是，争取存货为零。即在生产刚开始时，供应商发出的原材料刚好到达；在生产线上没有留存的半成品，只有不断运动的在产品，产品一旦完工，马上销售出去。零存货库存突破了传统的存货库存模式。这种模式能够使企业加速流动资金周转，减少利息支出，减少库存仓储存放费用和运输装卸费用，降低原材料费用成本；同时还避免随着产品不断更新，库存物资因不适合市场需要和生产质量工艺要求，出现削减处理、报废处理，甚至霉烂变质等损失。

零存货管理要有严密的生产计划，企业根据产品销售订货合同，按照交货进度与供应原材料公司订立供货原材料合同，按照原材料交货时间和质量标准、数量多少和交货时间来组织生产。安排生产计划，尽可能在供、产、销三个环节实现零存货库存，进而逐步做到不需要建立原材料、外购件、在产品、半成品及产成品的库存准备或者少储存。同时，这种管理模式也对供应商、员工、生产系统等提出了更高的要求，只有这些要求能够得到满足，零存货管理才能取得成功。

任务五　流动负债管理

一、流动负债筹资的特点

流动负债筹资所筹资金的可使用时间较短，一般不超过1年。流动负债具有以下特点。

（一）筹资速度快，容易取得

长期负债的债权人为了保护自身利益，往往要对债务人进行全面的财务调查，筹资所需时间一般较长且不易取得。短期负债在较短时间内即可归还，故债权人顾虑较少，筹资容易取得。

（二）筹资富有弹性

举借长期负债，债权人或有关方面经常会向债务人提出很多限定性条件或管理规定；而流动负债的限制则相对宽松，筹资企业对资金的使用较为灵活、富有弹性。

（三）筹资成本较低

一般来讲，短期负债的利率低于长期负债，短期负债筹资的成本也就较低。

（四）筹资风险高

短期负债需在短期内偿还，因而要求筹资企业在短期内拿出足够的资金偿还债务，若企业届时资金安排不当，就会陷入财务危机。此外，短期负债利率的波动比较大，一时高于长期负债的水平也是可能的。

二、流动负债融资的方式

（一）商业信用

商业信用是指在商品交易中由于延期付款或预收货款所形成的企业间的借贷关系。商业信用产生于商品交换之中，是所谓的"自发性筹资"。虽然按照惯例，经常把它们归入自发性负债，但严格说来它是企业主动选择的一种筹资行为，并非完全不可控的自发行为。商业信用运用广泛，在短期负债筹资中占有相当大的比重。

商业信用的具体形式有应付账款、应付票据、预收账款等。

1. 应付账款

应付账款是企业购买货物暂未付款而欠对方的账项，即卖方允许买方在购货一定时期内支付货款的一种形式。卖方利用这种方式促销，而对买方来说延期付款则等于向卖方借用资金购进商品，可以满足短期的资金需要。

商业信用条件常包括以下两种：第一，有信用期，但无现金折扣，如"n/30"，表示30天内按发票金额全数支付。第二，有信用期和现金折扣，如"2/10，n/30"表示10天内付款享受现金折扣2%，若买方放弃折扣，30天内必须付清款项。供应商在信用条件中规定有现金折扣，目的主要在于加速资金回收。企业在决定是否享受现金折扣时，应仔细考虑。通常，放弃现金折扣的成本是高昂的。

（1）放弃现金折扣的信用成本。

倘若买方企业购买货物后在卖方规定的折扣期内付款，可以获得免费信用，这种情况下企业没有因为取得延期付款信用而付出代价。例如，某企业应付账款规定付款信用条件为"2/10，n/30"，是指买方在10天内付款，可获得2%的付款折扣；若在10天至30天付款，则无折扣；允许买方付款期限最长为30天。

【经典案例 8-10】某企业按"2/10，n/30"的付款条件购入货物60万元。

【解析】如果企业在10天以后付款，便放弃了现金折扣1.2（60×2%）万元，信用额为58.8（60-1.2）万元。放弃现金折扣的信用成本率为：

$$放弃现金折扣的信用成本率=\frac{折扣百分比}{1-折扣百分比}\times\frac{360}{信用期-折扣期}$$

$$=\frac{2\%}{1-2\%}\times\frac{360}{30-10}=36.73\%$$

公式表明，放弃现金折扣的信用成本率与折扣百分比大小、折扣期长短和付款期长短有关系，与货款额和折扣额没有关系。如果企业在放弃现金折扣的情况下，推迟付款的时间越长，其信用成本便会越小，但展期信用的结果是企业信誉恶化导致信用度的严重下降，日后可能招致更苛刻的信用条件。

（2）放弃现金折扣的信用决策。

企业放弃应付账款现金折扣的原因，可能是企业资金暂时的缺乏，也可能是基于将应付账款用于临时性短期投资，以获得更高的投资收益。如果企业将应付账款用于短期投资，所获得的投资报酬率高于放弃折扣的信用成本率，则应当放弃现金折扣。

【经典案例 8-11】企业采购一批材料，供应商报价为 1 万元，付款条件为"3/10、2.5/30、1.8/50、n/90"。目前企业用于支付账款的资金需要在 90 天时才能周转回来，在 90 天内付款，只能通过银行借款解决。如果银行利率为 12%，确定企业材料采购款的付款时间和价格。

【解析】根据放弃折扣的信用成本率计算公式，10 天内付款方案，放弃折扣的信用成本率为 13.92%；30 天内付款方案，放弃折扣的信用成本率为 15.38%；50 天内付款方案，放弃折扣的信用成本率为 16.50%。由于各种方案放弃折扣的信用成本率均高于借款利率，因此初步结论是要取得现金折扣，借入银行借款以偿还货款。

10 天付款，得折扣 300 元，用资 9 700 元，借款 80 天，利息为 258.67 元，净收益为 41.33 元；30 天付款，得折扣 250 元，用资 9 750 元，借款 60 天，利息为 195 元，净收益为 55 元；50 天付款，得折扣 180 元，用资 9 820 元，借款 40 天，利息为 130.93 元，净收益为 49.07 元。

总结论：第 30 天付款是最佳方案，其净收益最大。

2．应付票据

应付票据是企业进行延期付款商品交易时开具的反映债权债务关系的票据。根据承兑人的不同，应付票据分为商业承兑汇票和银行承兑汇票两种。支付期最长不超过 6 个月。应付票据可以带息，也可以不带息。应付票据的利率一般比银行借款的利率低，且不用保持相应的补偿性余额和支付协议费，所以应付票据的筹资成本低于银行借款成本。但是应付票据到期必须归还，如若延期便要交付罚金，因而风险较大。

3．预收账款

预收账款是卖方企业在交付货物之前向买方预先收取部分或全部货款的信用形式。对于卖方来讲，预收账款相当于向买方借用资金后用货物抵偿。预收账款一般用于生产周期长、资金需要量大的货物销售。

4．应付未付款

此外，企业往往还存在一些在非商品交易中产生但亦为自发性筹资的应付费用，如应付职工薪酬、应交税费、其他应付款等。应付费用使企业受益在前、费用支付在后，相当于享用了收款方的借款，一定程度上缓解了企业的资金需要。应付费用的期限具有强制性，不能由企业自由斟酌使用，但通常不需花费代价。

5．商业信用筹资的优点

（1）商业信用容易获得。商业信用的载体是商品购销行为，企业总有一批既有供需关系又有相互信用基础的客户，所以对大多数企业而言，应付账款和预收账款是自然的、持续的信贷形式。商业信用的提供方一般不会对企业的经营状况和风险进行严格的考量，企业无须办理像银行借款那样复杂的手续便可取得商业信用，有利于应对企业生产经营之急需。

（2）企业有较大的机动权。企业能够根据需要，选择决定筹资的金额大小和期限长短，同样要比银行借款等其他方式灵活得多。甚至如果在期限内不能付款或交货时，一般还可以通过与客户的协商，请求延长时限。

（3）企业一般不用提供担保。通常，商业信用筹资不需要第三方担保，也不会要求筹资企业用资产进行抵押。这样，在出现逾期付款或交货的情况时，可以避免像银行借款那样面临抵押资产被处置的风险，企业的生产经营能力在相当长的一段时间内不会受到限制。

6.商业信用筹资的缺点

（1）商业信用筹资成本高。在附有现金折扣条件的应付账款融资方式下，其筹资成本与银行信用相比较高。

（2）容易恶化企业的信用水平。商业信用的期限短，还款压力大，对企业现金流量管理的要求很高。如果长期和经常性地拖欠账款，会造成企业的信誉恶化。

（3）受外部环境影响较大。商业信用筹资受外部环境影响较大，稳定性较差，即使不考虑机会成本，也是不能无限利用的。一是受商品市场的影响，如当求大于供时，卖方可能停止提供信用。二是受资金市场的影响，当市场资金供应紧张或有更好的投资方向时，商业信用筹资就可能遇到障碍。

（二）短期借款

短期借款是指企业向银行和其他非银行金融机构借入的期限在1年以内的借款。在短期负债筹资中，短期借款的重要性仅次于商业信用。短期借款可以随企业的需要安排，便于灵活使用，且取得亦较简便。但其突出的缺点是短期内要归还，特别是在带有诸多附加条件的情况下更使风险加剧。

1.短期借款的种类

我国目前的短期借款按照目的和用途分为若干种，主要有生产周转借款、临时借款、结算借款等。按照国际通行做法，短期借款还可依偿还方式的不同，分为一次性偿还借款和分期偿还借款；依利息支付方法的不同，分为收款法借款、贴现法借款和加息法借款；依有无担保，分为抵押借款和信用借款等。企业在申请借款时，应根据各种借款的条件和需要选择。

2.短期借款的取得

企业举借短期借款，首先必须提出申请，经审查同意后借贷双方签订借款合同，注明借款的用途、金额、利率、期限、还款方式、违约责任等；然后企业根据借款合同办理借款手续；借款手续办理完毕，企业便可取得借款。

3.短期借款的信用条件

按照国际通行做法，银行发放短期借款往往带有一些信用条件，主要有以下几个。

（1）信贷限额。

信贷限额是银行对借款人规定的无担保贷款的最高额。信贷限额的有效期限为1年，但根据情况也可延期1年。一般来讲，企业在批准的信贷限额内，可随时使用银行借款。但是，银行并不承担必须提供全部信贷限额的义务。如果企业信誉恶化，即使银行曾同意过按信贷限额提供贷款，企业也可能得不到借款。这时，银行不会承担法律责任。

（2）周转信贷协定。

周转信贷协定是银行具有法律义务地承诺提供不超过某一最高限额的贷款。在协定的有效期内，只要企业的借款总额未超过最高限额，银行必须满足企业任何时候提出的借款要求。企业享用周转信贷协定，通常要就贷款限额的未用部分付给银行一笔承诺费（Commitment Fee）。

例如，某银行周转信贷额为 1 000 万元，承诺费率为 0.5%，借款企业年度内用了 600 万元，余额为 400 万元，借款企业该年度就要向银行支付承诺费 2×（400×0.5%）万元。这是银行向企业提供此项贷款的一种附加条件。周转信贷协定的有效期通常超过 1 年，但实际上贷款每几个月发放一次，所以这种信贷具有短期和长期借款的双重特点。

（3）补偿性余额。

补偿性余额是银行要求借款企业在银行中保持按贷款限额或实际借用额一定百分比（一般为 10%～20%）保留的最低存款余额。从银行的角度讲，补偿性余额可降低贷款风险，补偿遭受的贷款损失。对于借款企业来讲，补偿性余额则提高了借款的实际利率。

【经典案例 8-12】某企业向银行借款 800 万元，年利率为 6%，银行要求保留 10% 的补偿性余额，则企业实际可动用的贷款为 720 万元，求该借款的实际利率。

【解析】借款实际利率 $=\dfrac{800\times6\%}{720}=\dfrac{6\%}{1-10\%}=6.67\%$

（4）借款抵押。

银行向财务风险较大的企业或对其信誉不甚有把握的企业发放贷款，有时需要有抵押品担保，以减小自己蒙受损失的风险。短期借款的抵押品经常是借款企业的应收账款、存货、股票、债券等。银行接受抵押品后，将根据抵押品的面值决定贷款金额，一般为抵押品面值的 30%～90%。这一比例的高低，取决于抵押品的变现能力和银行的风险偏好。抵押借款的成本通常高于非抵押借款，因为银行主要向信誉好的客户提供非抵押贷款，而将抵押贷款看成是一种风险投资，故而收取较高的利率；同时银行管理抵押贷款要比管理非抵押贷款困难，为此往往另外收取手续费。企业向贷款人提供抵押品，限制其财产的使用和将来的借款能力。

（5）偿还条件。

贷款的偿还有到期一次偿还和在贷款期内定期（每月、季）等额偿还方式。一般来讲，企业不希望采用后一种偿还方式，因为这会提高借款的利率；而银行不希望采用前一种偿还方式，因为这会加重企业的财务负担、企业的拒付风险，同时会降低实际贷款利率。

（6）其他承诺。

银行有时还要求企业为取得贷款而做出其他承诺，如及时提供财务报表、保持适当的财务水平（如特定的流动比率）等。例如，企业违背所做出的承诺，银行可要求企业立即偿还全部贷款。

4．短期借款的成本

短期借款成本主要包括利息、手续费等。短期借款成本的高低主要取决于贷款利率的高低和利息的支付方式。短期贷款利息的支付方式有收款法、贴现法和加息法三种，付息方式不同，短期借款成本计算也有所不同。

（1）收款法。

收款法是在借款到期时向银行支付利息的方法。银行向企业贷款一般采用这种方法收取利息。采用收款法时，短期贷款的实际利率就是名义利率。

（2）贴现法。

贴现法又称折价法，是指银行向企业发放贷款时，先从本金中扣除利息部分，到期时借款企业偿还全部贷款本金的一种利息支付方法。在这种利息支付方式下，企业可以利用的贷款只是本金减去利息部分后的差额，因此，贷款的实际利率要高于名义利率。

【经典案例 8-13】 某企业从银行取得借款 200 万元，期限为 1 年，年利率为 6%，利息为 12 万元。按贴现法付息，企业实际可动用的贷款为 188 万元，求该借款的实际利率。

【解析】 借款实际利率 $= \dfrac{200 \times 6\%}{188} = \dfrac{6\%}{1-6\%} = 6.38\%$

（3）加息法。

加息法是银行发放分期等额偿还贷款时采用的利息收取方法。在分期等额偿还贷款情况下，银行将根据名义利率计算的利息加到贷款本金上，计算出贷款的本息和，要求企业在贷款期内分期偿还本息和的金额。由于贷款本金分期均衡偿还，借款企业实际上只平均使用了贷款本金的一半，却支付了全额利息。这样企业所负担的实际利率便要高于名义利率大约 1 倍。

【经典案例 8-14】 某企业借入（名义）年利率为 12%的贷款 20 000 元，分 12 个月等额偿还本息。求该项借款的实际年利率。

【解析】 实际年利率 $= \dfrac{20\,000 \times 12\%}{20\,000 / 2} = 24\%$

（三）短期融资券

短期融资券是指企业依法发行的无担保短期本票。在我国，短期融资券是指企业依据《银行间债券市场非金融企业债务融资工具管理办法》的条件和程序，在银行间债券市场发行和交易并约定一定期限内还本付息的有价证券，是企业筹措短期资金的一种直接融资方式。

1．发行短期融资券的相关规定

（1）发行人为非金融企业，发行企业均经过在我国境内工商注册且具备债券评级能力的评级机构的信用评级，并将评级结果向银行间债券市场公示。

（2）发行和交易的对象是银行间债券市场的机构投资者，不向社会公众发行和交易。

（3）融资券的发行由符合条件的金融机构承销，企业不得自行销售融资券，发行融资券募集的资金用于本企业的生产经营。

（4）融资券采用实名记账方式在中央国债登记结算有限责任公司登记托管，中央国债登记结算有限责任公司负责提供有关服务。

（5）债券融资工具发行利率、发行价格和所涉费率以市场化方式确定，任何商业机构不得以欺诈、操纵市场等行为获取不正当利益。

2．短期融资券的种类

（1）按发行人分类，短期融资券分为金融企业的融资券和非金融企业的融资券。在我国，目前发行和交易的是非金融企业的融资券。

（2）按发行方式分类，短期融资券分为经纪人承销的融资券和直接销售的融资券。非金融企业发行融资券一般采用间接承销方式进行，金融企业发行融资券一般采用直接发行方式。

3．短期融资券的筹资特点

（1）短期融资券筹资成本低。相对于发行企业债券筹资而言，发行短期融资券的筹资成本较低。

（2）短期融资券筹资数额比较大。相对于银行借款筹资而言，短期融资券一次性筹资数额比较大。

（3）发行短期融资券的条件比较严格。对于发行短期融资券的企业来讲，发行条件较为严格，必须具备一定信用等级的、实力强的企业，才能发行短期融资券。

三、流动负债的利弊

理解流动负债（期限为 365 天甚至更少）和长期负债（期限在 1 年以上）的优势和劣势相当重要。除了成本和风险的不同，为流动资产融资时使用短期和长期负债之间还存在经营上的不同。

（一）流动负债的经营优势

流动负债的主要经营优势包括容易获得，灵活性强，具有有效地为季节性信贷需要提供融资的能力。这创造了需要融资和获得融资之间的同步性。另外，短期借款一般比长期借款具有更少的约束性条款。如果仅在一个短期内需要资金，以短期为基础进行借款可以使企业维持未来借款决策的灵活性。如果一个企业签订了长期借款协议，该协议具有约束性条款、大量的预付成本和信贷合约的初始费用，那么流动负债所具有的灵活性通常不适用。

为了满足增长的需要，一个季节性企业必须增加存货和应收账款。流动负债是为流动资产中的临时性的、季节性的增长进行融资的主要工具。

（二）流动负债的经营劣势

流动负债的经营劣势是需要持续地重新谈判或滚动安排负债。贷款人由于企业财务状况的变化，或整体经济环境的变化，可能在到期日不愿滚动贷款，或重新设定贷款额度。而且，提供贷款额度的贷款人一般要求，用于为短期营运资金缺口而筹集的贷款，必须每年支付至少 1 至 3 个月的全额款项，这 1 至 3 个月被称为结清期。贷款人之所以这么做，是为了确认企业是否在长期负债是合适的融资来源时仍使用流动负债。许多企业的实践证明，使用短期借款为永久性流动资产融资是一件危险的事情。

 本学习单元小结

营运资金是指企业流动资产减去流动负债后的余额。现金，是指在生产过程中暂时停留在货币形态的资金。现金管理的目标是在保证企业生产经营所需现金的同时，节约使用现金，并从暂时闲置的现金中获取较多的利息收入。应收账款是企业因对外销售产品、材料、供应劳务及其他原因，应向购货单位或接受劳务的单位及其他单位收取的款项，包括应收销售款、其他应收款、应收票据等。应收账款的目标就是通过对应收账款的管理，在发挥应收账款功能的基础上，尽可能降低应收账款投资的成本。存货是指企业在生产经营过程中为销售或者耗用而储备的物资，包括材料、燃料、低值易耗品、在产品、半成品、产成品、协作件、商品等。进行存货管理的目标就是尽力在各种存货成本与存货效益之间做出权衡，达到两者的最佳结合，就是在保证生产或者销售经营需要的前提下，最大限度地降低存货成本。企业在生产经营过程中，往往需要一些临时性资金供企业周转使用，或者出于各种考虑需要临时调整其资产负债结构等，这些都需要筹集短期资金。这种短期筹资所得资金属于流动负债，可使用时间较短。短期融资方式主要有商业信用、短期借款、短期融资券。

 复习与思考

1. 如何加强存货的管理？
2. 企业信用政策制定的主要内容有哪些？
3. 短期融资方式主要有哪些？

 技能实训

1. F 公司有关资料如下。

（1）未来 1 年，预计公司资金年需求量为 432 万元。

（2）F 公司的证券买卖都是通过一个代理员进行的，每一笔业务交易需要由公司支付 500 元。

（3）货币市场上的年证券收益率为 6.5%。

要求采用存货模型计算以下两项。

（1）该公司应保留多少元的现金余额？

（2）公司在未来 12 个月内将进行多少次证券销售？

2. C 公司生产和销售甲、乙两种产品。目前的信用政策为"2/15，$n/30$"，有占销售额 60% 的客户在折扣期内付款并享受公司提供的折扣；不享受折扣的应收账款中，有 80% 可以在信用期内收回，另外 20% 在信用期满后 10 天（平均数）收回。逾期账款的收回，需要支出占逾期账款额 10% 的收账费用。如果明年继续保持目前的信用政策，预计甲产品销售量为 4 万件，单价为 100 元/件，单位变动成本为 60 元/件；乙产品销售量为 2 万件，单价为 300 元/件，单位变动成本为 240 元/件。

如果明年将信用政策改为"5/10，$n/20$"，预计不会影响产品的单价、单位变动成本和销售的品种结构，而销售额将增加到 1 200 万元。与此同时，享受折扣的比例将上升至销售额的 70%；不享受折扣的应收账款中，有 50% 可以在信用期内收回，另外 50% 可以在信用期满后 20 天（平均数）收回。这些逾期账款的收回，需要支出占逾期账款额 10% 的收账费用。该公司应收账款的资本成本率为 12%。

要求：

（1）假设公司继续保持目前的信用政策，计算其平均收账期和应收账款应计利息；

（2）假设公司采用新的信用政策，计算其平均收账期和应收账款应计利息；

（3）计算改变信用政策引起的损益变动净额，并据此说明公司是否应改变信用政策。

3. 某零件年需要量为 16 200 件，日供应量为 60 件，一次订货成本为 25 元，单位储存成本为 1 元/年。假设一年为 360 天，需求是均匀的，不设置保险库存并且按照经济订货量进货。

要求：

（1）计算经济订货量；

（2）计算最高库存量；

（3）计算与进货批量有关的总成本。

学习单元九　收益分配管理实务

 素质目标

1. 掌握利润分配程序
2. 掌握股利理论的主要内容
3. 掌握股利政策的影响因素以及股利政策的类型
4. 理解股票回购的动机与方式
5. 了解股票分割与股票股利的区别

 技能目标

1. 能针对不同企业制定适合的股利分配方案
2. 能找出企业股利政策制定的制约因素
3. 能熟悉各种不同股利理论的应用
4. 能针对不同企业选择合适的股利分配政策

 案例导入

　　2020 年 4 月 28 日，伊利股份（600887.SH）发布 2019 年报。根据 BrandZ™发布的"2019 年最具价值中国品牌 100 强"榜单，伊利获得了 Brand Finance 发布的全球最具发展潜力的乳品品牌荣誉，位列食品和乳品排行榜第一名，这一记录也已经连续保持七年。根据凯度消费者指数报告，全国九成家庭选择"伊利"。这表明伊利已经成了我国消费者选择最多的品牌。全球著名市场调研机构尼尔森也为此提供了一组数据：2019 年，伊利旗下的代表产品之一——金典有机常温液态奶的零售额市场占份额达到 45.7%，在对应的细分市场中位居首位。2019 年，伊利常温液态类乳品的市场渗透率达到了 84.3%，较上年同期提升了 1.9 个百分点。这在一定程度上得益于其市场下沉策略。截至 2019 年末，伊利拥有 103.9 万家乡镇村网店，较上年末提升了 8.0%。另外，就整个液态类乳品来看，2019 年，伊利的零售额也继续增长，实现了 32.4%的市场占份额。

　　根据年报，2019 年，伊利实现营业总收入 902.23 亿元，同比增长了 13.41%。从绝对值来看，2019 年，伊利股份的收入规模迈入了 900 亿大关。2019 年，伊利实现净利润 69.51 亿元，同比增长了 7.73%。2019 年，伊利实现基本每股收益 1.15 元/股，比上年同期增长了 8.49%，扣除非经常性损益后为 1.04 元/股，比上年同期增长了 7.22%。2019 年，实现加权平均净资产收益率 26.38%，比上年同期增加了 2.05 个百分点，扣除非经常性损益后为 23.85%，比上年同期增加了 1.64 个百分点。从历史业绩来看，除去 2016 年的乳业寒冬，伊利的营收增速年年都保持在 10%以上；其中，2013—2019 年，营业收入的复合增长率实现了 11.18%。扣非归母净利润的复合增长率达到了 19.06%。

　　根据年报，2019 年，伊利向全体股东每 10 股派发现金红利 8.10 元，总计分红 49.13

亿元，占到当年净利润的 70.86%。经过这次分红之后，伊利股份上市之后的累计分红规模达到了 254.56 亿元，分红募资比提高至 3.91 倍。

伊利股份的股利分配形式主要有两种：现金股利和混合股利，其中混合股利采用了"派现+转增股本"这种方式。从 2012—2019 年报披露，伊利股份股利分配情况如下：2012 年每 10 股派现 2.8 元（含税）；2013 年每 10 股转增 5 股并派现 2 元（含税）；2014 年每 10 股转增 10 股并派现 8 元（含税）；2015 年每 10 股派现 4.5 元（含税）；2016 年每 10 股派现 6 元（含税）；2017 年每 10 股派现 7 元（含税）；2018 年每 10 股派现 7 元（含税）；2019 年每 10 股派现 8.1（含税）。从中可以看出，现金股利是伊利股份股利分配中最主要的方式，从 2015—2019 年伊利股份连续 5 年采用现金分红，而没有分配股票股利。另外也只在 2013 和 2014 年实施过转增股的政策。

请思考以下问题。

你认为股利分配对企业有什么影响？伊利股份执行的是什么股利分配政策？

任务一　收益分配管理认知

一、收益分配管理的概念及意义

（一）收益分配管理的概念

收益分配管理是对企业收益分配的主要活动及其形成的财务关系的组织与调节，是企业将一定时期内所创造的经营成果合理地在企业内、外部各利益相关者之间进行有效分配的过程。企业的收益分配有广义和狭义两种概念。广义的收益分配是指对企业的收入和净利润进行分配，包含两个层次的内容：第一层次是对企业收入的分配；第二层次是对企业净利润的分配。狭义的收益分配则仅仅是指对企业净利润的分配。本章所指收益分配采用狭义的收益分配概念，即对企业净利润的分配。

企业通过经营活动取得收入后，要按照补偿成本、缴纳所得税、提取公积金、向投资者分配利润等顺序进行收益分配。对于企业来说，收益分配不仅是资产保值、保证简单再生产的手段，同时也是资产增值、实现扩大再生产的工具。收益分配可以满足国家政治职能与组织经济职能的需要，是处理所有者、经营者等各方面物质利益关系的基本手段。

（二）收益分配管理的意义

收益分配管理作为现代企业财务管理的重要内容之一，对于维护企业与各相关利益主体的财务关系、提升企业价值具有重要意义。具体而言，企业收益分配管理的意义表现在以下三个方面。

1. 收益分配集中体现了企业所有者、债权人与职工之间的利益关系

企业所有者是企业权益资金的提供者，按照谁出资、谁受益的原则，其应得的投资收益须通过企业的收益分配来实现，而获得投资收益的多少取决于企业盈利状况及利润分配政策。通过收益分配，投资者能实现预期的收益，提高企业的信誉程度，有利于增强企业未来融通资金的能力。

企业的债权人在向企业投入资金的同时也承担了一定的风险，企业的收益分配应体现出对债权人利益的充分保护。除了按时支付到期本金、利息外，企业在进行收益分配时也要考虑债权人未偿付本金的保障程度，否则将在一定程度上削弱企业的偿债能力，从而降低企业的财务弹性。

职工是价值的创造者，是企业收入和利润的源泉。通过薪资的支付以及各种福利的提供，可以提高职工的工作热情，为企业创造更多价值。因此，为了正确、合理地处理好企业各方利益相关者的需求，就必须对企业所实现的收益进行合理分配。

2．收益分配是企业再生产的条件以及优化资本结构的重要措施

企业在生产经营过程中所投入的各类资金，随着生产经营活动的进行不断地发生消耗和转移，形成成本费用，最终构成商品价值的一部分。销售收入的取得，为企业成本费用的补偿提供了前提，为企业简单再生产的正常进行创造了条件。通过收益分配，企业能形成一部分自行安排的资金，可以增强企业生产经营的财力，有利于企业适应市场需要扩大再生产。

此外，留存收益是企业重要的权益资金来源，收益分配的多少，影响企业积累的多少，从而影响权益与债务的比例，即资本结构。企业价值最大化的目标要求企业的资本结构最优，因而收益分配便成了优化资本结构、降低资本成本的重要措施。

3．收益分配是国家建设资金的重要来源之一

在企业正常的生产经营活动中，职工不仅为自己创造了价值，还为社会创造了一定的价值，即利润。利润代表企业的新创财富，是企业收入的重要构成部分。除了满足企业自身的生产经营性积累外，通过收益分配，国家财政也能够集中一部分企业利润，由国家有计划地分配使用，实现国家政治职能和经济职能，发展能源、交通和原材料基础工业，为社会经济的发展创造良好条件。

二、收益分配的原则

企业通过经营活动赚取收益，并将其在相关各方之间进行分配。收益分配作为一项重要的财务活动，应当遵循以下原则。

（一）依法分配原则

企业的收益分配必须依法进行。为了规范企业的收益分配行为，维护各利益相关者的合法权益，国家颁布了相关法规。这些法规规定了企业收益分配的基本要求、一般程序和重要比例，企业应当认真执行，不得违反。

（二）资本保全原则

企业的利润分配必须以资本的保全为前提。企业的利润分配是对投资者投入资本的增值部分所进行的分配，不是投资者本金的返还。以企业的投资本金进行的分配，属于一种清算行为，而不是利润的分配。企业必须在有可供分配留存收益的情况下进行分配，只有这样才能充分保护投资者的利益。

（三）分配与积累并重原则

企业的收益分配必须坚持积累与分配并重原则。企业通过经营活动赚取收益，既要保证企业简单再生产的持续进行，又要不断积累企业扩大再生产的财力基础。恰当处理分配与积累之间的关系，留存一部分净收益以供未来分配之需，能够增强企业抵抗风险的能力，同时，也可以提高企业经营的稳定性与安全性。

（四）兼顾各方利益原则

企业的收益分配必须兼顾各方面的利益。企业是经济社会的基本单元，企业的收益分配涉及国家、企业股东、债权人、职工等多方面的利益。正确处理他们之间的关系，协调其矛盾，对企业的生存、发展是至关重要的。企业在进行收益分配时，应当统筹兼顾，维护各利益相关者的合法权益。

（五）投资与收益对等原则

企业进行收益分配应当体现"谁投资谁受益"、收益大小与投资比例相对等的原则。这是正确处理投资者利益关系的关键。企业在向投资者分配收益时，应本着平等一致的原则，按照投资者投资额的比例进行分配，不允许任何一方随意多分多占，以从根本上实现收益分配中的公开、公平和公正，保护投资者的利益。

三、利润分配的程序

利润分配是对企业所实现的经营成果进行分割与派发的活动。企业利润分配的基础是净利润，即企业缴纳所得税后的利润。利润分配既是对股东投资回报的一种形式，也是企业内部筹资的一种方式，对企业的财务状况会产生重要的影响。利润分配必须依据法定程序进行，按照《公司法》《企业财务通则》等法律法规的规定，股份有限公司实现的税前利润，应首先依法缴纳企业所得税，税后利润应当按照下列基础程序进行分配。

（一）弥补以前年度亏损

企业在提取法定公积金之前，应先用当年利润弥补亏损。企业年度亏损可以用下一年度的税前利润弥补，下一年度不足弥补的，可以在五年之内用税前利润连续弥补，连续五年未弥补的亏损则用税后利润弥补。其中，税后利润弥补亏损可以用当年实现的净利润，也可以用盈余公积转入。

（二）提取法定盈余公积金

根据公司法的规定，法定盈余公积金的提取比例为当年税后利润（弥补亏损后）的10%。当年法定盈余公积金的累积额已达注册资本的50%时，可以不再提取。法定盈余公积金提取后，根据企业的需要，可用于弥补亏损或转增资本，但企业用盈余公积金转增资本后，法定盈余公积金的余额不得低于转增前公司注册资本的25%。提取法定盈余公积金的目的是增加企业内部积累，以利于企业扩大再生产。

（三）提取任意盈余公积金

根据公司法的规定，公司从税后利润中提取法定公积金后，经股东会或股东大会决议，还可以从税后利润中提取任意盈余公积金。这是为了满足企业经营管理的需要，控制向投资者分配利润的水平，以及调整各年度利润分配的波动。

（四）向股东（投资者）分配股利（利润）

根据公司法的规定，公司弥补亏损和提取公积金后所余税后利润，可以向股东（投资者）分配股利（利润）。其中：有限责任公司股东按照实缴的出资比例分取红利，全体股东约定不按照出资比例分取红利的除外；股份有限公司按照股东持有的股份比例分配，但股份有限公司章程规定不按照持股比例分配的除外。

任务二 股利分配理论与分配方案制定

一、股利分配理论

股利政策是指在法律允许的范围内，企业是否发放股利、发放多少股利以及何时发放股利的方针及对策。

股利政策

股利政策的最终目标是使企业价值最大化。股利往往可以向市场传递一些信息，股利的发放多寡、是否稳定、是否增长等，往往是大多数投资者推测企业经营状况好坏、发展前景优劣的依据。因此，股利政策关系到企业在市场上、在投资者中间的形象，成功的股利政策有利于提高企业的市场价值。

企业的股利分配方案既取决于企业的股利政策，又取决于决策者对股利分配的理解与认识，即股利分配理论。股利分配理论是指人们对股利分配的客观规律的科学认识与总结，其核心问题是股利政策与企业价值的关系问题。市场经济条件下，股利分配要符合财务管理目标。人们对股利分配与财务目标之间关系的认识存在不同的流派与观念，还没有一种被大多数人接受的观点和结论。但主要有以下两种较流行的观点。

（一）股利无关论

股利无关论是由美国经济学家弗兰科·莫迪利亚尼（Franco Modigliani）和财务学家默顿·米勒（Merton Miller）于 1961 年提出的，又称为 MM 理论。股利无关论认为，在一定的假设条件限制下，股利政策不会对公司的价值或股票的价格产生任何影响，投资者不关心公司股利的分配。公司市场价值的高低，是由公司所选择的投资决策的获利能力和风险组合所决定，而与公司的利润分配政策无关。股利无关论的主要观点如下所述。

1．投资者并不关心公司的股利分配

若公司留存较多的利润用于再投资，会导致公司股票价格上升；此时尽管股利较低，需用现金的投资者可以出售股票换取现金。反之，若公司发放较多的股利，投资者又可以用现金再买入一些股票以扩大投资。也就是说无论公司多分配或者少分配股利，对投资者而言都没有区别，投资者只是通过不同的方式获利而已，所以投资者对股利和资本利得两者并无偏好。

2．股利支付比率不影响公司的价值

由于公司对股东的分红只是盈利减去投资之后的差额部分，且分红只能采取派现或股票回购等方式，因此，一旦投资政策已定，那么，在完全的资本市场上，股利政策的改变就仅仅意味着收益在现金股利与资本利得之间分配上的变化。如果投资者按理性行事，这种改变不会影响公司的市场价值以及股东的财富。该理论是建立在完全资本市场理论之上的，假定条件包括：第一，市场具有强式效率；第二，不存在任何企业所得税或个人所得税；第三，不存在任何筹资费用；第四，公司的投资决策与股利决策彼此独立。

（二）股利相关理论

与股利无关论相反，股利相关理论认为，公司的股利政策会影响股票价格和公司价

值。主要观点有以下几种。

1."在手之鸟"理论

"在手之鸟"理论认为，用留存收益再投资给投资者带来的收益具有较大的不确定性，并且投资的风险随着时间的推移会进一步加大，因此，厌恶风险的投资者会偏好确定的股利收益，而不愿将收益留存在公司内部，去承担未来的投资风险。该理论认为公司的股利政策与公司的股票价格是密切相关的，即当公司支付较高的股利时，公司的股票价格会随之上升，公司价值将得到提高。

2.信号传递理论

信号传递理论认为，在信息不对称的情况下，公司可以通过股利政策向市场传递有关公司未来获利能力的信息，从而会影响公司的股价。一般来讲，预期未来获利能力强的公司，往往愿意通过相对较高的股利支付水平吸引更多的投资者。对于市场上的投资者来讲，股利政策的差异或许是反映公司预期获利能力的有价值的信号。如果公司连续保持较为稳定的股利支付水平，那么投资者会对公司未来的盈利能力与现金流量抱有乐观的预期。如果公司的股利支付水平突然发生变动，那么股票市价也会对这种变动做出反应。

3.所得税差异理论

所得税差异理论认为，由于普遍存在的税率和纳税时间的差异，资本利得收入比股利收入更有助于实现收益最大化目标，公司应当采用低股利政策。一般来说，对资本利得收入征收的税率低于对股利收入征收的税率；再者，即使两者没有税率上的差异，由于投资者对资本利得收入的纳税时间选择更具有弹性，投资者仍可以享受延迟纳税带来的收益差异。

4.代理理论

代理理论认为，股利政策有助于减缓管理者与股东之间的代理冲突，即股利政策是协调股东与管理者之间代理关系的一种约束机制。该理论认为，股利的支付能够有效地降低代理成本。首先，股利的支付减少了管理者对自由现金流的支配权，这在一定程度上可以抑制公司管理者的过度投资或在职消费行为，从而保护外部投资者的利益；其次，较多的现金股利发放，减少了内部融资，导致公司进入资本市场寻求外部融资，从而公司将接受资本市场上更多的、更严格的监督，这样便通过资本市场的监督减少了代理成本。因此，高水平的股利政策降低了企业的代理成本，但同时增加了外部融资成本，理想的股利政策应当使两种成本之和最小。

二、股利分配政策

股利分配政策由公司在不违反国家有关法律、法规的前提下，根据本公司具体情况制定。股利分配政策既要保持相对稳定，又要符合公司财务目标和发展目标。在实际工作中，通常有以下几种股利分配政策可供选择。

（一）剩余股利政策

1.剩余股利政策的含义

剩余股利政策是指公司在有良好的投资机会时，根据目标资本结构，测算出投资所需的权益资本额，先从盈余中留用，然后将剩余的盈余作为股利来分配。即净利润首先满足公司的资金需求，如果还有剩余，就派发股利；如果没有，则不派发股利。

2．理论依据

剩余股利政策的理论依据是股利无关论。根据股利无关论，在完全理想状态下的资本市场中，公司的股利政策与普通股每股市价无关，故而股利政策只需随着公司投资、融资方案的制定而自然确定。因此，采用剩余股利政策时，公司要遵循以下四个步骤。

（1）设定目标资本结构，在此资本结构下，公司的加权平均资本将达到最低水平；

（2）确定公司的最佳资本预算，并根据公司的目标资本结构预计资金需求中所需增加的权益资本数额；

（3）最大限度地使用留存收益来满足资金需求中所需增加的权益资本数额；

（4）留存收益在满足公司权益资本增加需求后，若还有剩余再用来发放股利。

【经典案例 9-1】假定某公司某年税后净利润为 1 000 万元，第二年的投资计划需要资金 1 200 万元，公司的目标资本结构为权益资本占 60%、债务资本占 40%。

【解析】按照目标资本结构的要求，公司投资方案所需的权益资本数额为：

1 200×60%=720（万元）

公司当年可供分配的利润为 1 000 万元，除了满足上述投资方案所需的权益资本数额外，还有剩余可用于发放股利。公司可以发放的股利额为：1 000-720=280（万元）。

假设该公司当年流通在外的普通股为 400 万股，那么，每股股利为：280÷400=0.7（元）。

3．剩余股利政策的优缺点

剩余股利政策的优点是：留存收益优先保证再投资的需要，有助于降低再投资的资本成本，保持最佳的资本结构，实现企业价值的长期最大化。

剩余股利政策的缺点是：若完全遵照执行剩余股利政策，股利发放额就会每年随着投资机会和盈利水平的波动而波动。在盈利水平不变的前提下，股利发放额与投资机会的多寡呈反方向变动；而在投资机会维持不变的情况下，股利发放额将与公司盈利呈同方向变动。剩余股利政策不利于投资者安排收入与支出，也不利于公司树立良好的形象，一般适用于公司初创阶段。

（二）固定或稳定增长的股利政策

1．固定或稳定增长的股利政策的含义

固定或稳定增长的股利政策是指公司将每年派发的股利额固定在某一特定水平或在此基础上维持某一固定比率逐年稳定增长。公司只有在确信未来盈余不会发生逆转时才会宣布实施固定或稳定增长的股利政策。在这一政策下，应首先确定股利分配额，而且该分配额一般不随资金需求的波动而波动。

近年来，为了避免通货膨胀对股东收益的影响，最终达到吸引投资的目的，很多公司开始实行稳定增长的股利政策。即为了避免股利的实际波动，公司在支付某一固定股利的基础上，还确定了一个目标股利增长率，依据公司的盈利水平按目标股利增长率逐步提高公司的股利支付水平。

2．固定或稳定增长的股利政策的优点

由于股利政策本身的信息含量，稳定的股利向市场传递着公司正常发展的信息，有利于树立公司的良好形象，增强投资者对公司的信心，稳定股票的价格；稳定的股

利额有助于投资者安排股利收入和支出，有利于吸引打算进行长期投资并对股利有很高依赖性的股东；稳定的股利政策可能会不符合剩余股利理论，但考虑到股票市场会受多种因素影响（包括股东的心理状态和其他要求），为了将股利维持在稳定的水平上，即使推迟某些投资方案或暂时偏离目标资本结构，也可能比降低股利或固定股利增长率更为有利。

3．固定或稳定增长的股利政策的缺点

固定或稳定增长的股利政策下的股利分配只升不降，股利支付与公司盈利相脱离，即不论公司盈利多少，均要按固定的乃至固定增长的比率派发股利。在公司的发展过程中，难免会出现经营状况不好或短暂的困难时期，如果这时仍执行固定或稳定增长的股利政策，那么派发的股利金额大于公司实现的盈利，必将侵蚀公司的留存收益，影响公司的后续发展，甚至侵蚀公司的现有资本，给公司的财务运作带来很大压力，最终影响公司正常的生产经营活动。采用固定或稳定增长的股利政策，要求公司对未来的盈利和支付能力能做出准确的判断。一般来说，公司确定的固定股利额不宜太高，以免陷入无力支付的被动局面。固定或稳定增长的股利政策通常适用于经营比较稳定或正处于成长期的公司，且很难被长期采用。

（三）固定股利支付率政策

1．固定股利支付率政策的含义

固定股利支付率政策是指公司将每年净利润的某一固定百分比作为股利分派给股东。这一百分比通常被称为股利支付率，股利支付率一经确定，一般不得随意变更。在这一股利政策下，只要公司的税后利润一经计算确定，所派发的股利也就相应确定了。固定股利支付率越高，公司留存的净利润越少。

2．固定股利支付率政策的优点

（1）采用固定股利支付率政策，股利与公司盈余紧密地配合，体现了"多盈多分、少盈少分、无盈不分"的股利分配原则。

（2）由于公司的获利能力在年度间是经常变动的，因此，每年的股利也应当随着公司收益的变动而变动。采用固定股利支付率政策，公司每年按固定的比例从税后利润中支付现金股利，从企业的支付能力的角度看，这是一种稳定的股利政策。

3．固定股利支付率政策的缺点

（1）传递的信息容易成为公司的不利因素。大多数公司每年的收益很难保持稳定不变，导致年度间的股利额波动较大，由于股利的信号传递作用，波动的股利很容易给投资者带来经营状况不稳定、投资风险较大的不良印象，成为公司的不利因素。

（2）容易使公司面临较大的财务压力。这是因为公司实现的盈利多，并不能代表公司有足够的现金流用来支付较多的股利额。

（3）缺乏财务弹性。在不同阶段，根据财务状况制定不同的股利政策，会更有效地实现公司的财务目标。但在固定股利支付率政策下，公司丧失了利用股利政策的财务方法，缺乏财务弹性。

（4）合适的固定股利支付率的确定难度比较大。如果固定股利支付率定得较低，不能满足投资者对投资收益的要求；而固定股利支付率定得较高，没有足够的现金派发股利时会给公司带来巨大财务压力，另外当公司发展需要大量资金时，也要受其制约。所以确定较优的固定股利支付率的难度较大。

由于公司每年面临的投资机会、筹资渠道都不同，而这些都可以影响到公司的股利分派，所以，一成不变地奉行固定股利支付率政策的公司在实际中并不多见。固定股利支付率政策只是比较适用于处于稳定发展期且财务状况也较稳定的公司。

【经典案例 9-2】某公司长期以来用固定股利支付率政策进行股利分配，确定的固定股利支付率为30%。2×13年税后净利润为1 500万元。

【解析】如果仍然继续执行固定股利支付率政策，计算公司本年度将要支付的股利。

1 500×30%=450（万元）

但公司下一年度有较大的投资需求，因此，准备本年度采用剩余股利政策。如果公司下一年度的投资预算为2 000万元，目标资本结构为权益资本占60%。按照目标资本结构的要求，公司投资方案所需的权益资本额为：2 000×60%=1 200（万元）

公司2×13年度可以发放的股利为：1 500-1 200=300（万元）

（四）低正常股利加额外股利政策

1．低正常股利加额外股利政策的含义

低正常股利加额外股利政策，是指公司事先设定一个较低的正常股利额，每年除了按正常股利额向股东发放股利外，还在公司盈余较多、资金较为充裕的年份向股东发放额外股利。但是，额外股利并不固定，不意味着公司永久地提高了股利支付率。可以用以下公式表示：

$$Y=a+bX$$

式中，Y 为每股股利，X 为每股收益，a 为低正常股利，b 为股利支付率。

2．低正常股利加额外股利政策的优点

（1）赋予公司较大的灵活性，使公司在股利发放上留有余地，并具有较大的财务弹性。公司可根据每年的具体情况，选择不同的股利发放水平，以稳定和提高股价，进而实现公司价值的最大化。

（2）低正常股利加额外股利政策有助于稳定股价，增强投资者信心。由于公司每年固定派发的股利维持在一个较低的水平上，在公司盈利较少或需用较多的留存收益进行投资时，公司仍然能够按照既定承诺的股利水平派发股利，使投资者保持固有的收益保障，这有助于维持公司股票的现有价格。而当公司盈利状况较好且有剩余现金时，可以在正常股利的基础上再派发额外股利，而额外股利信息的传递则有助于公司股票的股价上扬，增强投资者信心。

3．低正常股利加额外股利政策的缺点

（1）由于年份之间公司盈利的波动使得额外股利不断变化，造成分派的股利不同，容易给投资者带来收益不稳定的感觉。

（2）当公司在较长时间持续发放额外股利后，可能会被股东误认为"正常股利"，一旦取消，传递出的信号可能会使股东认为这是公司财务状况恶化的表现，进而导致股价下跌。

相对来说，对盈利随着经济周期而波动较大的公司或者盈利与现金流量很不稳定的公司，低正常股利加额外股利政策也许是一个不错的选择。

【**经典案例 9-3**】若 XY 公司维持的最低股利分配额为每股 0.55 元，由于 2×13 年利润创新高达到 900 万，每股增加 5% 的股利分配额，采用低正常股利加额外股利政策，计算公司 2×14 年应向投资者发放股利的数额。

【**解析**】900×（0.55+5%×0.55）=519.75（万元）

（五）股利分配政策总结

公司处于不同的发展阶段与其所适用的股利分配政策总结可参见表 9-1。

表 9-1　股利分配政策总结

公司发展阶段	适用的股利分配政策
初创阶段	剩余股利政策
高速成长阶段	低正常股利加额外股利政策
稳定成长阶段	固定或稳定增长的股利政策
成熟阶段	固定或稳定增长的股利政策
衰退阶段	剩余股利政策

三、股利分配制约因素

公司的利润分配涉及公司相关各方的切身利益，受众多不确定因素的影响，在确定分配政策时，应当考虑各种相关因素的影响，主要包括法律、公司、股东及其他因素。

（一）法律因素

为了保护债权人和股东的利益，法律就公司的利润分配做出以下规定。

1. 资本保全约束

资本保全约束规定公司不能用资本发放股利。例如，我国法律规定：公司不能用资本（包括实收资本或股本和资本公积）发放股利，目的在于维持公司资本的完整性，保护公司完整的产权基础，保障债权人的利益。

2. 资本积累约束

资本积累约束规定公司必须按照一定的比例和基数提取各种公积金，股利只能从公司的可供分配利润中支付。此处可供分配利润包含公司当期的净利润按照规定提取各种公积金后的余额和以前累积的未分配利润。另外，在进行利润分配时，一般应当贯彻"无利不分"的原则，即当公司出现年度亏损时，一般不进行利润分配。

3. 超额累积利润约束

由于资本利得与股利收入的税率不一致，如果公司为了进行税收筹划而使得盈余的保留大大超过了公司目前及未来的投资需要时，将被加征额外的税款。

4. 偿债能力约束

偿债能力约束要求公司考虑现金股利分配对偿债能力的影响，确定在分配后仍能保持较强的偿债能力，以维持公司的信誉和借贷能力，从而保证公司的正常资金周转。

（二）公司因素

公司基于短期经营和长期发展的考虑，在确定利润分配政策时，需要关注以下因素。

1. 现金流量

由于会计规范的要求和核算方法的选择，公司盈余与现金流量并非完全同步，净收益的增加不一定意味着可供分配的现金流量的增加。公司在进行利润分配时，要保证正常的经营活动对现金的需求，以维持资金的正常周转，使生产经营得以有序进行。

2. 资产的流动性

公司现金股利的支付会减少其现金持有量，降低资产的流动性，而保持一定的资产流动性是公司正常运转的必备条件。

3. 盈余的稳定性

公司能否获得长期稳定的盈余是其股利决策的重要基础。盈余相对稳定的公司有可能支付较高的股利，而盈余不稳定的公司一般采用低股利政策。对于盈余不稳定的公司，低股利政策可以减少因盈余下降而造成的股利无法支付、股价急剧下降的风险，还可将更多的盈余用于再投资，以提高公司的权益资本比重，减少财务风险。

4. 投资机会

如果公司的投资机会多，对资金的需求量大，那么它就很可能会考虑采用低股利支付水平的分配政策；相反，如果公司的投资机会少，对资金的需求量小，那么它就很可能倾向于采用较高的股利支付水平的分配政策。此外，如果公司将留存收益用于再投资所得报酬低于股东个人单独将股利收入投资于其他投资机会所得的报酬时，公司就不应多提取留存收益，而应多发股利，这样有利于实现股东价值的最大化。

5. 筹资因素

如果公司具有较强的筹资能力，随时能筹集到所需资金，那么它会具有较强的股利支付能力。另外，留存收益是公司内部筹资的一种重要方式，它同发行新股或举债相比，不需花费筹资费用，同时增加了公司权益资本的比重，降低了财务风险，便于低成本取得债务资本。

6. 其他因素

由于股利的信号传递作用，公司不宜经常改变其利润分配政策，应保持一定的连续性和稳定性。此外，利润分配政策还会受到其他公司的影响，如不同发展阶段、不同行业的公司股利支付比例会有差异，这就要求公司在进行政策选择时要考虑发展阶段及所处行业状况。

（三）股东因素

股东在控制权、收入和税赋方面的考虑也会对公司的利润分配政策产生影响。

1. 控制权

现有股东往往将股利政策作为维持其控制地位的工具。公司支付较高的股利导致留存收益的减少，当公司为有利可图的投资机会筹集所需资金时，发行新股的可能性增大，新股东的加入必然稀释公司的控制权。所以，股东会倾向于较低的股利支付水平，以便从内部的留存收益中取得所需资金。

2. 稳定的收入

如果股东依赖现金股利维持生活，他们往往要求企业能够支付稳定的股利，而反对过多的留存。还有一些股东认为通过增加留存收益引起股价上涨而获得的资本利得是有风险的，而目前的股利是确定的，即便是现在较少的股利，也强于未来的资本利得，因此他们往往也要求较多的股利支付。

3．税收筹划

政府对企业利润征收所得税以后，还要对自然人股东征收个人所得税，由于股利收入的税率要高于资本利得的税率，一些高股利收入的股东出于税收筹划的考虑而往往倾向于较低的股利支付水平。

（四）其他因素

1．债务契约

一般来说，股利支付水平越高，留存收益越少，企业的破产风险加大，就越有可能损害到债权人的利益。因此，为了保证自己的利益不受侵害，债权人通常都会在债务契约、租赁合同中加入关于借款企业股利政策的限制条款。

2．通货膨胀

通货膨胀会带来货币购买力水平下降，导致固定资产重置资金不足，此时，企业往往不得不考虑留用一定的利润，以便弥补由于购买力下降而造成的固定资产重置资金缺口。因此，在通货膨胀时期，企业一般会采取偏紧的利润分配政策。

四、股利分配方案的制定

股利分配方案的制定，主要考虑以下四个方面的内容：第一，选择股利政策类型；第二，确定股利支付水平的高低；第三，确定股利支付形式，即确定合适的股利分配形式；第四，确定股利发放的日期。

对于股份有限公司而言，股利分配方案的确定与变更决策权都在董事会。要完成股利政策的制定与决策，通常需要经过三个阶段：一是公司的财务部门；二是董事会；三是股东大会。其中，财务部门为董事会提供制定股利政策与方案的各种财务数据；董事会拟定公司的股利政策的草案与分配方案；股东大会主要是审查公司的财务报告，审核批准董事会制定的股利政策与分配方案等的预案。

（一）股利支付方式

股利支付方式可以分为不同的种类，主要有以下四种。

1．现金股利

现金股利是以现金支付的股利，它是股利支付最常见的方式。公司选择发放现金股利除了要有足够的留存收益外，还要有足够的现金，而现金充足与否往往会成为公司发放现金股利的主要制约因素。

2．财产股利

财产股利，是以现金以外的其他资产支付的股利，主要是以公司所拥有的其他公司的有价证券，如债券、股票等，作为股利支付给股东。

3．负债股利

负债股利，是以负债方式支付的股利，通常以公司的应付票据支付给股东，有时也以发放公司债券的方式支付股利。

财产股利和负债股利实际上是现金股利的替代，但这两种股利支付方式在我国公司实务中很少使用。

4. 股票股利

股票股利，是公司以增发股票的方式所支付的股利，我国实务中通常也称其为"红股"。股票股利对公司来说，并没有现金流出，也不会导致公司的财产减少，而只是将公司的留存收益转化为股本和资本公积。但股票股利会增加流通在外的股票数量，同时降低股票的每股价值。它不改变公司股东权益总额，但会改变股东权益的构成。

【经典案例 9-4】 某上市公司在 20×8 年发放股票股利前，其资产负债表上的股东权益账户情况如表9-2 所示。

表9-2　股东权益账户情况

单位：万元

普通股（面值1元，发行在外2 000万股）	2 000
资本公积	3 000
盈余公积	2 000
未分配利润	3 000
股东权益合计	10 000

【解析】 假设该公司宣布发放 10%的股票股利，现有股东每持有 10 股，即可获赠 1 股普通股。若该股票当时市价为 5 元，那么随着股票股利的发放，需从"未分配利润"项目划转出的资金为：2 000×10%×5=1 000（万元）。

由于股票面值（1 元）不变，发放 200 万股，"普通股"项目只应增加 200 万元，其余的 800（1 000-200）万元应作为股票溢价转至"资本公积"项目，而公司的股东权益总额并未发生改变，仍是 10 000 万元，股票股利发放后的资产负债表上的股东权益部分如表9-3 所示。

表9-3　股票股利发放后的情况

单位：万元

普通股（面值1元，发行在外2 200万股）	2 200
资本公积	3 800
盈余公积	2 000
未分配利润	2 000
股东权益合计	10 000

假设某股东在公司派发股票股利之前持有公司的普通股 10 万股，那么，他所拥有的股权比例为：10÷2 000=0.5%。

派发股利之后，他所拥有的股票数量和股份比例为：

10×（1+10%）=11（万股）

11÷2 200=0.5%

可见，发放股票股利，不会对公司股东权益总额产生影响，但会引起资金在各股东权益项目间的再分配。而股票股利派发前后每一位股东的持股比例也不会发生变化。需要说明的是，案例中股票股利以市价计算价格的做法，是很多西方国家所通行的，但在我国，股票股利价格则是按照股票面值来计算的。发放股票股利虽不直接增加股东的财富，也不增加公司的价值，但对股东和公司都有特殊意义。

对股东来讲，股票股利的优点主要有以下两点。

（1）派发股票股利后，理论上每股市价会成比例下降，实务中这并非必然结果。市场和投资者普遍认为，发放股票股利往往预示着公司会有较大的发展和成长，这样的信息传递会稳定股价或使股价下降比例减少甚至不降反升，股东便可以获得股票价值相对上升的好处。

（2）由于股利收入和资本利得税率的差异，如果股东把股票股利出售，还会给他带来资本利得纳税上的好处。

对公司来讲，股票股利的优点主要有以下三个。

（1）发放股票股利不需要向股东支付现金，在再投资机会较多的情况下，公司就可以为再投资提供成本较低的资金，从而有助于公司的发展。

（2）发放股票股利可以降低公司股票的市场价格，既有利于促进股票的交易和流通，又有利于吸引更多的投资者成为公司股东，进而使股权更为分散，有效地防止公司被恶意控制。

（3）股票股利的发放可以传递公司未来发展前景良好的信息，从而增强投资者的信心，在一定程度上稳定股票价格。

（二）股利支付程序

公司股利的发放必须遵守相关的要求，按照日程安排来进行。一般情况下，先由董事会提出分配预案，然后提交股东大会决议通过后进行分配。股东大会决议通过分配预案后，要向股东宣布发放股利的方案，并确定股权登记日、除息日和股利发放日。

1．预案公布日

预案公布日，是上市公司分派股利时，首先要由公司董事会制定分红预案，包括分红的数量、分红的方式，股东大会召开时间、地点及表决方式等。以上内容由公司董事会向社会公开发布。

2．股利宣告日

股利宣告日，是股东大会决议通过并由董事会将股利支付情况予以公告的日期。公告中将宣布每股应支付的股利、股权登记日、除息日以及股利发放日。

3．股权登记日

股权登记日，是有权领取本期股利的股东资格登记截止日期。凡是在此指定日期收盘之前取得公司股票，成为公司在册股东的投资者都可以作为股东享受公司分派的股利。在这一天之后取得股票的股东则无权领取本次分派的股利。

4．除息日

除息日，是领取股利的权利与股票分离的日期。在除息日之前购买的股票才能领取本次股利，而在除息日当天或以后购买的股票，则不能领取本次股利。由于失去了"付息"的权利，除息日的股票价格会下跌。

5. 股利发放日

股利发放日，是公司按照公布的分红方案向股权登记日在册的股东实际支付股利的日期。

【**经典案例 9-5**】某上市公司于 20×9 年 4 月 10 日公布 20×8 年度的最后分红方案，其公告如下："20×8 年 4 月 9 日在北京召开的股东大会，通过了董事会关于每股分派 0.15 元的 20×8 年股息分配方案。股权登记日为 4 月 25 日，除息日为 4 月 26 日，股东可在 5 月 10 日至 25 日通过深圳证券交易所按交易方式领取股息。特此公告。"

【**解析**】该公司的股利支付程序如图 9-1 所示。

图 9-1　股利支付程序

任务三　股票分割、股票回购与股权激励

一、股票分割

（一）定义

股票分割又称拆股，即将一股股票拆分成多股股票的行为。股票分割一般只会增加发行在外的股票总数，但不会对公司的资本结构产生任何影响。股票分割与股票股利非常相似，都是在不增加股东权益的情况下增加股份的数量，不同的是，股票股利虽不会引起股东权益总额的改变，但股东权益的内部结构会发生变化，而股票分割之后，股东权益总额及其内部结构都不会发生任何变化，变化的只是股票面值。

（二）股票分割的作用

（1）降低股票价格。股票分割会使每股市价降低，买卖该股票所需资金量减少，从而可以促进股票的流通和交易。流通性的提高和股东数量的增加，会在一定程度上加大对公司股票恶意收购的难度。此外，降低股票价格还可以为公司发行新股做准备，因为股价太高会使许多潜在投资者力不从心而不敢轻易对公司股票进行投资。

（2）向市场和投资者传递"公司发展前景良好"的信号，有助于提高投资者对公司股票的信心。

（3）股票分割可以为公司发行新股做准备。公司股票价格太高，会使许多潜在投资者力不从心而不敢轻易对公司的股票进行投资。在新股发行之前利用股票分割降低股票价格可以促进新股发行。

（4）股票分割有助于公司并购政策的实施，增加对被并购方的吸引力。

（5）股票分割带来的股票流通性的提高和股东数量的增加，会在一定程度上加大对公司股票恶意收购的难度。

另外，如果公司认为其股票价格过低，不利于其在市场上的声誉和未来的再筹资时，为提高其股票价格，会采取反分割措施，实质上是公司将流通在外的股票数进行合并。反分割显然会降低股票的流通性，提高投资者入市的门槛，它向市场传递的信息通常都是不利的。实务证据及统计结果也表明在其他因素不变的条件下，股票反分割宣布日前后股票价格有大幅度的下跌。

（三）反分割

与股票分割相反，如果公司认为其股票价格过低，不利于其在市场上的声誉和未来的再筹资时，为提高股票的价格，会采取反分割措施。反分割又称股票合并或逆向分割，是指将多股股票合并为一股股票的行为。反分割显然会降低股票的流通性，提高公司股票投资的门槛，它向市场传递的信息通常都是不利的。

【经典案例 9-6】某上市公司在 20×8 年年末资产负债表上的股东权益账户情况如表 9-4 所示。

表 9-4　股东权益账户情况

单位：万元

普通股（面值 10 元，发行在外 1 000 万股）	10 000
资本公积	10 000
盈余公积	5 000
未分配利润	8 000
股东权益合计	33 000

（1）假设股票市价为 20 元，该公司宣布发放 10%的股票股利，即现有股东每持有 10 股即可获赠 1 股普通股。发放股票股利后，股东权益有何变化？每股净资产是多少？

（2）假设该公司按照 1∶2 的比例进行股票分割。股票分割后，股东权益有何变化？每股净资产是多少？

【解析】根据上述资料，分析计算如下。

（1）发放股票股利后股东权益情况如表 9-5 所示。

表 9-5　发放股票股利后股东权益情况

单位：万元

普通股（面值 10 元，发行在外 1 100 万股）	11 000
资本公积	11 000
盈余公积	5 000
未分配利润	6 000
股东权益合计	33 000

每股净资产为：33 000÷（1 000+100）=30（元/股）。

（2）股票分割后股东权益情况如表 9-6 所示。

表 9-6　股票分割后股东权益情况

单位：万元

普通股（面值 5 元，发行在外 2 000 万股）	10 000
资本公积	10 000
盈余公积	5 000
未分配利润	8 000
股东权益合计	33 000

每股净资产为：33 000÷（1 000×2）=16.5（元/股）。

二、股票回购

（一）股票回购的含义

股票回购是指上市公司出资将其发行在外的普通股以一定价格购买回来予以注销或作为库存股的一种资本运作方式。公司不得随意收购本公司的股份，只有满足相关法律规定的情形才允许进行股票回购。

（二）股票回购的动机

在证券市场上，股票回购的动机多种多样，主要有以下几点。

1．现金股利的替代

现金股利政策会对公司产生未来的派现压力，而股票回购不会。当公司有富余资金时，通过回购股东所持股票将现金分配给股东，这样，股东就可以根据自己的需要选择继续持有股票或出售获得现金。

2．改变公司的资本结构

无论是现金回购还是举债回购股份，都会提高公司的财务杠杆水平，改变公司的资本结构。公司认为权益资本在资本结构中所占比例较大时，为了调整资本结构而进行股票回购，可以在一定程度上降低整体资本成本。

3．传递公司信息

由于信息不对称和预期差异，证券市场上的公司股票价格可能被低估，而过低的股价将会对公司产生负面影响。一般情况下，投资者会认为股票回购是公司认为其股票价值被低估而采取的应对措施。

4．基于控制权的考虑

控股股东为了保证其控制权，往往采取直接或间接的方式回购股票，从而巩固既有的控制权。另外，股票回购使流通在外的股份数变少，股价上升，从而可以有效地防止敌意收购。

5．提高每股收益

减少股票的供应，相应地提高每股收益及每股市价。

6．防止敌意收购

回购可以使公司流通在外的股份数变少，股价上升，从而使收购方要获得控制公司的法定股份比例变得更为困难。

7．满足认股权的行使

在企业发放认股权证的情况下，认股权证持有人行使认股权时企业必须提高股价，回购股票可以满足认股权行使的要求。

8．满足企业兼并与收购的需要

回购的股票可以在并购时换取并购企业股东的股票，从而使企业以较小的代价取得对被并购企业的控股权。

（三）股票回购的影响

1．对股东的影响

对于股东来说，与现金股利相比，股票回购不仅可以节约个人税收，而且具有更大的灵活性。因为股东派发的现金股利没有是否接受的可选择性，而对股票回购则具有可选择性，需要现金的股东可以选择卖出股票，而不需要现金的股东则可继续持有股票。

2．对上市公司的影响

（1）股票回购需要大量资金支付回购的成本，容易造成资金紧张，降低资产流动性，影响公司的后续发展。

（2）股票回购无异于股东退股和公司资本的减少，也可能会使公司的发起人股东更注重创业利润的实现，从而不仅在一定程度上削弱了对债权人利益的保护，而且忽视了公司的长远发展，损害了公司的根本利益。

（3）股票回购容易导致公司操纵股价。公司回购自己的股票容易导致其利用内幕消息进行炒作，加剧公司行为的非规范化，损害投资者的利益。

（四）股票回购的方式

股票回购包括公开市场回购、要约回购及协议回购三种方式。

1．公开市场回购

公开市场回购，是指公司在股票的公开交易市场上以等同于任何潜在投资者的地位，按照公司股票当前市场回购股票。这种方式的缺点是在公开市场回购时很容易推高股价，从而增加回购成本，另外交易税和交易佣金也是不可忽视的成本。

2．要约回购

要约回购，是指公司在特定期间向市场发出的以高出股票当前价格的某一价格回购既定数量股票。这种方式赋予所有股东向公司出售其所持股票的均等机会。与公开市场回购相比，要约回购通常被市场认为是更积极的信号，原因在于要约价格存在高出股票当前价格的溢价。但是，溢价的存在也使得要约回购的执行成本较高。

3．协议回购

协议回购，是指公司以协议价格直接向一个或几个主要股东回购股票。协议价格一般低于当前的股票市场价格，尤其是在卖方首先提出的情况下。但是有时公司也会以超常溢价向其认为有潜在威胁的非控股股东回购股票，显然，这种过高的回购价格将损害继续持有股票的股东的利益，公司可能为此而涉及法律诉讼。

三、股权激励

随着资本市场的发展和公司治理的完善，公司股权日益分散化，管理技术日益复杂化。为了合理激励公司管理人员，创新激励方式，一些大公司纷纷推行了股票期权等形式的股权激励机制。股权激励是一种通过经营者获得公司股权形式给予公司经营者一定的经济权利，使他们能够以股东的身份参与企业决策、分享利润、承担风险，从而勤勉尽责地为公司的长期发展服务的激励方法。现阶段，股权激励模式主要有股票期权模式、限制性股票模式、股票增值权模式、业绩股票模式和虚拟股票模式等。

 本学习单元小结

本学习单元首先进行收益分配概述，主要讲解收益分配管理的意义、收益分配应遵循的原则、利润分配的程序，对收益分配管理有直观的认识；然后主要讲解股利分配方案的制定，从股利分配理论开始讲解，进而分析股利分配政策，各股利分配政策如何使用、有何优缺点、适用于哪些企业；最后介绍股票分割与回购，讲解股票分割的定义和作用以及如何分割，讲解股票回购的方式、动机以及股票回购的影响。

 复习与思考

1. 制约企业制定股利分配政策的因素有哪些？
2. 股利分配政策有哪些类型？各自有何优缺点，适用范围是什么？
3. 企业为什么要进行股票回购？
4. 股票分割对企业有哪些影响？
5. 如何制定股利分配方案？

 技能实训

某股份公司发行在外的普通股为 30 万股，该公司 2×18 年的税后利润为 300 万元。2×19 年的税后利润为 500 万元。该公司准备在 2×20 年再投资 250 万元，目前的资本结构为最佳资本结构，资本总额为 10 000 万元，其中，权益资本为 6 000 万元，债务资本为 4 000 万元。另已知该企业 2×18 年的股利为 4.8 元/股。

要求：（1）如果该公司采取剩余股利政策，则其在 2×19 年每股的股利为多少？

（2）如果该公司采取固定或稳定增长的股利政策，则其在 2×19 年每股的股利为多少？

（3）如果该公司采取固定股利支付率政策，则其在 2×19 年每股的股利为多少？

学习单元十 财务分析与绩效评价方法

 素质目标

1. 了解财务分析的定义、目的、作用
2. 理解资产负债表、利润表的内容
3. 掌握利用资产负债表、现金流量表以及利润表开展财务分析的技巧

 技能目标

1. 熟悉并运用财务报表分析的方法
2. 掌握比率分析法中各种指标的定义、计算方法和意义
3. 学会使用杜邦分析体系进行财务分析
4. 理解财务报表分析中需要注意的问题

 案例导入

合肥美菱股份有限公司于 1993 年 10 月首发上市，是我国重要的电器制造商之一，拥有合肥、绵阳和景德镇三大冰箱（柜）制造基地，以及冰箱、冷柜、洗衣机等多条产品线，同时进入生鲜电商、生物医疗等新产业领域。美菱收入主要来源于冰箱（柜）、空调、洗衣机、小家电和厨卫等，占公司每年营业收入的比例为95%以上。

美菱发布的 2018 年半年报显示，公司 2018 年 1—6 月实现营业收入 92.72 亿元，同比增长 8.85%；归属于上市公司股东的净利润为 5 068.42 万元，同比下降 44.95%；归属于上市公司股东的扣除非经常性损益的净利润为-660.01 万元，同比下降 109.86%。美菱方面在半年报中表示，公司持续开展智能、变频、风冷、保鲜等技术研究，通过实施"高端产品精细化""五化两易""增收降本"等项目，积极推进新品开发，但效果似乎并不明显。

为此，2018 年 6 月"合肥美菱股份有限公司"更名为"长虹美菱股份有限公司"，由于四川长虹电器股份有限公司自 2006 年成为该公司控股股东后，对公司的发展给予了大力支持。为巩固公司与控股股东四川长虹的协同效应，形成品牌合力，进一步开拓市场和提升议价能力。由更名引发的一系列连锁反应或将会让未来长虹美菱的品牌影响力进一步打开，同时为我国的家电市场注入新的生命力。

长虹美菱发布 2019 年半年报，财报显示，2019 年上半年实现营业收入 91.33 亿元，同比下降 1.49%；归属于母公司的净利润为 5 433.40 万元，同比增加 7.20%。其中，冰箱、厨卫业务同比增长，空调、洗衣机业务下降明显。受宏观环境及自身发展周期影

响，加之楼市紧缩、消费结构迭代升级、需求平淡、供应链成本上升等多重不利因素，2019 年上半年家电行业的表现不尽如人意，家电行业整体步入"寒冬"。在此背景下，转型升级是企业打破"僵局"亟须解决的问题。

阅读本学习单元，思考下面几个问题：什么是财务报表？如何分析财务报表？进行财务分析对企业有什么意义？基本的财务报表分析能否为报表使用者提供足够的决策依据？

任务一　财务分析认知与资料准备

一、财务分析的含义、意义和内容

（一）财务分析的含义

财务分析是指利用财务报表及其他有关资料，通过一系列专门的技术与方法，揭示各项财务指标直接的内在联系，系统分析和评价企业财务状况、经营成果以及未来发展趋势，为未来决策提供依据的一项财务管理活动。

（二）财务分析的意义

财务分析是一项科学、复杂、细致的管理工作，是对已经完成的财务活动的总结，也是财务预测的前提，在财务管理的循环中起着承上启下的作用，具有十分重要的意义。

1．可以判断企业的财务实力

通过对资产负债表和利润表有关资料进行分析，计算相关指标，可以了解企业的资产结构和负债水平是否合理，从而判断企业的偿债能力、营运能力及盈利能力等财务实力，揭示企业在财务状况方面可能存在的问题。

2．可以评价和考核企业的经营业绩，揭示财务活动存在的问题

通过指标的计算、分析和比较，能够评价和考核企业的盈利能力和资产周转状况，揭示其经营管理的各个方面和各个环节，找出差距，得出分析结论。

3．可以挖掘企业潜力，寻求提高企业经营管理水平和经济效益的途径

企业进行财务分析的目的不仅仅是发现问题，更重要的是分析问题和解决问题。通过财务分析，应保持和进一步发挥生产经营管理中成功的经验，对存在的问题应提出解决的策略和措施，以达到扬长避短、提高经营管理水平和经济效益的目的。

4．可以评价企业的发展趋势

通过各种财务分析，可以判断企业的发展趋势，预测其生产经营的前景及偿债能力，从而为企业领导层进行生产经营决策、投资者进行投资决策和债权人进行信贷决策提供重要的依据，避免因决策错误给企业带来重大的损失。

（三）财务分析的内容

财务分析的不同主体考虑的利益不同，在进行财务分析时有着各自不同的要求，使得他们的财务分析内容既有共性又有不同的侧重点。尽管侧重点不同，但从企业总体来看，财务分析的内容可以归纳为偿债能力分析、营运能力分析、盈利能力分析和其他能力分析等几个方面。

1．偿债能力分析

偿债能力是指企业偿还债务的能力。通过对企业的财务报告等会计资料进行分析，可以了解企业资产的流动性、负债水平及偿还债务的能力，从而评价企业的财务状况和经营风险，为企业经营管理者、投资者和债权人等提供财务信息。

2．营运能力分析

营运能力是指企业资产利用的能力，它是衡量企业各项经济资源利用效率的重要指标。企业的生产经营过程就是利用资产取得收益的过程。资产是企业生产经营活动的经济资源，资产的管理和利用水平直接影响企业的收益。进行财务分析，可以了解到企业资产的保值和增值情况，分析企业资产的管理利用水平、资金周转状况、现金流量情况等，评价企业的营运能力水平。

3．盈利能力分析

盈利能力是指企业获取经营利润的能力。获取利润是企业最主要的经营目标。企业要生存和发展，必须争取获得较高的利润，这样才能在竞争中立于不败之地。投资者和债权人都十分关心企业的盈利能力，盈利能力强可以提高企业的偿债能力，提高企业的信誉。对企业盈利能力的分析不能仅看其获取利润的绝对数，还应分析其相对指标，这些都可以通过财务分析来实现。

4．其他能力分析

对企业进行财务分析，除上述内容之外，还包括对企业的发展能力分析、现金流量分析、资本保值增值能力分析、资本累计情况分析等。

二、财务分析的目的

财务分析（Financial Analysis）是指以财务报告为主，同时利用其他相关信息，对企业的实际财务状况进行全方位的分析。企业进行财务分析有许多目的，但是，归纳起来不外乎以下几个方面。

（一）评价过去的经营业绩

无论是企业的投资者、债权人，还是企业本身，都必须了解企业过去的经营情况，以便正确决策投资方向，改善经营管理，提高获利能力。进行财务分析，有助于有关人员和企业正确评价企业过去的经营业绩，并与同行业相比较，检验其成败、得失。

（二）衡量目前的财务状况

由于财务报告只能概括地反映出企业财务的现状，无法对企业财务状况是否良好、企业经营管理是否健全得出有事实根据的结论，所以，只有进行财务分析，使大量的财务数据更为条理化、形象化，并揭示出这些财务数据的内在含义，才能对企业目前的经营、财务状况进行正确的评估。同时，通过提供正确、完整的财务分析资料，可以检查财务法规、制度的执行情况，以便发现各种错误和违法行为，及时加以纠正，维护投资者、债权人、协作单位等的合法权益。

（三）挖掘企业潜力，寻求提高企业经营管理水平和经济效益的新途径

企业进行财务分析的目的不仅仅是发现问题，更重要的是分析问题和解决问题。通过财务分析，应保持和进一步发挥生产经营管理中的成功经验，对存在的问题应提出解决的策略和措施，以达到扬长避短、提高经营管理水平和经济效益的目的。

（四）预测未来的趋势

进行财务分析，可以使财务报告中历史性的数据变为有用的未来信息，从财务数据资料中预测企业的发展趋势，以制定多项可供选择的未来发展方案，帮助决策者做出决策。

三、财务分析的资料依据

财务分析能否顺利进行以及其结果的可靠性在很大程度上取决于分析者根据其分析目的所收集到的信息资料。这些信息资料一般包括公司年度报告（公司财务报告、公司基本情况、主要财务数据和指标、治理结构信息），公司经营信息及公告，专业财务数据库中相关行业、相关竞争公司的财务数据，开放性网络资源中相关公司的经营状况和财务状况研究报告、相关行业景气指数分析报告、其他网络资源等。其中，公司的财务报告是财务分析的主要依据。财务报告是公司对外提供的反映公司财务状况和经营成果等会计信息的书面文件，包括审计报告、公司财务报表、财务报表附注、其他财务报告等。公司财务分析需要分析人员不断地收集、筛选、归纳、分析公司内外部的各种相关信息。公司财务分析的各类资料来源如图10-1所示。

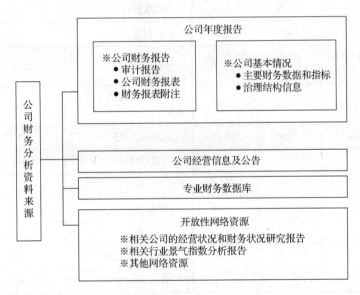

图10-1　公司财务分析资料来源

（一）资产负债表

资产负债表是总括地反映企业在某一特定时期（一般为月末、季末、年末）全部资产、负债和所有者权益及其构成情况的报表，又称为"财务状况表"。通过资产负债表的分析，可以全面、综合地了解企业资产的规模和结构、负债的规模和结构以及所有者权益的构成情况，了解企业的资产实力、偿债能力强弱和变动情况，以及财务状况的大致变化趋势。表10-1是珠江公司20×1年12月31日的资产负债表。

表 10-1　资产负债表

编制单位：珠江公司　　　　　　　　　　20×1 年 12 月 31 日　　　　　　　　　　会企 01 表　　单位：万元

资产	年末余额	年初余额	负债和所有者权益	年末余额	年初余额
流动资产：			流动负债：		
货币资金	260	135	短期借款	310	235
交易性金融资产	40	70	交易性金融负债	0	0
以公允价值计量且其变动计入当期损益的金融资产	0	0	以公允价值计量且其变动计入当期损益的金融负债	0	0
应收票据	50	65	应付票据	35	30
应收账款	2 000	1 005	应付账款	510	555
预付款项	70	30	预收款项	60	30
应收利息	0	0	应付职工薪酬	90	105
应收股利	0	0	应交税费	55	70
其他应收款	120	120	应付股利	0	0
存货	605	1 640	应付利息	55	35
一年内到期的非流动资产	235	0	其他应付款	240	145
其他流动资产	210	65	一年内到期的非流动负债	260	0
流动资产合计	3 590	3 130	其他流动负债	25	35
非流动资产：			流动负债合计	1 640	1 240
债权投资	0	0	非流动负债：		
可供出售金融资产	0	0	长期借款	2 260	1 235
持有至到期投资	0	0	应付债券	1 210	1 310
长期应收款	0	0	递延所得税负债	0	0
投资性房地产	0	0	其他非流动负债	360	385
长期股权投资	160	235	非流动负债合计	3 830	2 930
固定资产	6 190	4 775	负债合计	5 470	4 170
在建工程	100	185	所有者权益：		
固定资产清理	0	70	实收资本	3 000	3 000
无形资产	100	120	资本公积	90	60
递延所得税资产	35	85	盈余公积	380	210
其他非流动资产	25	0	未分配利润	1 260	1 160
非流动资产合计	6 610	5 470	所有者权益合计	4 730	4 430
资产总计	10 200	8 600	负债和所有者权益总计	10 200	8 600

（二）利润表

利润表（Income Statement），是反映企业在一定会计期间经营成果的财务报表。利润表是一张动态报表，它是根据收付实现原则和配比原则，把一定期间的收入与同一会计期间相关的费用（成本）相配比，计算出企业一定时期的净利润或净亏损。所以，利润表实际上就是一张利润计算表。表 10-2 是珠江公司 20×1 年的利润表。

表 10-2　利润表　　　　　　　　　　　　　　会企 02 表

编制单位：珠江公司　　　　　　　　　　20×1 年　　　　　　　　　　单位：万元

利润表		
项目	本期金额	上期金额
一、营业收入	15 010	14 260
减：营业成本	13 230	12 525
税金及附加	150	150
销售费用	120	110
管理费用	240	210
财务费用	560	490
加：公允价值变动收益	110	190
投资收益	210	130
二、营业利润	1 030	1 095
加：营业外收入	60	95
减：营业外支出	110	35
三、利润总额	980	1 155
减：所得税费用	330	385
四、净利润	650	770

四、财务分析的方法

财务报表分析（Financial Statement Analysis）是以财务报表中所包含的财务信息为主要分析数据的来源，通过使用适当的分析方法，对企业的财务状况或经营成果等方面进行分析评判，并将分析的结果作为相关决策制定的基础。财务报表分析是财务分析最重要的组成部分，也是财务分析最基本的形式。

财务报表分析包括了定性分析和定量分析。定性分析是指分析人员根据自己的知识、经验以及对企业内部状况、外部环境的了解程度所做出的非量化的分析和评价。定量分析是指分析人员运用一定的数学方法和分析工具、分析技巧对有关指标所做出的量化分析。这里主要介绍财务报表分析中的定量分析方法。

（一）比率分析法

比率分析法（Ratio Analysis）是将影响财务状况的两个相关因素联系起来，通过计算比率反映它们之间的关系，借以评价企业财务状况和经营成果的一种财务分析方法，也就是利用相对数的形式来对企业的财务状况与经营成果进行考查。运用相对数进行比较，排除了规模的影响，而且具有简单、明了、可比性强的特点，因此在实际的财务分析中被广泛运用。但是，必须注意比率分析法的局限性，比率分析法使用历史数据，对预测未来仅有参考价值，并非绝对合理、可靠；不同企业使用的会计制度可能不同，在不同企业之间比较时必须考虑会计政策差异对可比性的影响。比率指标的类型主要有构成比率、效率比率和相关比率三类。

1. 构成比率

构成比率又称结构比率，是某项财务指标的各组成部分数值占总体数值的百分比，反映部分与总体的关系。

比如，企业资产中流动资产、固定资产和无形资产占资产总额的百分比（资产构成比率），企业负债中流动负债和长期负债占负债总额的百分比（负债构成比率）等。利用构成比率，可以考查总体中某个部分的形成和安排是否合理，以便协调各项财务活动。

2. 效率比率

效率比率是某项财务活动中所费与所得的比率，反映投入与产出的关系。利用效率比率指标，可以进行得失比较，考查经营成果，评价经济效益。

比如，将利润项目与销售成本、销售收入、资本金等项目加以对比，可以计算出成本利润率、销售利润率和资本金利润率等指标，从不同的角度观察比较企业盈利能力的高低及其增减变化情况。

3. 相关比率

相关比率是以某个项目和与其有关但又不同的项目加以对比所得的比率，反映有关经济活动的相互关系。利用相关比率指标，可以考查企业相互关联的业务安排得是否合理，以保障经营活动顺畅进行。

比如：将流动资产与流动负债进行对比，计算出流动比率，可以判断企业的短期偿债能力；将负债总额与资产总额进行对比，可以判断企业长期偿债能力。

采用比率分析法时，应当注意以下几点：（1）对比项目的相关性；（2）对比口径的一致性；（3）衡量标准的科学性。

（二）因素分析法

因素分析法是依据分析指标与其影响因素的关系，从数量上确定各因素对分析指标影响方向和影响程度的一种方法。因素分析法具体有两种：连环替代法和差额分析法。

1. 连环替代法

连环替代法是将分析指标分解为各个可以计量的因素，并根据各个因素之间的依存关系，顺次用各因素的比较值（通常为实际值）替代基准值（通常为标准值或计划值），据以测定各因素对分析指标的影响。

【经典案例 10-1】某企业 20×1 年 10 月某种原材料费用的实际数是 4 620 元，而其计划数是 4 000 元，实际比计划增加 620 元。由于原材料费用是由产品产量、单位产品材料消耗量和材料单价三个因素的乘积组成，因此就可以把材料费用这一总指标分解为三个因素，然后逐个来分析它们对材料费用总额的影响程度。现假设这三个因素的数值如表 10-3 所示。

表 10-3　材料耗费情况

项目	单位	计划数	实际数
产品产量	件	100	110
单位产品材料消耗量	千克	8	7
材料单价	元/件	5	6
材料费用总额	元	4 000	4 620

【解析】根据表 10-3 中资料，材料费用总额实际数较计划数增加 620 元。运用连环替代法，可以计算各因素变动对材料费用总额的影响。

计划指标：100×8×5=4 000（元）　　　①

第一次替代：110×8×5=4 400（元）　　②

第二次替代：110×7×5=3 850（元）　　③

第三次替代：110×7×6=4 620（元）　　④

实际指标：

②-①=4 400-4 000=400（元）　　　产量增加的影响

③-②=3 850-4 400=-550（元）　　材料节约的影响

④-③=4 620-3 850=770（元）　　　价格提高的影响

400-550+770=620（元）　　　　全部因素的影响

2．差额分析法

差额分析法是连环替代法的一种简化形式，是利用各个因素的比较值或基准值之间的差额，来计算各因素对分析指标的影响。

【经典案例 10-2】沿用表 10-3 的数据。可采用差额分析法计算确定各因素变动对材料费用总额的影响。

【解析】（1）由于产量增加对材料费用总额的影响为：（110-100）×8×5=400（元）

（2）由于材料消耗节约对材料费用总额的影响为：（7-8）×110×5=-550（元）

（3）由于价格提高对材料费用总额的影响为：（6-5）×110×7=770（元）

采用因素分析法时，必须注意以下问题：（1）因素分解的关联性。构成经济指标的因素，必须客观上存在因果关系，并能够反映形成该项指标差异的内在构成原因，否则就失去了应用价值。（2）因素替代的顺序性。确定替代因素时，必须根据各因素的依存关系，遵循一定的顺序并依次替代，不可随意加以颠倒，否则就会得出不同的计算结果。（3）顺序替代的连环性。因素分析法在计算每一个因素变动的影响时，都是在前一次计算的基础上进行的，并采用连环比较的方法确定因素变化的影响结果。（4）计算结果的假定性。由于因素分析法计算的各因素变动的影响数，会因替代顺序不同而有差别，因而计算结果不免带有假定性，即它不可能使每个因素计算的结果都达到绝对的准确。为此，分析时应力求使这种假定合乎逻辑，具有实际意义。这样，计算结果的假定性，才不至于妨碍分析的有效性。

（三）比较分析法

比较分析法（Comparative Analysis）是通过经济指标的对比来揭示经济指标间数量差异的一种最基本的分析方法，是其他分析方法的基础。决策依赖于评价，而评价则建立在比较的基础之上。通过比较，发现矛盾，进而分析矛盾，从而才有助于解决矛盾。

如果按照比较的对象来划分，比较分析法可以分为趋势分析（也叫纵向分析）、横向分析和差异分析三种。将同一企业不同时期的状况进行对比以了解其发展趋势就属于趋势分析；通过同一时期不同企业间经济指标的对比以发现差距就属于横向分析；与计划、预算相比以了解计划或预算的完成情况就属于差异分析。

如果按比较的内容分，比较分析法又可以具体划分为比较会计要素总量、比较结构百分比和比较财务比率三种。比较会计要素总量，就是比较报表项目的总金额，从绝对值的角度比较财务要素的增减额变化；比较结构百分比，就是将资产负债表、利润表、现金流量表转换为结构百分比报表，以发现存在问题的相关项目，揭示进一步分析的方向，如比较同一企业不同时期流动资产占总资产的比重，以揭示企业流动性的变化趋势；比较财务比率，就是比较各会计要素的相关关系，反映不同比较对象的差异，财务能力的分析主要采用这种方法以比较不同实体之间的差异。

比较分析法的运用，最重要的是遵循可比性的原则，相比较的指标在内容、时间、计算方法和计价标准等口径上要保持一致。

（四）趋势分析法

趋势分析法（Trend Analysis）是将两期或者连续数期财务报告中相同指标进行对比，确定其增减变动的方向、数额和幅度，以说明企业财务状况或经营成果的变动趋势的一种方法。具体有以下几种趋势分析。

1. 定基趋势分析

定基趋势分析是以某一时期的数值为固定的基期数值而计算出来的动态比率。其计算公式为：

$$定基趋势比率=\frac{计算期某指标值}{固定期某指标值}\times100\%$$

2. 环比趋势分析

环比趋势分析是以每一分析期的前期数为基期数值而计算出来的动态比率。其计算公式为：

$$环比趋势比率=\frac{计算期某指标值}{上期同指标值}\times100\%$$

3. 平均趋势分析

平均趋势分析是指计算连续数期某财务指标的平均趋势比率以反映该指标平均变动水平的方法。其计算公式为：

$$平均趋势比率=\sqrt[期数]{\frac{最后一期某指标值}{基期同指标值}}\times100\%$$

或

$$平均趋势比率=\sqrt[期数]{各期环比趋势比率的乘积}\times100\%$$

总的来说，各种财务分析的基本方法在财务分析的整个过程中都有其不同的作用。比如：在财务能力的描述与分析过程中会着重运用比率分析法的相关比率；在财务的综合分析与评价过程中将着重应用因素分析法；而比较分析法和趋势分析法则贯穿于财务分析的整个过程，以体现同一项目在横向与纵向方面的差异。因此，在进行具体分析时，应根据不同的目的和需要选择合适的财务报表分析方法，尤其要善于将多种方法加以综合运用，从不同的角度对企业的财务状况进行全面、透彻的分析和说明，以达到了解企业过去、评价企业现状、预测企业未来的分析目的。

任务二　基本的财务报表分析

比率分析法是财务报表分析中最常用和最重要的分析方法，往往是财务分析的第一步。财务比率显示了同一企业或不同企业间财务报表账目之间的关系，通过将财务数据转化为比率，可以对不同企业和不同期间的财务状况进行分析比较。根据比率分析法的原理，几乎任何两个或多个财务数据之间都能形成一定的比率关系，只不过是财务数据之间相互关系的强弱有所不同。因此，财务报表的使用者可以根据具体的需要，设计和计算财务比率。这里介绍的是财务分析中最为常用和经典的财务比率，包括偿债能力分析、营运能力分析、盈利能力分析、发展能力分析和现金流量分析五个方面。

本任务以珠江公司 2021 年的财务报表（表 10-1、表 10-2）为例，说明每一大类中各个具体指标的定义、计算方法和意义。

一、偿债能力分析

偿债能力分析是指企业偿还本身所欠债务的能力。对偿债能力进行分析有利于债权人进行正确的借贷决策；有利于投资者进行正确的投资决策；有利于企业经营者进行正确的经营决策；有利于正确评价企业的财务状况。

偿债能力的衡量方法有两种：一种是比较可供偿债资产与债务的存量，资产存量超过债务存量较多，则认为偿债能力较强；另一种是比较经营活动现金流量和偿债所需现金，如果产生的现金超过需要的现金较多，则认为偿债能力较强。

债务一般按到期时间分为短期债务和长期债务，偿债能力分析也由此分为短期偿债能力分析和长期偿债能力分析。

（一）短期偿债能力分析

企业在短期（一年或一个营业周期）需要偿还的负债主要指流动负债，因此短期偿债能力衡量的是对流动负债的清偿能力。企业的短期偿债能力取决于短期内企业产生现金的能力，即在短期内能够转化为现金的流动资产的多少。所以，短期偿债能力比率也称为变现能力比率或流动性比率，主要考查的是流动资产对流动负债的清偿能力。企业短期偿债能力的衡量指标主要有营运资金、流动比率、速动比率和现金比率。

1．营运资金

营运资金是指流动资产超过流动负债的部分。其计算公式为：

$$营运资金=流动资产-流动负债$$

根据珠江公司的财务报表数据：

本年度营运资金=3 590-1 640=1 950（万元）

上年度营运资金=3 130-1 240=1 890（万元）

计算营运资金使用的"流动资产"和"流动负债"，通常可以直接取自资产负债表。

资产负债表项目区分为流动项目和非流动项目，并且按照流动性强弱排序，方便了计算营运资金和分析流动性。营运资金越多则偿债越有保障。当流动资产大于流动负债时，营运资金为正，说明企业财务状况稳定，不能偿债的风险较小。反之，当流动资产小于流动负债时，营运资金为负，此时，企业部分非流动资产以流动负债作为资本来源，企业不能偿债的风险很大。因此，企业必须保持正的营运资金，以避免流动负债的偿付风险。

营运资金是绝对数，不便于不同企业之间的比较。例如，A 公司和 B 公司有相同的营运资金，如表 10-4 所示，是否意味着它们具有相同的偿债能力呢？

表 10-4　A 公司和 B 公司营运资金

单位：万元

项目	A公司	B公司
流动资产	600	2 400
流动负债	200	2 000
营运资金	400	400

尽管 A 公司和 B 公司营运资金都为 400 万元，但是 A 公司的偿债能力明显好于 B 公司。原因是 A 公司的营运资金占流动资产的比例是 2/3，即流动资产中只有 1/3 用于偿还流动负债；而 B 公司的营运资金占流动资产的比例是 1/6，即流动资产的绝大部分（5/6）用于偿还流动负债。

因此，在实务中直接使用营运资金作为偿债能力的衡量指标有局限，偿债能力更多地通过债务的存量比率来评价。

2. 流动比率

流动比率是企业流动资产与流动负债之比。其计算公式为：

$$流动比率=流动资产÷流动负债$$

流动比率表明每 1 元流动负债有多少流动资产作为保障，流动比率越大通常表明短期偿债能力越强。一般认为，生产企业合理的最低流动比率是 2。这是因为流动资产中变现能力最差的存货金额约占流动资产总额的一半，剩下的流动性较大的流动资产至少要等于流动负债，企业短期偿债能力才会有保证。

运用流动比率进行分析时，要注意以下几个问题。

（1）流动比率高不意味着短期偿债能力一定很强。因为流动比率是在全部流动资产可变现清偿流动负债的假设下得出的。实际上，各项流动资产的变现能力并不相同而且变现金额可能与账面金额存在较大差异。因此，流动比率是对短期偿债能力的粗略估计，还需进一步分析流动资产的构成项目。

（2）计算出来流动比率，只有和同行业平均流动比率、本企业历史流动比率进行比较，才能知道这个比率是高还是低。这种比较通常并不能说明流动比率为什么这么高或低，要找出过高或过低的原因还必须分析流动资产和流动负债所包括的内容以及经营上的因素。

一般情况下，营业周期、流动资产中的应收账款和存货的周转速度是影响流动比率的主要因素。营业周期短、应收账款和存货的周转速度快的企业其流动比率低一些也是可以接受的。

根据表 10-1 资料，珠江公司 20×1 年年初与年末的流动资产分别为 3 130 万元、3 590 万元，流动负债分别为 1 240 万元、1 640 万元，则该公司流动比率为：

年初流动比率=3 130÷1 240=2.524

年末流动比率=3 590÷1 640=2.189

珠江公司年初、年末流动比率均大于 2，说明该公司具有较强的短期偿债能力。

流动比率的缺点是该比率比较容易被人为操纵，并且没有揭示流动资产的构成内容，只能大致反映流动资产整体的变现能力。但流动资产中包含像存货这类变现能力较差的资产，如能将其剔除，其所反映的短期偿债能力会更加可信，这个指标就是速动比率。

3. 速动比率

速动比率是企业速动资产与流动负债之比，其计算公式为：

$$速动比率=速动资产÷流动负债$$

构成流动资产的各项目，流动性差别很大。其中货币资金、交易性金融资产和各种应收款项，可以在较短时间内变现，称为速动资产；另外的流动资产，包括存货、预付款项、一年内到期的非流动资产和其他流动资产等，属于非速动资产。速动资产主要剔除了存货，原因是：流动资产中存货的变现速度最慢，部分存货可能已被抵押，存货成本和市价可能存在差异。由于剔除了存货等变现能力较差的资产，速动比率比流动比率能更准确、可靠地评价企业资产的流动性及偿还短期债务的能力。

速动比率表明每 1 元流动负债有多少速动资产作为偿债保障。一般情况下，速动比率越大，短期偿债能力越强。由于通常认为存货占了流动资产的一半左右，因此剔除存货影响的速动比率至少是 1。速动比率过低，企业面临偿债风险；但速动比率过高，会因占用现金及应收账款过多而增加企业的机会成本。影响此比率可信性的重要因素是应收账款的变现能力。因为应收账款的账面金额不一定都能转化为现金，而且对于季节性生产的企业，其应收账款金额存在着季节性波动，根据某一时点计算的速动比率不能客观反映其短期偿债能力。此外，使用该指标应考虑行业的差异性。例如大量使用现金结算的企业其速动比率远低于 1 是正常现象。

根据表 10-1 资料，珠江公司 20×1 年年初速动资产为 1 395（135+70+65+1 005+120）万元，年末速动资产为 2 470（260+40+50+2 000+120）万元。

珠江公司的速动比率为：

年初速动比率=1 395÷1 240=1.13

年末速动比率=2 470÷1 640=1.51

珠江公司 20×1 年年初、年末的速动比率都比一般公认标准高，说明其短期偿债能力较强，但进一步分析可以发现，在珠江公司的速动资产中应收账款比重很高（年初、年末分别占 72%和 81%），而应收账款不一定能按时收回，所以我们还必须计算分析第三个重要比率——现金比率。

4. 现金比率

现金资产包括货币资金和交易性金融资产等。现金资产与流动负债的比值称为现金比率。现金比率计算公式为：

$$现金比率=（货币资金+交易性金融资产）÷流动负债$$

现金比率剔除了应收账款对偿债能力的影响，最能反映企业直接偿付流动负债的能力，表明每 1 元流动负债有多少现金资产作为偿债保障。由于流动负债是在一年内（或一个营业周期内）陆续到期清偿，所以并不需要企业时时保留相当于流动负债金额的现金资产。经研究表明，0.2 的现金比率就可以接受。而这一比率过高，就意味着企业过多资源被占用在盈利能力较低的现金资产上从而影响企业的盈利能力。

根据表 10-1 资料，珠江公司的现金比率为：

年初现金比率=（135+70）÷1 240=0.165

年末现金比率=（260+40）÷1 640=0.183

珠江公司虽然流动比率和速动比率都较高，但现金比率偏低，说明该公司短期偿债能力还是有一定风险，应缩短收账期，加大应收账款催账力度，以加速应收账款资金的周转。

（二）长期偿债能力分析

长期偿债能力是指企业在较长的期间偿还债务的能力。企业在长期内，不仅要偿还流动负债，还需偿还非流动负债，因此，长期偿债能力衡量的是对企业所有负债的清偿能力。企业对所有负债的清偿能力取决于其总资产水平，因此长期偿债能力比率考查的是企业资产、负债和所有者权益之间的关系。其财务指标主要有四项：资产负债率、产权比率、权益乘数和利息保障倍数。

1．资产负债率

资产负债率是企业负债总额与资产总额之比。其计算公式为：

$$资产负债率=（负债总额÷资产总额）×100\%$$

资产负债率反映总资产中有多大比例是通过负债取得的，可以衡量企业清算时资产对债权人权益的保障程度。当资产负债率高于 50%时，表明企业资产来源主要依靠的是负债，财务风险较大。当资产负债率低于 50%时，表明企业资产的主要来源是所有者权益，财务比较稳健。这一比率越低，表明企业资产对负债的保障能力越高，企业的长期偿债能力越强。

事实上，利益主体不同，看待该指标的立场也不同。从债权人的立场看，资产负债率越低越好，企业偿债有保证，贷款不会有太大风险。从股东的立场看，其关心的是举债的效益，在全部资本利润率高于借款利率时，资产负债率越大越好，因为股东所得到的利润就会加大。从经营者角度看，其进行负债决策时，更关注如何实现风险和收益的平衡。资产负债率较低表明财务风险较低，但同时也意味着可能没有充分发挥财务杠杆的作用，盈利能力也较低；而较高的资产负债率表明较大的财务风险和较高的盈利能力。只有当负债增加的收益能够涵盖其增加的风险时，经营者才能考虑借入负债。而在风险和收益实现平衡条件下，是选择较高的负债水平还是较低的负债水平，则取决于经营者的风险偏好等多种因素。

对该指标进行分析时，应结合以下几个方面。①结合营业周期分析：营业周期短的企业，资产周转速度快，可以适当提高资产负债率；②结合资产构成分析：流动资产占比比较大的企业可以适当提高资产负债率；③结合企业经营状况分析：兴旺期间的企业可适当提高资产负债率；④结合客观经济环境分析：如利率和通货膨胀率水平，当利率提高时，会加大企业负债的实际利率水平，增加企业的偿债压力，这时企业应降低资产负债率；⑤结合资产质量和会计政策分析；⑥结合行业差异分析：不同行业资产负债率有较大差异。

根据表 10-1 资料，珠江公司的资产负债率为：

年初资产负债率=4 170÷8 600×100%=48.49%

年末资产负债率=5 470÷10 200×100%=53.63%

珠江公司年初资产负债率为 48.49%，年末资产负债率为 53.63%，有所上升，表明企业负债水平提高。但偿债能力强弱还需结合行业水平进一步分析。如果珠江公司所属的行业平均资产负债率为 60%，说明尽管珠江公司资产负债率上升，财务风险有所加大，但相对于行业水平而言其财务风险仍然较低，长期偿债能力较强，企业仍有空间进一步提高负债水平，以发挥财务杠杆效应。

2．产权比率

产权比率又称资本负债率，是负债总额与所有者权益总额之比，是企业财务结构稳健与否的重要标志。其计算公式为：

$$产权比率=负债总额÷所有者权益总额×100\%$$

产权比率反映了由债务人提供的资本与所有者提供的资本的相对关系，即企业财务结构是否稳定；而且反映了债权人资本受股东权益保障的程度，或者企业清算时对债权人利益的保障程度。一般来说，该比率越低，表明企业长期偿债能力越强，债权人权益保障程度越高。在分析时同样需要结合企业的具体情况，当企业的资产收益率大于负债成本率时，负债经营有利于提高资产收益率，获得额外的利润，这时产权比率可适当高一些。产权比率高，是高风险、高报酬的财务结构；产权比率低，是低风险、低报酬的财务结构。

根据表 10-1 资料，珠江公司的产权比率为：

年初产权比率=4 170÷4 430×100%=94.13%

年末产权比率=5 470÷4 730×100%=115.64%

由计算可知，珠江公司年末的产权比率提高，表明年末该公司举债经营程度提高，财务风险有所加大。但仍然低于行业水平，行业的产权比率是 1.5（行业资产负债率是 60%，则所有者权益占资产 40%，因此产权比率是 60%÷40%=1.5）。

产权比率与资产负债率对评价偿债能力的作用基本一致，只是资产负债率侧重于分析债务偿付安全性的物质保障程度，产权比率则侧重于揭示财务结构的稳健程度以及自有资金对偿债风险的承受能力。

3．权益乘数

权益乘数是总资产与股东权益的比值。其计算公式为：

$$权益乘数=总资产÷股东权益$$

权益乘数表明股东每投入 1 元钱实际拥有和控制的金额。在企业存在负债的情况下，权益乘数大于 1。企业负债比例越高，权益乘数越大。产权比率和权益乘数是资产负债率的另外两种表现形式，是常用的反映财务杠杆水平的指标。

根据表 10-1 资料，珠江公司的权益乘数为：

年初权益乘数=8 600÷4 430=1.94

年末权益乘数=10 200÷4 730=2.16

4．利息保障倍数

利息保障倍数是指企业息税前利润与全部利息费用之比，又称已获利息倍数，用以衡量偿付借款利息的能力。其计算公式为：

$$利息保障倍数=息税前利润÷全部利息费用$$

$$=（净利润+利润表中的利息费用+所得税）÷全部利息费用$$

公式中的分子"息税前利润"是指利润表中未扣除利息费用和所得税前的利润。公式中的分母"全部利息费用"是指本期发生的全部应付利息，不仅包括财务费用中的利息费用，还应包括计入固定资产成本的资本化利息。资本化利息虽然不在利润表中扣除，但仍然是要偿还的。利息保障倍数的重点是衡量企业支付利息的能力，没有足够大的息税前利润，利息的支付就会发生困难。

利息保障倍数反映支付利息的利润来源（息税前利润）与利息支出之间的关系，该比率越高，长期偿债能力越强。从长期看，利息保障倍数至少要大于 1（国际公认标准为 3），也就是说，息税前利润至少要大于利息费用，企业才具有负债的可能性。如果利息保障倍数过低，企业将面临亏损、偿债的安全性与稳定性下降的风险。在短期内，利息保障倍数小于 1 也仍然具有利息支付能力，因为计算净利润时减去的一些折旧和摊销费用并不需要支付现金。但这种支付能力是暂时的，当企业需要重置资产时，势必发生支付困难。因此，在分析时需要比较企业连续多个会计年度（如 5 年）的利息保障倍数，说明企业支付利息能力的稳定性。

根据表 10-2 资料，假定财务费用全部为利息费用，资本化利息为 0，则珠江公司利息保障倍数为：

上年利息保障倍数=（770+385+490）÷490=3.36

本年利息保障倍数=（650+330+560）÷560=2.75

从以上计算结果看，珠江公司的利息保障倍数减小，利息支付能力有所下降，但盈利能力还能支付将近 3 期的利息，有一定的偿债能力，但还需要与其他企业特别是本行业平均水平进行比较来分析评价。

（三）影响偿债能力的其他因素

1．可动用的银行贷款指标或授信额度

当企业存在可动用的银行贷款指标或授信额度时，这些数据不在财务报表内反映，但由于其可以随时增强企业的支付能力，因此可以提高企业偿债能力。

2．资产质量

在财务报表内反映的资产金额为资产的账面价值，但由于财务会计的局限性，资产的账面价值与实际价值可能存在差异，如资产可能被高估或低估，一些资产无法进入财务报表等。此外，资产的变现能力也会影响偿债能力。如果企业存在很快变现的长期资产会增强企业的短期偿债能力。

3．或有事项和承诺事项

如果企业存在债务担保或未决诉讼等或有事项，会增加企业的潜在偿债压力。同样，各种承诺支付事项，也会加大企业偿债义务。

4．经营租赁

当企业存在经营租赁时，意味着企业要在租赁期内分期支付租赁费用，即有固定的、经常性的支付义务。但是经营租赁的负债未反映在资产负债表中，因此经营租赁作为一种表外融资方式，会影响企业的偿债能力，特别是经营租赁期限较长、金额较大的情况。因此，如果企业存在经营租赁时，应考虑租赁费用对偿债能力的影响。

二、营运能力分析

营运能力主要指资产运用、循环的效率高低。一般而言，资金周转速度越快，说明企业的资金管理水平越高，资金利用效率越高，企业可以以越少的投入获得越多的收益。因此，营运能力指标是通过投入与产出（主要指收入）之间的关系反映。企业营运能力分析主要包括流动资产营运能力分析、固定资产营运能力分析和总资产营运能力分析三个方面。

（一）流动资产营运能力分析

反映流动资产营运能力的指标主要有应收账款周转率、存货周转率和流动资产周转率。

1．应收账款周转率

应收账款在流动资产中有着举足轻重的地位，及时收回应收账款，不仅能增强企业的短期偿债能力，也能反映出企业管理应收账款的效率。反映应收账款周转情况的比率有应收账款周转率（次数）和应收账款周转天数。

应收账款周转次数，是一定时期内商品或产品销售收入净额与应收账款平均余额的比值。其计算公式为：

$$应收账款周转次数 = \frac{销售收入净额}{应收账款平均余额} = \frac{销售收入净额}{(期初应收账款 + 期末应收账款)/2}$$

应收账款周转天数指应收账款周转一次（从销售开始到收回现金）所需要的时间。其计算公式为：

$$应收账款周转天数 = 计算期天数 \div 应收账款周转次数$$
$$= 计算期天数 \times 应收账款平均余额 \div 销售收入净额$$

通常，应收账款周转率越高、周转天数越短表明应收账款管理效率越高。

在计算和使用应收账款周转率指标时应注意的问题：（1）销售收入净额指扣除销售折扣和折让后的销售净额。从理论上讲，应收账款是由赊销引起的，其对应的收入应为赊销收入，而非全部销售收入。但是赊销数据难以取得，且可以假设现金销售是收账时间为零的应收账款，因此，只要保持计算口径的历史一致性，使用销售收入净额不影响分析。销售收入净额数据使用利润表中的"营业收入"。（2）应收账款包括财务报表中"应收账款"和"应收票据"等全部赊销账款在内，因为应收票据是销售形成的应收款项的另一种形式。（3）应收账款应为未扣除坏账准备的金额。应收账款在财务报表上按净额列示，计提坏账准备会使财务报表上列示的应收账款金额减少，对应收账款实际管理欠佳的企业反而会得出应收账款周转情况更好的错误结论。（4）应收账款期末余额的可靠性问题。应收账款是特定时点的存量，容易受季节性、偶然性和人为因素的影响。在用应收账款周转率进行业绩评价时，最好使用多个时点的平均数，以减少这些因素的影响。

应收账款周转率反映了企业应收账款周转速度的快慢及应收账款管理效率的高低。在一定时期内周转次数多、周转天数少表明：

（1）企业收账迅速，信用销售管理严格；

（2）应收账款流动性强，从而增强了企业短期偿债能力；

（3）减少收账费用和坏账损失，相对增强企业流动资产的信用程度，调整企业信用政策；

（4）通过比较应收账款周转天数及企业信用期限，可评价客户的信用程度，调整企业信用政策。

根据表 10-1、表 10-2 资料，珠江公司 20×1 年度销售收入净额为 15 010 万元，20×1 年应收账款、应收票据年末数为 2 050（2 000+50）万元，年初数为 1 070（1 005+65）万元，假设年初、年末坏账准备均为 0。20×1 年该公司应收账款周转率指标计算如下。

$$应收账款周转次数=\frac{15\,010}{(2\,050+1\,070)\div 2}=9.62（次）$$

应收账款周转天数=360÷9.62=37（天）

运用应收账款周转率指标评价企业应收账款管理效率时，应将计算出的指标与该企业前期、行业平均水平或其他类似企业相比较进行判断。

2．存货周转率

在流动资产中，存货所占比重较大，存货的流动性将直接影响企业的流动比率。对存货周转率的分析可以通过存货周转次数和存货周转天数反映。

存货周转率（次数）是指一定时期内企业销售成本与存货平均资金占用额的比率，是衡量和评价企业购入存货、投入生产、销售收回等各环节管理效率的综合性指标。其计算公式为：

存货周转次数=销售成本÷存货平均余额

存货平均余额=（期初存货+期末存货）÷2

式中，销售成本为利润表中"营业成本"的数值。

存货周转天数是指存货周转一次（即从存货取得到存货销售）所需要的时间。其计算公式为：

存货周转天数=计算期天数÷存货周转次数=计算期天数×存货平均余额÷销售成本

根据表 10-1、表 10-2 资料，珠江公司 20×1 年度销售成本为 13 230 万元，期初存货为 1 640 万元，期末存货为 605 万元，该公司存货周转率指标为：

$$存货周转次数=\frac{13\,230}{(1\,640+605)\div 2}=11.79（次）$$

存货周转天数=360÷11.79=30.53（天）

一般来讲，存货周转速度越快，存货占用水平越低，流动性越强，存货转化为现金或应收账款的速度就越快，这样会增强企业的短期偿债能力及盈利能力。通过对存货周转速度分析，有利于找出存货管理中存在的问题，尽可能降低资金占用水平。在具体分析时，应注意几点：（1）存货周转率的高低与企业的经营特点有密切联系，应注意行业的可比性。（2）该比率反映的是存货整体的周转情况，不能说明企业经营各环节的存货周转情况和管理水平。（3）应结合应收账款周转情况和信用政策进行分析。

3．流动资产周转率

流动资产周转率是反映企业流动资产周转速度的指标。流动资产周转率（次数）是一定时期销售收入净额与企业流动资产平均占用额之间的比率。其计算公式为：

流动资产周转次数=销售收入净额÷流动资产平均余额

流动资产周转天数=计算期天数÷流动资产周转次数

=计算期天数×流动资产平均余额÷销售收入净额

式中，流动资产平均余额=（期初流动资产+期末流动资产）÷2。

在一定时期内，流动资产周转次数越多，表明以相同的流动资产完成的周转额越多，流动资产利用效果越好。流动资产周转天数越少，表明流动资产在经历生产销售各阶段所占用的时间越短，可相对节约流动资产，增强企业盈利能力。

根据表10-1、表10-2资料，珠江公司20×1年销售收入净额为15 010万元，20×1年流动资产期初数为3 130万元，期末数为3 590万元，则该公司流动资产周转率指标计算如下。

$$流动资产周转次数=\frac{15\,010}{(3\,130+3\,590)\div 2}=4.47（次）$$

$$流动资产周转天数=360\div 4.47=80.54（天）$$

（二）固定资产营运能力分析

反映固定资产营运能力的指标为固定资产周转率。固定资产周转率是指企业年销售收入净额与固定资产平均净值的比率。它是反映企业固定资产周转情况，从而衡量固定资产利用效率的一项指标。其计算公式为：

$$固定资产周转率=销售收入净额\div 固定资产平均净值$$

式中，固定资产平均净值=（期初固定资产净值+期末固定资产净值）÷2。

固定资产周转率高，说明企业固定资产投资得当，结构合理，利用效率高；反之，如果固定资产周转率不高，则表明固定资产利用效率不高，提供的生产成果不多，企业的营运能力不强。

根据表10-1、表10-2资料，珠江公司20×0年、20×1年的销售收入净额分别为14 260万元、15 010万元，20×1年年初固定资产净值为4 775万元，20×1年年末为6 190万元。假设20×0年年初固定资产净值为4 000万元，则固定资产周转率计算如下。

$$20×0年固定资产周转率=\frac{14\,260}{(4\,000+4\,775)\div 2}=3.25（次）$$

$$20×1年固定资产周转率=\frac{15\,010}{(4\,775+6\,190)\div 2}=2.74（次）$$

通过以上计算可知，20×1年固定资产周转率为2.74次，20×0年固定资产周转率为3.25次，说明20×1年固定资产周转速度比上年慢，其主要原因在于固定资产净值增长幅度要大于销售收入净额增长幅度，说明该公司营运能力有所减弱，这种减弱幅度是否合理，还要视公司目标及同行业水平而定。

（三）总资产营运能力分析

反映总资产营运能力的指标是总资产周转率。总资产周转率是企业销售收入净额与企业平均总资产的比率。计算公式为：

$$总资产周转率=销售收入净额\div 平均总资产$$

如果企业各期资产总额比较稳定，波动不大，则：

$$平均总资产=（期初总资产+期末总资产）\div 2$$

如果资金占用的波动性较大，企业应采用更详细的资料进行计算，如按照各月的资金占用额计算，则：

$$月平均总资产=（月初总资产+月末总资产）\div 2$$

季平均占用额=（1/2 季初总资产+第一月末总资产+第二月末总资产+1/2 季末总资产）÷3

年平均占用额=（1/2 年初总资产+第一季度末总资产+第二季度末总资产+第三季度末总资产 +1/2 年末总资产）÷4

计算总资产周转率时分子、分母在时间上应保持一致。

这一比率用来衡量企业资产整体的使用效率。总资产由各项资产组成，在销售收入既定的情况下，总资产周转率的驱动因素是各项资产。因此，对总资产周转情况的分析应结合各项资产的周转情况，以发现影响企业资产周转的主要因素。

根据表 10-1、表 10-2 资料，20×0 年珠江公司销售收入净额为 14 260 万元，20×1 年为 15 010 万元，20×1 年年初资产总额为 8 600 万元，20×1 年年末为 10 200 万元。假设 20×0 年年初资产总额为 7 800 万元，则该公司 20×0 年、20×1 年总资产周转率计算如下。

$$20×0 年总资产周转率=\frac{14\ 260}{(7\ 800+8\ 600)÷2}=1.74（次）$$

$$20×1 年总资产周转率=\frac{15\ 010}{(8\ 600+10\ 200)÷2}=1.60（次）$$

从以上计算可知，珠江公司 20×1 年总资产周转率比上年减慢，这与前面计算分析固定资产周转速度减慢结论一致，该公司应扩大销售额、处理闲置资产，以提高资产使用效率。

总之，各项资产的周转率指标用于衡量各项资产赚取收入的能力，经常和评价企业盈利能力的指标结合在一起，以全面评价企业的盈利能力。

三、盈利能力分析

不论是投资人、债权人还是经理人员，都会非常重视和关心企业的盈利能力。盈利能力就是企业获取利润、实现资金增值的能力。因此，盈利能力指标主要通过收入与利润之间的关系、资产与利润之间的关系反映。反映企业盈利能力的指标主要有销售毛利率、销售净利率、总资产净利率和净资产收益率。

（一）销售毛利率

销售毛利率是销售毛利与销售收入之比，其计算公式如下。

销售毛利率=销售毛利÷销售收入

式中，销售毛利=销售收入-销售成本。

销售毛利率反映产品每销售 1 元所包含的毛利润，即销售收入扣除销售成本后还有多少剩余可用于各期费用和形成利润。销售毛利率越高，表明产品的盈利能力越强。将销售毛利率与行业水平进行比较，可以反映企业产品的市场竞争地位。销售毛利率高于行业水平的企业意味着实现了一定的收入、占用了更少的成本，表明它们在资源、技术或劳动生产率方面具有竞争优势。而销售毛利率低于行业水平的企业则意味着在行业中处于竞争劣势。此外，将不同行业的销售毛利率进行横向比较，也可以说明行业间盈利能力的差异。

根据表 10-2 资料，可计算珠江公司销售毛利率如下。

20×0 年销售毛利率=（14 260-12 525）÷14 260=12.17%

21×1 年销售毛利率=（15 010-13 230）÷15 010=11.86%

（二）销售净利率

销售净利率是净利润与销售收入之比，其计算公式为：

$$销售净利率=净利润÷销售收入$$

销售净利率反映每 1 元销售收入最终赚取了多少利润，用于反映产品最终的盈利能力。在利润表中，从销售收入到净利润需要扣除销售成本、期间费用、税金等项目。因此，将销售净利率按利润的扣除项目进行分解可以识别影响销售净利率的主要因素。

根据表 10-2 资料，可计算销售净利率如下。

20×0 年销售净利率=770÷14 260=5.40%

20×1 年销售净利率=650÷15 010=4.33%

从上述计算分析可以看出，2021 年各项销售利润率指标均比上年有所下降。说明企业盈利能力有所下降，企业应查明原因，采取相应措施，提高盈利水平。

（三）总资产净利率

总资产净利率指净利润与平均总资产的比率，反映每 1 元资产创造的净利润。计算公式为：

$$总资产净利率=（净利润÷平均总资产）×100\%$$

总资产净利率衡量的是企业资产的盈利能力。总资产净利率越高，表明企业资产利用效果越好。影响总资产净利率的因素是销售净利率和总资产周转率。

$$总资产净利率=销售净利率×总资产周转率$$

因此，企业可以通过提高销售净利率、加速资产周转来提高总资产净利率。

根据表 10-1、表 10-2 资料可知，珠江公司 20×0 年净利润为 770 万元，年末总资产为 8 600 万元；20×1 年净利润为 650 万元，年末总资产为 10 200 万元。假设 20×0 年年初总资产为 7 800 万元，则珠江公司总资产净利率计算如下。

20×0 年总资产净利率=770÷[（7 800+8 600）/2]×100%=9.39%

20×1 年总资产净利率=650÷[（10 200+8 600）/2]×100%=6.91%

由以上计算结果可知，总资产净利率下降明显，表明企业盈利能力减弱。结合前面计算的销售净利率和总资产周转率发现，销售净利率和总资产周转率均下降是总资产净利率下降的原因，表明企业产品的盈利能力和资产运用效率均存在问题。企业应进一步分析产品盈利能力和资产周转能力下降的原因，通过提高销售净利率和总资产周转率改善企业整体盈利水平。

（四）净资产收益率

净资产收益率又叫权益净利率或权益报酬率，是净利润与平均所有者权益的比值，表示每 1 元股东资本赚取的净利润，反映资本经营的盈利能力。其计算公式为：

$$净资产收益率=（净利润÷平均所有者权益）×100\%$$

该指标是企业盈利能力指标的核心，也是杜邦分析体系的核心，更是投资者关注的重点。一般来说，净资产收益率越高，股东和债权人的利益保障程度越高。如果企业的净资产收益率在一段时期内持续增长，说明资本盈利能力稳定上升。但净资产收益率不是一个越高越好的指标，分析时要注意企业的财务风险。

$$净资产收益率=总资产净利率×权益乘数$$

通过对净资产收益率的分解可以发现，改善资产盈利能力和增加企业负债都可以提高净资产收益率。而如果不改善资产盈利能力，单纯通过加大举债提高权益乘数进而提高净资产收益率的做法则十分危险。因为，企业负债经营的前提是有足够的盈利能力。如果举债增加的收益无法涵盖增加的财务风险会使企业面临财务困境。因此，只有当企业净资产收益率上升同时财务风险没有明显加大，才能说明企业财务状况良好。

根据表 10-1、表 10-2 资料可知，珠江公司 20×0 年净利润为 770 万元，年末所有者权益为 4 430 万元；20×1 年净利润为 650 万元，年末所有者权益为 4 730 万元。假设 20×0 年年初所有者权益为 4 000 万元，则珠江公司净资产收益率为：

$$20×0 \text{ 年净资产收益率} = \frac{770}{(4\,000 + 4\,430) \div 2} \times 100\% = 18.27\%$$

$$20×1 \text{ 年净资产收益率} = \frac{650}{(4\,430 + 4\,730) \div 2} \times 100\% = 14.19\%$$

由于该公司所有者权益的增长，20×1 年净资产收益率比上年低 4 个百分点，从所有者的角度看，盈利能力明显降低。由前面的计算结果可以发现，公司权益乘数有所增加，但由于资产盈利能力下降较快导致了净资产收益率的下降。因此，珠江公司在盈利水平下降的同时财务风险加大。公司应尽快改善盈利能力，通过提高产品竞争能力、加速资产周转，同时控制财务风险以解决公司所面临的问题。

四、发展能力分析

衡量企业发展能力的指标主要有销售收入增长率、总资产增长率、营业利润增长率、资本保值增值率和资本积累率等。

（一）销售收入增长率

销售收入增长率指标反映的是相对化的销售收入增长情况，是衡量企业经营状况和市场占有能力、预测企业经营业务拓展趋势的重要指标。在实际分析时应考虑企业历年的销售水平、市场占有情况、行业未来发展及其他影响企业发展的潜在因素，或结合企业前三年的销售收入增长率进行趋势性分析判断。其计算公式为：

销售收入增长率=本年销售收入增长额÷上年销售收入×100%

式中，本年销售收入增长额=本年销售收入-上年销售收入。

计算过程中，销售收入可以使用利润表中的"营业收入"数据。销售收入增长率大于零，表明企业本年销售收入有所增长。该指标值越高，表明企业销售收入的增长速度越快，企业市场前景越好。

根据表 10-2 资料可知，珠江公司 20×0 年销售收入为 14 260 万元，20×1 年销售收入为 15 010 万元。则珠江公司销售收入增长率为：

20×1 年销售收入增长率=（15 010-14 260）÷14 260×100%=5.26%

（二）总资产增长率

总资产增长率是企业本年资产增长额同年初资产总额的比率，反映企业本期资产规模的增长情况。其计算公式为：

总资产增长率=本年资产增长额÷年初资产总额×100%

式中，本年资产增长额=年末资产总额-年初资产总额。

总资产增长率越高，表明企业一定时期内资产经营规模扩张的速度越快。但在分析时，需要关注资产规模扩张的质和量的关系，以及企业的后续发展能力，避免盲目扩张。

根据表 10-1 资料可知，珠江公司 20×1 年年初资产总额为 8 600 万元，20×1 年年末资产总额为 10 200 万元。则珠江公司总资产增长率为：

20×1 年总资产增长率=（10 200-8 600）÷8 600×100%=18.60%

（三）营业利润增长率

营业利润增长率是企业本年营业利润增长额与上年营业利润总额的比率，反映企业营业利润的增减变动情况。其计算公式为：

营业利润增长率=本年营业利润增长额÷上年营业利润总额×100%

式中，本年营业利润增长额=本年营业利润-上年营业利润。

根据表 10-2 资料可知，珠江公司 20×0 年营业利润为 1 095 万元，20×1 年营业利润为 1 030 万元。则珠江公司营业利润增长率为：

20×1 年营业利润增长率=（1 030-1 095）÷1 095×100%=-5.94%

（四）资本保值增值率

资本保值增值率是指所有者权益的期末总额与期初总额之比。其计算公式为：

资本保值增值率=期末所有者权益÷期初所有者权益×100%

如果企业盈利能力提高，利润增加，必然会使期末所有者权益大于期初所有者权益，所以该指标也是衡量企业盈利能力的重要指标。当然，这一指标的高低，除了受企业经营成果的影响外，还受企业利润分配政策和投入资本的影响。

根据前面净资产收益率的有关资料，珠江公司资本保值增值率计算如下：

20×0 年资本保值增值率=4 430÷4 000×100%=111%

20×1 年资本保值增值率=4 730÷4 430×100%=107%

可见该公司 20×1 年资本保值增值率比上年有所降低。

（五）资本积累率

资本积累率是指企业本年所有者权益增长额与年初所有者权益的比率，反映企业当年资本的积累能力。其计算公式为：

资本积累率=本年所有者权益增长额÷年初所有者权益×100%

式中，本年所有者权益增长额=年末所有者权益-年初所有者权益。

资本积累率越高，表明企业的资本积累越多，应对风险、持续发展的能力越强。

根据表 10-1 资料可知，珠江公司 20×1 年年初所有者权益为 4 430 万元，20×1 年年末所有者权益为 4 730 万元。则珠江公司资本积累率为：

20×1 年资本积累率=（4 730-4 430）÷4 430×100%=6.77%

五、现金流量分析

现金流量分析一般包括现金流量的结构分析、流动性分析、获取现金能力分析、财务弹性分析及收益质量分析。这里主要从获取现金能力及收益质量方面介绍现金流量分析。

（一）获取现金能力的分析

获取现金的能力可通过经营活动现金流量净额与投入资源之比来反映。投入资源可以是销售收入、资产总额、营运资金净额、净资产或普通股股数等。

1．销售现金比率

销售现金比率是指企业经营活动现金流量净额与企业销售收入的比值。其计算公式为：

$$销售现金比率=经营活动现金流量净额÷销售收入$$

如果 A 公司销售收入（含增值税）为 15 010 万元，经营活动现金流量净额为 5 857.5 万元，则：

销售现金比率=5 857.5÷15 010=0.39

该比率反映每 1 元销售收入得到的现金流量净额，其数值越大越好。

2．每股营业现金净流量

每股营业现金净流量是通过企业经营活动现金流量净额与普通股股数之比来反映的。其计算公式为：

$$每股营业现金净流量=经营活动现金流量净额÷普通股股数$$

假设 A 公司有普通股 50 000 万股，则：

每股营业现金净流量=5 857.5÷50 000=0.12（元/股）

该指标反映企业最大的分派股利能力，超过此限度，可能就要借款分红。

3．全部资产现金回收率

全部资产现金回收率是通过企业经营活动现金流量净额与企业平均总资产之比来反映的，它说明企业全部资产产生现金的能力。其计算公式为：

$$全部资产现金回收率=经营活动现金流量净额÷平均总资产×100\%$$

假设 A 公司平均总资产为 86 000 万元，则：

全部资产现金回收率=5 857.5÷86 000×100%=6.81%

如果同行业平均全部资产现金回收率为 7%，说明 A 公司资产产生现金的能力较弱。

（二）收益质量分析

收益质量是指会计收益与公司业绩的相关性。如果会计收益能如实反映公司业绩，则其收益质量高；反之，则收益质量不高。收益质量分析主要包括净收益营运指数分析与现金营运指数分析。

1．净收益营运指数

净收益营运指数是指经营净收益与净利润之比，其计算公式为：

$$净收益营运指数=经营净收益÷净利润$$

式中，经营净收益=净利润-非经营净收益。

假设 A 公司有关现金流量补充资料如表 10-5 所示。

表 10-5　A 公司现金流量补充资料

净利润调整为经营活动现金流量	金额（万元）	说明
净利润	3 578.5	
加：计提的资产减值准备	14.5	非付现费用共 4 034.5 万元，少提取这类费用，可增加会计收益却不会增加现金流入，会使收益质量下降
固定资产折旧	1 510	
无形资产摊销	1 000	
长期待摊费用摊销	1 510	

净利润调整为经营活动现金流量	金额（万元）	说明
处置固定资产损失（减收益）	-760	非经营净收益为 594.5 万元，不代表正常的收益能力
固定资产报废损失	305.5	
财务费用	332.5	
投资损失（减收益）	-472.5	
递延所得税资产减少（减增加）	0	
存货减少（减增加）	89.5	经营资产净增加 655.5 万元，如收益不变而现金减少，收益质量下降（收入未收到现金），应查明应收项目增加的原因
经营性应收项目减少（减增加）	-745	
经营性应付项目增加（减减少）	-800.5	无息负债净减少 505.5 万元，收益不变而现金减少，收益质量下降
其他	295	
经营活动产生的现金流量净额	5 857.5	

根据表 10-5 资料，A 公司净收益营运指数计算如下。

A 公司经营活动净收益=3 578.5-594.5=2 984（万元）

净收益营运指数=2 984÷3 578.5=0.83

净收益营运指数越小，非经营收益所占比重越大，收益质量越差，因为非经营收益不反映公司的核心能力及正常的收益能力，可持续性较低。

2. 现金营运指数

现金营运指数反映企业经营活动现金流量净额与企业经营所得现金的比值，计算公式为：

$$现金营运指数=经营活动现金流量净额÷经营所得现金$$

式中，经营所得现金是经营净收益与非付现费用之和。

根据表 10-5 资料，A 公司现金营运指数计算如下。

经营所得现金=经营活动净收益+非付现费用 =2 984+4 034.5=7 018.5（万元）

现金营运指数=5 857.5÷7 018.5=0.83

现金营运指数小于 1，说明收益质量不够好。A 公司每 1 元的经营活动收益，只收回约 0.83 元。现金营运指数小于 1，说明一部分收益尚未取得现金，停留在实物或债权形态，而实物或债权资产的风险大于现金，应收账款不一定能足够变现，存货也有贬值的风险，所以未收现的收益质量低于已收现的收益质量。其次，现金营运指数小于 1，说明营运资金增加了，反映企业取得同样的收益占用了更多的营运资金，取得收益的代价增加了，同样的收益代表着更差的业绩。

六、财务报表分析中需要注意的问题

在进行财务报表分析的过程中，除了选择分析方法、设计财务指标和计算财务数据外，还要考虑如何确定恰当的评价标准和如何正确使用财务报表，同时还要认识到财务报表分析存在的局限性。

（一）财务报表分析的评价标准

通过财务报表分析来衡量企业财务状况，必须将财务指标与评价标准进行比较分析才能得出结论，所以选定适当的评价标准是财务报表分析的基本步骤。这里介绍常用的三种评价标准，即历史标准、行业标准以及经验标准。

1．历史标准

历史标准是指以企业过去一段时期的实际状况作为标准。在实际使用中，通常会将当期的财务数据与上期进行对比，这样上期的实际水平就作为一种评判标准，或者将当期的财务数据与过去几期的平均数值进行比较。采用历史标准便于评价企业自身财务状况的发展变化趋势。

2．行业标准

行业标准是以反映行业财务状况的平均水平作为标准。通常选择行业中一组有代表性的企业，以其平均情况作为行业标准，或者直接以情况较为接近的竞争对手的财务数据作为分析基础。运用行业标准进行财务分析，可以说明企业在行业中的相对水平与所处地位。

3．经验标准

经验标准是指通过大量实践的检验得出的具有指导意义的标准。经验标准是人们公认的标准，来自实践并不断接受实践的检验，具有一定的客观性和普遍性。例如，一般认为，企业的流动比率不低于 2、速动比率不低于 1。但是，经验标准只是一般情况下的一个判断，不是适用一切情况和所有企业的绝对标准。在应用经验标准时，需要联系实际情况具体分析。

（二）财务报表数据的时间属性

财务报表分析的主要依据是资产负债表、利润表和现金流量表，而这三张报表具有不同的时间属性。资产负债表包含的财务数据均为时点性信息，利润表和现金流量表反映的是时期性信息。在同时使用来自不同报表的数据时，必须将它们转换成具有相同时间属性的数据才能进行运算，得出所需的财务指标。

在同时使用资产负债表数据与利润表或现金流量表数据进行分析时，通常是将时点数据转换成时期数据。例如，在计算存货周转率和净资产收益率等比率时都采用了这种方法。将时点数据转换为时期数据的方法包括加权平均法和算术平均法。加权平均法是将维持同一时点数据的时间长度作为权数，进行加权平均。由于一般很难在财务报表中获得有关持续时间的数据，所以会使用简单的算术平均法作为替代。算术平均法是将不同时点的数据进行简单的算术平均，最常见的是将期初和期末的时点数据进行平均。

（三）财务报表分析存在的局限性

财务报表能为分析企业的财务状况和经营业绩提供很多非常有用的信息，但是也存在一定的局限性，有必要注意并进行适当的判断，以免影响分析结果的正确性。

1．不同的会计方法

尽管会计界已经采取措施尽量减少会计方法的可选择性，但是这类问题依然存在。不同企业选择不同的会计方法，或者同一企业在不同时期改变会计方法都会使得报表数据之间缺乏可比性。

2．通货膨胀的因素

通货膨胀一方面会使企业的资产负债表严重失实，账面价值远远偏离实际价值；另一方面会影响折旧费用和存货成本，使得利润数字不能反映企业实际的盈利能力。在对企业较长一段时期或者不同时期的财务数据进行比较时，需要对通货膨胀引起的价值变动进行判断后才能进行解释。

3．财务报表粉饰

有些企业会使用一些会计方法对财务报表进行粉饰，在实际经营业绩和财务状况并没有好转的情况下改善财务数据。例如，一家流动性较差的企业，在年末借入一笔资金，持有现金几天后，在下一年年初就偿还借款，从而提高了企业的流动比率和速动比率。同样，还可以通过年末的销售和下年初的销售退回，在报表上提高企业的盈利能力指标和营运能力指标。所以在财务分析时还需要"透过数字看本质"。

4．季节性因素

对于生产经营活动带有明显的季节性波动的企业，季节性因素也会扭曲财务报表数据，尤其在使用时点数据时会出现较大的波动。例如，零售企业的资产负债表中的存货，在节假日之前和之后会出现大幅度的变化，计算出来的存货周转率会有很大的差异。这时，最好采用月平均数据来计算周转率指标。

5．财务指标的两面性

对于一个财务指标，不能简单地断定其越高越好或越低越好，因为财务指标具有两面性。例如，流动比率越高，说明企业资产的流动性越强，这是好的一面；但同时企业现金过多导致企业资源的闲置和浪费，这是不好的一面。同样，企业总资产周转率高，可能反映了企业资产的使用效率高，但也可能是企业投资不足，无法购买足够的资产。所以，分析财务指标时，不能机械地生搬硬套，需要全面和客观地进行判断。

 本学习单元小结

企业进行财务分析是为了评价企业过去的经营业绩，衡量企业当前的财务状况，预测企业未来的发展趋势。财务分析的主要方法包括比较分析法、趋势分析法、比率分析法和因素分析法。财务报表是财务分析资料的直接来源，因此，正确理解财务报表是进行财务分析的前提。利用比率分析法可以分析企业的盈利能力、营运能力、偿债能力、发展能力以及现金流量情况，直接了解企业各个方面的财务状况。在此基础上，通过综合能力分析，可以系统考查企业的财务状况。

 复习与思考

1．进行财务分析有什么意义？
2．财务分析方法主要有哪几种？
3．偿债能力分析要运用哪些财务比率指标？如何进行计算？
4．营运能力分析要运用哪些财务比率指标？如何进行计算？
5．盈利能力分析要运用哪些财务比率指标？如何进行计算？
6．财务比率分析存在什么问题？

 技能实训

光华公司有关资料如下。

资料一：简化的资产负债表如表 10-6 所示。

表 10-6 资产负债表（简化）

编制单位：光华公司　　　　　　　　　20×1 年 12 月 31 日　　　　　　　　　单位：万元

资产	期末余额	上年年末余额	负债及所有者权益	期末余额	上年年末余额
流动资产：			流动负债：		
货币资金	90	100	流动负债合计	300	450
应收账款	180	120	非流动负债合计	400	250
存货	360	230	所有者权益合计	700	700
流动资产合计	630	450			
非流动资产：					
固定资产	770	950			
非流动资产合计	770	950			
资产总计	1 400	1 400	负债及所有者权益总计	1 400	1 400

资料二：

光华公司 20×1 年度的销售净利率为 16%、总资产周转率为 0.5 次、权益乘数为 2、净资产收益率为 16%。光华公司 20×1 年度销售收入为 840 万元、净利润为 117.6 万元。

要求：

（1）计算 20×1 年年末的速动比率、资产负债率；

（2）计算 20×1 年的总资产周转率、销售净利率和权益乘数；

（3）试用杜邦分析体系分析销售净利率、总资产周转率和权益乘数变动对净资产收益率的影响。

附录

附表一　复利终值系数表

期数	1%	2%	3%	4%	5%	6%	7%	8%	9%	10%	11%	12%	13%	14%	15%	16%	17%	18%	19%	20%
1	1.0100	1.0200	1.0300	1.0400	1.0500	1.0600	1.0700	1.0800	1.0900	1.1000	1.1100	1.1200	1.1300	1.1400	1.1500	1.1600	1.1700	1.1800	1.1900	1.2000
2	1.0201	1.0404	1.0609	1.0816	1.1025	1.1236	1.1449	1.1664	1.1881	1.2100	1.2321	1.2544	1.2769	1.2996	1.3225	1.3456	1.3689	1.3924	1.4161	1.4400
3	1.0303	1.0612	1.0927	1.1249	1.1576	1.1910	1.2250	1.2597	1.2950	1.3310	1.3676	1.4049	1.4429	1.4815	1.5209	1.5609	1.6016	1.6430	1.6852	1.7280
4	1.0406	1.0824	1.1255	1.1699	1.2155	1.2625	1.3108	1.3605	1.4116	1.4641	1.5181	1.5735	1.6305	1.6890	1.7490	1.8106	1.8739	1.9388	2.0053	2.0736
5	1.0510	1.1041	1.1593	1.2167	1.2763	1.3382	1.4026	1.4693	1.5386	1.6105	1.6851	1.7623	1.8424	1.9254	2.0114	2.1003	2.1924	2.2878	2.3864	2.4883
6	1.0615	1.1262	1.1941	1.2653	1.3401	1.4185	1.5007	1.5869	1.6771	1.7716	1.8704	1.9738	2.0820	2.1950	2.3131	2.4364	2.5652	2.6996	2.8398	2.9860
7	1.0721	1.1487	1.2299	1.3159	1.4071	1.5036	1.6058	1.7138	1.8280	1.9487	2.0762	2.2107	2.3526	2.5023	2.6600	2.8262	3.0012	3.1855	3.3793	3.5832
8	1.0829	1.1717	1.2668	1.3686	1.4775	1.5938	1.7182	1.8509	1.9926	2.1436	2.3045	2.4760	2.6584	2.8526	3.0590	3.2784	3.5115	3.7589	4.0214	4.2998
9	1.0937	1.1951	1.3048	1.4233	1.5513	1.6895	1.8385	1.9990	2.1719	2.3579	2.5580	2.7731	3.0040	3.2519	3.5179	3.8030	4.1084	4.4355	4.7854	5.1598
10	1.1046	1.2190	1.3439	1.4802	1.6289	1.7908	1.9672	2.1589	2.3674	2.5937	2.8394	3.1058	3.3946	3.7072	4.0456	4.4114	4.8068	5.2338	5.6947	6.1917
11	1.1157	1.2434	1.3842	1.5395	1.7103	1.8983	2.1049	2.3316	2.5804	2.8531	3.1518	3.4785	3.8359	4.2262	4.6524	5.1173	5.6240	6.1759	6.7767	7.4301
12	1.1268	1.2682	1.4258	1.6010	1.7959	2.0122	2.2522	2.5182	2.8127	3.1384	3.4985	3.8960	4.3345	4.8179	5.3503	5.9360	6.5801	7.2876	8.0642	8.9161
13	1.1381	1.2936	1.4685	1.6651	1.8856	2.1329	2.4098	2.7196	3.0658	3.4523	3.8833	4.3635	4.8980	5.4924	6.1528	6.8858	7.6987	8.5994	9.5964	10.699
14	1.1495	1.3195	1.5126	1.7317	1.9799	2.2609	2.5785	2.9372	3.3417	3.7975	4.3104	4.8871	5.5348	6.2613	7.0757	7.9875	9.0075	10.147	11.420	12.839
15	1.1610	1.3459	1.5580	1.8009	2.0789	2.3966	2.7590	3.1722	3.6425	4.1772	4.7846	5.4736	6.2543	7.1379	8.1371	9.2655	10.539	11.974	13.590	15.407
16	1.1726	1.3728	1.6047	1.8730	2.1829	2.5404	2.9522	3.4259	3.9703	4.5950	5.3109	6.1304	7.0673	8.1372	9.3576	10.748	12.330	14.129	16.172	18.488
17	1.1843	1.4002	1.6528	1.9479	2.2920	2.6928	3.1588	3.7000	4.3276	5.0545	5.8951	6.8660	7.9861	9.2765	10.761	12.468	14.427	16.672	19.244	22.186
18	1.1961	1.4282	1.7024	2.0258	2.4066	2.8543	3.3799	3.9960	4.7171	5.5599	6.5436	7.6900	9.0243	10.575	12.376	14.463	16.879	19.673	22.901	26.623
19	1.2081	1.4568	1.7535	2.1068	2.5270	3.0256	3.6165	4.3157	5.1417	6.1159	7.2633	8.6128	10.197	12.056	14.232	16.777	19.748	23.214	27.252	31.948
20	1.2202	1.4859	1.8061	2.1911	2.6533	3.2071	3.8697	4.6610	5.6044	6.7275	8.0623	9.6463	11.523	13.744	16.367	19.461	23.106	27.393	32.429	38.338
21	1.2324	1.5157	1.8603	2.2788	2.7860	3.3996	4.1406	5.0338	6.1088	7.4002	8.949	10.804	13.021	15.668	18.822	22.575	27.034	32.324	38.591	46.005
22	1.2447	1.5460	1.9161	2.3699	2.9253	3.6035	4.4304	5.4365	6.6586	8.1403	9.934	12.100	14.714	17.861	21.645	26.186	31.629	37.006	45.008	55.206
23	1.2572	1.5769	1.9736	2.4647	3.0715	3.8197	4.7405	5.8715	7.2579	8.9543	11.026	13.552	16.627	20.362	24.892	30.376	37.006	43.297	54.649	66.247
24	1.2697	1.6084	2.0328	2.5633	3.2251	4.0489	5.0724	6.3412	7.9111	9.8497	12.239	15.179	18.788	23.212	28.625	35.236	43.297	50.658	65.032	79.497
25	1.2824	1.6406	2.0938	2.6658	3.3864	4.2919	5.4274	6.8485	8.6231	10.835	13.586	17.000	21.231	26.462	32.919	40.874	50.658	62.669	77.388	95.396
26	1.2953	1.6734	2.1566	2.7725	3.5557	4.5494	5.8074	7.3964	9.3992	11.918	15.080	19.040	23.991	30.167	37.857	47.414	59.270	73.949	92.092	114.48
27	1.3082	1.7069	2.2213	2.8834	3.7335	4.8223	6.2139	7.9881	10.245	13.110	16.739	21.325	27.109	34.390	43.535	55.000	69.346	87.260	109.59	137.37
28	1.3213	1.7410	2.2879	2.9987	3.9201	5.1117	6.6488	8.6271	11.167	14.421	18.580	23.884	30.634	39.205	50.066	63.800	81.134	102.97	130.41	164.84
29	1.3345	1.7758	2.3566	3.1187	4.1161	5.4184	7.1143	9.3173	12.172	15.863	20.624	26.750	34.616	44.693	57.576	74.009	94.927	121.50	155.19	197.81
30	1.3478	1.8114	2.4273	3.2434	4.3219	5.7435	7.6123	10.063	13.268	17.449	22.892	29.960	39.116	50.950	66.212	85.850	111.06	143.37	184.68	237.38
40	1.4889	2.2080	3.2620	4.8010	7.0400	10.286	14.975	21.725	31.409	45.259	65.001	93.051	132.78	188.88	267.86	378.72	533.87	750.38	1051.7	1469.8
50	1.6446	2.6916	4.3839	7.1067	11.467	18.420	29.457	46.902	74.358	117.39	184.56	289.00	450.74	700.23	1083.7	1670.7	2566.2	3927.4	5988.9	9100.4
60	1.8167	3.2810	5.8916	10.520	18.679	32.988	57.946	101.26	176.03	304.48	524.06	897.60	1530.1	2595.9	4384.0	7370.2	12335	20555	34105	56348

期数	21%	22%	23%	24%	25%	26%	27%	28%	29%	30%
1	1.2100	1.2200	1.2300	1.2400	1.2500	1.2600	1.2700	1.2800	1.2900	1.3000
2	1.4641	1.4884	1.5129	1.5376	1.5625	1.5876	1.6129	1.6384	1.6641	1.6900
3	1.7716	1.8158	1.8609	1.9066	1.9531	2.0004	2.0484	2.0972	2.1467	2.1970
4	2.1436	2.2153	2.2889	2.3642	2.4414	2.5205	2.6014	2.6844	2.7692	2.8561
5	2.5937	2.7027	2.8153	2.9316	3.0518	3.1758	3.3038	3.4360	3.5723	3.7129
6	3.1384	3.2973	3.4628	3.6352	3.8147	4.0015	4.1959	4.3980	4.6083	4.8268
7	3.7975	4.0227	4.2593	4.5077	4.7684	5.0419	5.3288	5.6295	5.9447	6.2749
8	4.5950	4.9077	5.2389	5.5895	5.9605	6.3528	6.7675	7.2058	7.6686	8.1573
9	5.5599	5.9874	6.4439	6.9310	7.4506	8.0045	8.5948	9.2234	9.8925	10.605
10	6.7275	7.3046	7.9259	8.5944	9.3132	10.086	10.915	11.806	12.761	13.786
11	8.1403	8.9117	9.7489	10.657	11.642	12.708	13.863	15.112	16.462	17.922
12	9.8497	10.872	11.991	13.215	14.552	16.012	17.605	19.343	21.236	23.298
13	11.918	13.264	14.749	16.386	18.190	20.175	22.359	24.759	27.395	30.288
14	14.421	16.182	18.141	20.319	22.737	25.421	28.396	31.691	35.339	39.374
15	17.449	19.742	22.314	25.196	28.422	32.030	36.063	40.565	45.588	51.186
16	21.114	24.086	27.446	31.243	35.527	40.358	45.799	51.923	58.808	66.542
17	25.548	29.384	33.759	38.741	44.409	50.851	58.165	66.461	75.862	86.504
18	30.913	35.849	41.523	48.039	55.511	64.072	73.870	85.071	97.862	112.46
19	37.404	43.736	51.074	59.568	69.389	80.731	93.815	108.89	126.24	146.19
20	45.259	53.358	62.821	73.864	86.736	101.72	119.14	139.38	162.85	190.05
21	54.764	65.096	77.269	91.592	108.42	128.17	151.31	178.41	210.08	247.06
22	66.264	79.418	95.041	113.57	135.53	161.49	192.17	228.36	271.00	321.18
23	80.180	96.889	116.90	140.83	169.41	203.48	244.05	292.30	349.59	417.54
24	97.017	118.21	143.79	174.63	211.76	256.39	309.95	374.14	450.98	542.80
25	117.39	144.21	176.86	216.54	264.70	323.05	393.63	478.90	581.76	705.64
26	142.04	175.94	217.54	268.51	330.87	407.04	499.92	613.00	750.47	917.33
27	171.87	214.64	267.57	332.96	413.59	512.87	634.89	784.64	968.10	1192.5
28	207.97	261.86	329.11	412.86	516.99	646.21	806.31	1004.3	1248.9	1550.3
29	251.64	319.47	404.81	511.95	646.23	814.23	1024.0	1285.6	1611.0	2015.4
30	304.48	389.76	497.91	634.82	807.79	1025.9	1300.5	1645.5	2078.2	2620.0
40	2048.4	2847.0	3946.4	5455.9	7523.2	10347	14195	19427	26521	36119
50	13781	20797	31279	46890	70065	104358	154948	229350	338443	497929
60	92709	151911	247917	402996	652530	*	*	*	*	*

附表二　复利现值系数表

期数	1%	2%	3%	4%	5%	6%	7%	8%	9%	10%	11%	12%	13%	14%	15%	16%	17%	18%	19%	20%
1	0.9901	0.9804	0.9709	0.9615	0.9524	0.9434	0.9346	0.9259	0.9174	0.9091	0.9009	0.8929	0.8850	0.8772	0.8696	0.8621	0.8547	0.8475	0.8403	0.8333
2	0.9803	0.9612	0.9426	0.9246	0.9070	0.8900	0.8734	0.8573	0.8417	0.8264	0.8116	0.7972	0.7831	0.7695	0.7561	0.7432	0.7305	0.7182	0.7062	0.6944
3	0.9706	0.9423	0.9151	0.8890	0.8638	0.8396	0.8163	0.7938	0.7722	0.7513	0.7312	0.7118	0.6931	0.6750	0.6575	0.6407	0.6244	0.6086	0.5934	0.5787
4	0.9610	0.9238	0.8885	0.8548	0.8227	0.7921	0.7629	0.7350	0.7084	0.6830	0.6587	0.6355	0.6133	0.5921	0.5718	0.5523	0.5337	0.5158	0.4987	0.4823
5	0.9515	0.9057	0.8626	0.8219	0.7835	0.7473	0.7130	0.6806	0.6499	0.6209	0.5935	0.5674	0.5428	0.5194	0.4972	0.4761	0.4561	0.4371	0.4190	0.4019
6	0.9420	0.8880	0.8375	0.7903	0.7462	0.7050	0.6663	0.6302	0.5963	0.5645	0.5346	0.5066	0.4803	0.4556	0.4323	0.4104	0.3898	0.3704	0.3521	0.3349
7	0.9327	0.8706	0.8131	0.7599	0.7107	0.6651	0.6227	0.5835	0.5470	0.5132	0.4817	0.4523	0.4251	0.3996	0.3759	0.3538	0.3332	0.3139	0.2959	0.2791
8	0.9235	0.8535	0.7894	0.7307	0.6768	0.6274	0.5820	0.5403	0.5019	0.4665	0.4339	0.4039	0.3762	0.3506	0.3269	0.3050	0.2848	0.2660	0.2487	0.2326
9	0.9143	0.8368	0.7664	0.7026	0.6446	0.5919	0.5439	0.5002	0.4604	0.4241	0.3909	0.3606	0.3329	0.3075	0.2843	0.2630	0.2434	0.2255	0.2090	0.1938
10	0.9053	0.8203	0.7441	0.6756	0.6139	0.5584	0.5083	0.4632	0.4224	0.3855	0.3522	0.3220	0.2946	0.2697	0.2472	0.2267	0.2080	0.1911	0.1756	0.1615
11	0.8963	0.8043	0.7224	0.6496	0.5847	0.5268	0.4751	0.4289	0.3875	0.3505	0.3173	0.2875	0.2607	0.2366	0.2149	0.1954	0.1778	0.1619	0.1476	0.1346
12	0.8874	0.7885	0.7014	0.6246	0.5568	0.4970	0.4440	0.3971	0.3555	0.3186	0.2858	0.2567	0.2307	0.2076	0.1869	0.1685	0.1520	0.1372	0.1240	0.1122
13	0.8787	0.7730	0.6810	0.6006	0.5303	0.4688	0.4150	0.3677	0.3262	0.2897	0.2575	0.2292	0.2042	0.1821	0.1625	0.1452	0.1299	0.1163	0.1042	0.0935
14	0.8700	0.7579	0.6611	0.5775	0.5051	0.4423	0.3878	0.3405	0.2992	0.2633	0.2320	0.2046	0.1807	0.1597	0.1413	0.1252	0.1110	0.0985	0.0876	0.0779
15	0.8613	0.7430	0.6419	0.5553	0.4810	0.4173	0.3624	0.3152	0.2745	0.2394	0.2090	0.1827	0.1599	0.1401	0.1229	0.1079	0.0949	0.0835	0.0736	0.0649
16	0.8528	0.7284	0.6232	0.5339	0.4581	0.3936	0.3387	0.2919	0.2519	0.2176	0.1883	0.1631	0.1415	0.1229	0.1069	0.0930	0.0811	0.0708	0.0618	0.0541
17	0.8444	0.7142	0.6050	0.5134	0.4363	0.3714	0.3166	0.2703	0.2311	0.1978	0.1696	0.1456	0.1252	0.1078	0.0929	0.0802	0.0693	0.0600	0.0520	0.0451
18	0.8360	0.7002	0.5874	0.4936	0.4155	0.3503	0.2959	0.2502	0.2120	0.1799	0.1528	0.1300	0.1108	0.0946	0.0808	0.0691	0.0592	0.0508	0.0437	0.0376
19	0.8277	0.6864	0.5703	0.4746	0.3957	0.3305	0.2765	0.2317	0.1945	0.1635	0.1377	0.1161	0.0981	0.0829	0.0703	0.0596	0.0506	0.0431	0.0367	0.0313
20	0.8195	0.6730	0.5537	0.4564	0.3769	0.3118	0.2584	0.2145	0.1784	0.1486	0.1240	0.1037	0.0868	0.0728	0.0611	0.0514	0.0433	0.0365	0.0308	0.0261
21	0.8114	0.6598	0.5375	0.4388	0.3589	0.2942	0.2415	0.1987	0.1637	0.1351	0.1117	0.0926	0.0768	0.0638	0.0531	0.0443	0.0370	0.0309	0.0259	0.0217
22	0.8034	0.6468	0.5219	0.4220	0.3418	0.2775	0.2257	0.1839	0.1502	0.1228	0.1007	0.0826	0.0680	0.0560	0.0462	0.0382	0.0316	0.0262	0.0218	0.0181
23	0.7954	0.6342	0.5067	0.4057	0.3256	0.2618	0.2109	0.1703	0.1378	0.1117	0.0907	0.0738	0.0601	0.0491	0.0402	0.0329	0.0270	0.0222	0.0183	0.0151
24	0.7876	0.6217	0.4919	0.3901	0.3101	0.2470	0.1971	0.1577	0.1264	0.1015	0.0817	0.0659	0.0532	0.0431	0.0349	0.0284	0.0231	0.0188	0.0154	0.0126
25	0.7798	0.6095	0.4776	0.3751	0.2953	0.2330	0.1842	0.1460	0.1160	0.0923	0.0736	0.0588	0.0471	0.0378	0.0304	0.0245	0.0197	0.0160	0.0129	0.0105
26	0.7720	0.5976	0.4637	0.3607	0.2812	0.2198	0.1722	0.1352	0.1064	0.0839	0.0663	0.0525	0.0417	0.0331	0.0264	0.0211	0.0169	0.0135	0.0109	0.0087
27	0.7644	0.5859	0.4502	0.3468	0.2678	0.2074	0.1609	0.1252	0.0976	0.0763	0.0597	0.0469	0.0369	0.0291	0.0230	0.0182	0.0144	0.0115	0.0091	0.0073
28	0.7568	0.5744	0.4371	0.3335	0.2551	0.1956	0.1504	0.1159	0.0895	0.0693	0.0538	0.0419	0.0326	0.0255	0.0200	0.0157	0.0123	0.0097	0.0077	0.0061
29	0.7493	0.5631	0.4243	0.3207	0.2429	0.1846	0.1406	0.1073	0.0822	0.0630	0.0485	0.0374	0.0289	0.0224	0.0174	0.0135	0.0105	0.0082	0.0064	0.0051
30	0.7419	0.5521	0.4120	0.3083	0.2314	0.1741	0.1314	0.0994	0.0754	0.0573	0.0437	0.0334	0.0256	0.0196	0.0151	0.0116	0.0090	0.0070	0.0054	0.0042
40	0.6717	0.4529	0.3066	0.2083	0.1420	0.0972	0.0668	0.0460	0.0318	0.0221	0.0154	0.0107	0.0075	0.0053	0.0037	0.0026	0.0019	0.0013	0.0010	0.0007
50	0.6080	0.3715	0.2281	0.1407	0.0872	0.0543	0.0339	0.0213	0.0134	0.0085	0.0054	0.0035	0.0022	0.0014	0.0009	0.0006	0.0004	0.0003	0.0002	0.0001
60	0.5504	0.3048	0.1697	0.0951	0.0535	0.0303	0.0173	0.0099	0.0057	0.0033	0.0019	0.0011	0.0007	0.0004	0.0002	0.0001	0.0001	*	*	*

期数	21%	22%	23%	24%	25%	26%	27%	28%	29%	30%
1	0.8264	0.8197	0.8130	0.8065	0.8000	0.7937	0.7874	0.7813	0.7752	0.7692
2	0.6830	0.6719	0.6610	0.6504	0.6400	0.6299	0.6200	0.6104	0.6009	0.5917
3	0.5645	0.5507	0.5374	0.5245	0.5120	0.4999	0.4882	0.4768	0.4658	0.4552
4	0.4665	0.4514	0.4369	0.4230	0.4096	0.3968	0.3844	0.3725	0.3611	0.3501
5	0.3855	0.3700	0.3552	0.3411	0.3277	0.3149	0.3027	0.2910	0.2799	0.2693
6	0.3186	0.3033	0.2888	0.2751	0.2621	0.2499	0.2383	0.2274	0.2170	0.2072
7	0.2633	0.2486	0.2348	0.2218	0.2097	0.1983	0.1877	0.1776	0.1682	0.1594
8	0.2176	0.2038	0.1909	0.1789	0.1678	0.1574	0.1478	0.1388	0.1304	0.1226
9	0.1799	0.1670	0.1552	0.1443	0.1342	0.1249	0.1164	0.1084	0.1011	0.0943
10	0.1486	0.1369	0.1262	0.1164	0.1074	0.0992	0.0916	0.0847	0.0784	0.0725
11	0.1228	0.1122	0.1026	0.0938	0.0859	0.0787	0.0721	0.0662	0.0607	0.0558
12	0.1015	0.0920	0.0834	0.0757	0.0687	0.0625	0.0568	0.0517	0.0471	0.0429
13	0.0839	0.0754	0.0678	0.0610	0.0550	0.0496	0.0447	0.0404	0.0365	0.0330
14	0.0693	0.0618	0.0551	0.0492	0.0440	0.0393	0.0352	0.0316	0.0283	0.0254
15	0.0573	0.0507	0.0448	0.0397	0.0352	0.0312	0.0277	0.0247	0.0219	0.0195
16	0.0474	0.0415	0.0364	0.0320	0.0281	0.0248	0.0218	0.0193	0.0170	0.0150
17	0.0391	0.0340	0.0296	0.0258	0.0225	0.0197	0.0172	0.0150	0.0132	0.0116
18	0.0323	0.0279	0.0241	0.0208	0.0180	0.0156	0.0135	0.0118	0.0102	0.0089
19	0.0267	0.0229	0.0196	0.0168	0.0144	0.0124	0.0107	0.0092	0.0079	0.0068
20	0.0221	0.0187	0.0159	0.0135	0.0115	0.0098	0.0084	0.0072	0.0061	0.0053
21	0.0183	0.0154	0.0129	0.0109	0.0092	0.0078	0.0066	0.0056	0.0048	0.0040
22	0.0151	0.0126	0.0105	0.0088	0.0074	0.0062	0.0052	0.0044	0.0037	0.0031
23	0.0125	0.0103	0.0086	0.0071	0.0059	0.0049	0.0041	0.0034	0.0029	0.0024
24	0.0103	0.0085	0.0070	0.0057	0.0047	0.0039	0.0032	0.0027	0.0022	0.0018
25	0.0085	0.0069	0.0057	0.0046	0.0038	0.0031	0.0025	0.0021	0.0017	0.0014
26	0.0070	0.0057	0.0046	0.0037	0.0030	0.0025	0.0020	0.0016	0.0013	0.0011
27	0.0058	0.0047	0.0037	0.0030	0.0024	0.0019	0.0016	0.0013	0.0010	0.0008
28	0.0048	0.0038	0.0030	0.0024	0.0019	0.0015	0.0012	0.0010	0.0008	0.0006
29	0.0040	0.0031	0.0025	0.0020	0.0015	0.0012	0.0010	0.0008	0.0006	0.0005
30	0.0033	0.0026	0.0020	0.0016	0.0012	0.0010	0.0008	0.0006	0.0005	0.0004
40	0.0005	0.0004	0.0003	0.0002	0.0001	0.0001	0.0001	0.0001	*	*
50	0.0001	*	*	*	*	*	*	*	*	*
60	*	*	*	*	*	*	*	*	*	*

附表三 年金终值系数表

期数	1%	2%	3%	4%	5%	6%	7%	8%	9%	10%
1	1.0000	1.0000	1.0000	1.0000	1.0000	1.0000	1.0000	1.0000	1.0000	1.0000
2	2.0100	2.0200	2.0300	2.0400	2.0500	2.0600	2.0700	2.0800	2.0900	2.1000
3	3.0301	3.0604	3.0909	3.1216	3.1525	3.1836	3.2149	3.2464	3.2781	3.3100
4	4.0604	4.1216	4.1836	4.2465	4.3101	4.3746	4.4399	4.5061	4.5731	4.6410
5	5.1010	5.2040	5.3091	5.4163	5.5256	5.6371	5.7507	5.8666	5.9847	6.1051
6	6.1520	6.3081	6.4684	6.6330	6.8019	6.9753	7.1533	7.3359	7.5233	7.7156
7	7.2135	7.4343	7.6625	7.8983	8.1420	8.3938	8.6540	8.9228	9.2004	9.4872
8	8.2857	8.5830	8.8923	9.2142	9.5491	9.8975	10.260	10.637	11.029	11.436
9	9.3685	9.7546	10.159	10.583	11.027	11.491	11.978	12.488	13.021	13.580
10	10.462	10.950	11.464	12.006	12.578	13.181	13.816	14.487	15.193	15.937
11	11.567	12.169	12.808	13.486	14.207	14.972	15.784	16.646	17.560	18.531
12	12.683	13.412	14.192	15.026	15.917	16.870	17.889	18.977	20.141	21.384
13	13.809	14.680	15.618	16.627	17.713	18.882	20.141	21.495	22.953	24.523
14	14.947	15.974	17.086	18.292	19.599	21.015	22.551	24.215	26.019	27.975
15	16.097	17.293	18.599	20.024	21.579	23.276	25.129	27.152	29.361	31.773
16	17.258	18.639	20.157	21.825	23.658	25.673	27.888	30.324	33.003	35.950
17	18.430	20.012	21.762	23.698	25.840	28.213	30.840	33.750	36.974	40.545
18	19.615	21.412	23.414	25.645	28.132	30.906	33.999	37.450	41.301	45.599
19	20.811	22.841	25.117	27.671	30.539	33.760	37.379	41.446	46.019	51.159
20	22.019	24.297	26.870	29.778	33.066	36.786	40.996	45.762	51.160	57.275
21	23.239	25.783	28.677	31.969	35.719	39.993	44.865	50.423	56.765	64.003
22	24.472	27.299	30.537	34.248	38.505	43.392	49.006	55.457	62.873	71.403
23	25.716	28.845	32.453	36.618	41.431	46.996	53.436	60.893	69.532	79.543
24	26.974	30.422	34.427	39.083	44.502	50.816	58.177	66.765	76.790	88.497
25	28.243	32.030	36.459	41.646	47.727	54.865	63.249	73.106	84.701	98.347
26	29.526	33.671	38.553	44.312	51.114	59.156	68.677	79.954	93.324	109.18
27	30.821	35.344	40.710	47.084	54.669	63.706	74.484	87.351	102.72	121.10
28	32.129	37.051	42.931	49.968	58.403	68.528	80.698	95.339	112.97	134.21
29	33.450	38.792	45.219	52.966	62.323	73.640	87.347	103.97	124.14	148.63
30	34.785	40.568	47.575	56.085	66.439	79.058	94.461	113.28	136.31	164.49
40	48.886	60.402	75.401	95.026	120.80	154.76	199.64	259.06	337.88	442.59
50	64.463	84.579	112.80	152.67	209.35	290.34	406.53	573.77	815.08	1163.9
60	81.670	114.05	163.05	237.99	353.58	533.13	813.52	1253.2	1944.8	3034.8

期数	11%	12%	13%	14%	15%	16%	17%	18%	19%	20%
1	1.0000	1.0000	1.0000	1.0000	1.0000	1.0000	1.0000	1.0000	1.0000	1.0000
2	2.1100	2.1200	2.1300	2.1400	2.1500	2.1600	2.1700	2.1800	2.1900	2.2000
3	3.3421	3.3744	3.4069	3.4396	3.4725	3.5056	3.5389	3.5724	3.6061	3.6400
4	4.7097	4.7793	4.8498	4.9211	4.9934	5.0665	5.1405	5.2154	5.2913	5.3680
5	6.2278	6.3528	6.4803	6.6101	6.7424	6.8771	7.0144	7.1542	7.2966	7.4416
6	7.9129	8.1152	8.3227	8.5355	8.7537	8.9775	9.2068	9.4420	9.6830	9.9299
7	9.7833	10.089	10.405	10.731	11.067	11.414	11.772	12.142	12.523	12.916
8	11.859	12.300	12.757	13.233	13.727	14.240	14.773	15.327	15.902	16.499
9	14.164	14.776	15.416	16.085	16.786	17.519	18.285	19.086	19.923	20.799
10	16.722	17.549	18.420	19.337	20.304	21.322	22.393	23.521	24.709	25.959
11	19.561	20.655	21.814	23.045	24.349	25.733	27.200	28.755	30.404	32.150
12	22.713	24.133	25.650	27.271	29.002	30.850	32.824	34.931	37.180	39.581
13	26.212	28.029	29.985	32.089	34.352	36.786	39.404	42.219	45.245	48.497
14	30.095	32.393	34.883	37.581	40.505	43.672	47.103	50.818	54.841	59.196
15	34.405	37.280	40.418	43.842	47.580	51.660	56.110	60.965	66.261	72.035
16	39.190	42.753	46.672	50.980	55.718	60.925	66.649	72.939	79.850	87.442
17	44.501	48.884	53.739	59.118	65.075	71.673	78.979	87.068	96.022	105.93
18	50.396	55.750	61.725	68.394	75.836	84.141	93.406	103.74	115.27	128.12
19	56.940	63.440	70.749	78.969	88.212	98.603	110.28	123.41	138.17	154.74
20	64.203	72.052	80.947	91.025	102.44	115.38	130.03	146.63	165.42	186.69
21	72.265	81.699	92.470	104.77	118.81	134.84	153.14	174.02	197.85	225.03
22	81.214	92.503	105.49	120.44	137.63	157.42	180.17	206.34	236.44	271.03
23	91.148	104.60	120.20	138.30	159.28	183.60	211.80	244.49	282.36	326.24
24	102.17	118.16	136.83	158.66	184.17	213.98	248.81	289.49	337.01	392.48
25	114.41	133.33	155.62	181.87	212.79	249.21	292.10	342.60	402.04	471.98
26	128.00	150.33	176.85	208.33	245.71	290.09	342.76	405.27	479.43	567.38
27	143.08	169.37	200.84	238.50	283.57	337.50	402.03	479.22	571.52	681.85
28	159.82	190.70	227.95	272.89	327.10	392.50	471.38	566.48	681.11	819.22
29	178.40	214.58	258.58	312.09	377.17	456.30	552.51	669.45	811.52	984.07
30	199.02	241.33	293.20	356.79	434.75	530.31	647.44	790.95	966.71	1181.9
40	581.83	767.09	1013.7	1342.0	1779.1	2360.8	3134.5	4163.2	5529.8	7343.9
50	1668.8	2400.0	3459.5	4994.5	7217.7	10436	15090	21813	31515	45497
60	4755.1	7471.6	11762	18535	29220	46058	72555	114190	179495	281733

期数	21%	22%	23%	24%	25%	26%	27%	28%	29%	30%
1	1.0000	1.0000	1.0000	1.0000	1.0000	1.0000	1.0000	1.0000	1.0000	1.0000
2	2.2100	2.2200	2.2300	2.2400	2.2500	2.2600	2.2700	2.2800	2.2900	2.3000
3	3.6741	3.7084	3.7429	3.7776	3.8125	3.8476	3.8829	3.9184	3.9541	3.9900
4	5.4457	5.5242	5.6038	5.6842	5.7656	5.8480	5.9313	6.0156	6.1008	6.1870
5	7.5892	7.7396	7.8926	8.0484	8.2070	8.3684	8.5327	8.6999	8.8700	9.0431
6	10.183	10.442	10.708	10.980	11.259	11.544	11.837	12.136	12.442	12.756
7	13.321	13.740	14.171	14.615	15.074	15.546	16.032	16.534	17.051	17.583
8	17.119	17.762	18.430	19.123	19.842	20.588	21.361	22.163	22.995	23.858
9	21.714	22.670	23.669	24.713	25.802	26.940	28.129	29.369	30.664	32.015
10	27.274	28.657	30.113	31.643	33.253	34.945	36.724	38.593	40.556	42.620
11	34.001	35.962	38.039	40.238	42.566	45.031	47.639	50.399	53.318	56.405
12	42.142	44.874	47.788	50.895	54.208	57.739	61.501	65.510	69.780	74.327
13	51.991	55.746	59.779	64.110	68.760	73.751	79.107	84.853	91.016	97.625
14	63.909	69.010	74.528	80.496	86.950	93.926	101.47	109.61	118.41	127.91
15	78.331	85.192	92.669	100.82	109.69	119.35	129.86	141.30	153.75	167.29
16	95.780	104.93	114.98	126.01	138.11	151.38	165.92	181.87	199.34	218.47
17	116.89	129.02	142.43	157.25	173.64	191.73	211.72	233.79	258.15	285.01
18	142.44	158.40	176.19	195.99	218.04	242.59	269.89	300.25	334.01	371.52
19	173.35	194.25	217.71	244.03	273.56	306.66	343.76	385.32	431.87	483.97
20	210.76	237.99	268.79	303.60	342.94	387.39	437.57	494.21	558.11	630.17
21	256.02	291.35	331.61	377.46	429.68	489.11	556.72	633.59	720.96	820.22
22	310.78	356.44	408.88	469.06	538.10	617.28	708.03	812.00	931.04	1067.3
23	377.05	435.86	503.92	582.63	673.63	778.77	900.20	1040.4	1202.0	1388.5
24	457.22	532.75	620.82	723.46	843.03	982.25	1144.3	1332.7	1551.6	1806.0
25	554.24	650.96	764.61	898.09	1054.8	1238.6	1454.2	1706.8	2002.6	2348.8
26	671.63	795.17	941.46	1114.6	1319.5	1561.7	1847.8	2185.7	2584.4	3054.4
27	813.68	971.10	1159.0	1383.1	1650.4	1968.7	2347.8	2798.7	3334.8	3971.8
28	985.55	1185.7	1426.6	1716.1	2064.0	2481.6	2982.6	3583.3	4302.9	5164.3
29	1193.5	1447.6	1755.7	2129.0	2580.9	3127.8	3789.0	4587.7	5551.8	6714.6
30	1445.2	1767.1	2160.5	2640.9	3227.2	3942.0	4813.0	5873.2	7162.8	8730.0
40	9749.5	12937	17154	22729	30089	39793	52572	69377	91448	120393
50	65617	94525	135992	195373	280256	401374	573878	819103	*	*
60	441467	690501	*	*	*	*	*	*	*	*

附表四 年金现值系数表

期数	1%	2%	3%	4%	5%	6%	7%	8%	9%	10%
1	0.9901	0.9804	0.9709	0.9615	0.9524	0.9434	0.9346	0.9259	0.9174	0.9091
2	1.9704	1.9416	1.9135	1.8861	1.8594	1.8334	1.8080	1.7833	1.7591	1.7355
3	2.9410	2.8839	2.8286	2.7751	2.7232	2.6730	2.6243	2.5771	2.5313	2.4869
4	3.9020	3.8077	3.7171	3.6299	3.5460	3.4651	3.3872	3.3121	3.2397	3.1699
5	4.8534	4.7135	4.5797	4.4518	4.3295	4.2124	4.1002	3.9927	3.8897	3.7908
6	5.7955	5.6014	5.4172	5.2421	5.0757	4.9173	4.7665	4.6229	4.4859	4.3553
7	6.7282	6.4720	6.2303	6.0021	5.7864	5.5824	5.3893	5.2064	5.0330	4.8684
8	7.6517	7.3255	7.0197	6.7327	6.4632	6.2098	5.9713	5.7466	5.5348	5.3349
9	8.5660	8.1622	7.7861	7.4353	7.1078	6.8017	6.5152	6.2469	5.9952	5.7590
10	9.4713	8.9826	8.5302	8.1109	7.7217	7.3601	7.0236	6.7101	6.4177	6.1446
11	10.3676	9.7868	9.2526	8.7605	8.3064	7.8869	7.4987	7.1390	6.8052	6.4951
12	11.2551	10.5753	9.9540	9.3851	8.8633	8.3838	7.9427	7.5361	7.1607	6.8137
13	12.1337	11.3484	10.6350	9.9856	9.3936	8.8527	8.3577	7.9038	7.4869	7.1034
14	13.0037	12.1062	11.2961	10.5631	9.8986	9.2950	8.7455	8.2442	7.7862	7.3667
15	13.8651	12.8493	11.9379	11.1184	10.3797	9.7122	9.1079	8.5595	8.0607	7.6061
16	14.7179	13.5777	12.5611	11.6523	10.8378	10.1059	9.4466	8.8514	8.3126	7.8237
17	15.5623	14.2919	13.1661	12.1657	11.2741	10.4773	9.7632	9.1216	8.5436	8.0216
18	16.398	14.992	13.754	12.659	11.690	10.828	10.059	9.372	8.756	8.201
19	17.226	15.679	14.324	13.134	12.085	11.158	10.336	9.604	8.950	8.365
20	18.046	16.351	14.878	13.590	12.462	11.470	10.594	9.818	9.129	8.514
21	18.857	17.011	15.415	14.029	12.821	11.764	10.836	10.017	9.292	8.649
22	19.660	17.658	15.937	14.451	13.163	12.042	11.061	10.201	9.442	8.772
23	20.456	18.292	16.444	14.857	13.489	12.303	11.272	10.371	9.580	8.883
24	21.243	18.914	16.936	15.247	13.799	12.550	11.469	10.529	9.707	8.985
25	22.023	19.524	17.413	15.622	14.094	12.783	11.654	10.675	9.823	9.077
26	22.795	20.121	17.877	15.983	14.375	13.003	11.826	10.810	9.929	9.161
27	23.560	20.707	18.327	16.330	14.643	13.211	11.987	10.935	10.027	9.237
28	24.316	21.281	18.764	16.663	14.898	13.406	12.137	11.051	10.116	9.307
29	25.066	21.844	19.189	16.984	15.141	13.591	12.278	11.158	10.198	9.370
30	25.808	22.397	19.600	17.292	15.373	13.765	12.409	11.258	10.274	9.427
40	32.835	27.356	23.115	19.793	17.159	15.046	13.332	11.925	10.757	9.779
50	39.196	31.424	25.730	21.482	18.256	15.762	13.801	12.234	10.962	9.915
60	44.955	34.761	27.676	22.624	18.929	16.161	14.039	12.377	11.048	9.967

期数	11%	12%	13%	14%	15%	16%	17%	18%	19%	20%
1	0.9009	0.8929	0.8850	0.8772	0.8696	0.8621	0.8547	0.8475	0.8403	0.8333
2	1.7125	1.6901	1.6681	1.6467	1.6257	1.6052	1.5852	1.5656	1.5465	1.5278
3	2.4437	2.4018	2.3612	2.3216	2.2832	2.2459	2.2096	2.1743	2.1399	2.1065
4	3.1024	3.0373	2.9745	2.9137	2.8550	2.7982	2.7432	2.6901	2.6386	2.5887
5	3.6959	3.6048	3.5172	3.4331	3.3522	3.2743	3.1993	3.1272	3.0576	2.9906
6	4.2305	4.1114	3.9975	3.8887	3.7845	3.6847	3.5892	3.4976	3.4098	3.3255
7	4.7122	4.5638	4.4226	4.2883	4.1604	4.0386	3.9224	3.8115	3.7057	3.6046
8	5.1461	4.9676	4.7988	4.6389	4.4873	4.3436	4.2072	4.0776	3.9544	3.8372
9	5.5370	5.3282	5.1317	4.9464	4.7716	4.6065	4.4506	4.3030	4.1633	4.0310
10	5.8892	5.6502	5.4262	5.2161	5.0188	4.8332	4.6586	4.4941	4.3389	4.1925
11	6.2065	5.9377	5.6869	5.4527	5.2337	5.0286	4.8364	4.6560	4.4865	4.3271
12	6.4924	6.1944	5.9176	5.6603	5.4206	5.1971	4.9884	4.7932	4.6105	4.4392
13	6.7499	6.4235	6.1218	5.8424	5.5831	5.3423	5.1183	4.9095	4.7147	4.5327
14	6.9819	6.6282	6.3025	6.0021	5.7245	5.4675	5.2293	5.0081	4.8023	4.6106
15	7.1909	6.8109	6.4624	6.1422	5.8474	5.5755	5.3242	5.0916	4.8759	4.6755
16	7.3792	6.9740	6.6039	6.2651	5.9542	5.6685	5.4053	5.1624	4.9377	4.7296
17	7.5488	7.1196	6.7291	6.3729	6.0472	5.7487	5.4746	5.2223	4.9897	4.7746
18	7.7016	7.2497	6.8399	6.4674	6.1280	5.8178	5.5339	5.2732	5.0333	4.8122
19	7.8393	7.3658	6.9380	6.5504	6.1982	5.8775	5.5845	5.3162	5.0700	4.8435
20	7.9633	7.4694	7.0248	6.6231	6.2593	5.9288	5.6278	5.3527	5.1009	4.8696
21	8.0751	7.5620	7.1016	6.6870	6.3125	5.9731	5.6648	5.3837	5.1268	4.8913
22	8.1757	7.6446	7.1695	6.7429	6.3587	6.0113	5.6964	5.4099	5.1486	4.9094
23	8.2664	7.7184	7.2297	6.7921	6.3988	6.0442	5.7234	5.4321	5.1668	4.9245
24	8.3481	7.7843	7.2829	6.8351	6.4338	6.0726	5.7465	5.4509	5.1822	4.9371
25	8.4217	7.8431	7.3300	6.8729	6.4641	6.0971	5.7662	5.4669	5.1951	4.9476
26	8.4881	7.8957	7.3717	6.9061	6.4906	6.1182	5.7831	5.4804	5.2060	4.9563
27	8.5478	7.9426	7.4086	6.9352	6.5135	6.1364	5.7975	5.4919	5.2151	4.9636
28	8.6016	7.9844	7.4412	6.9607	6.5335	6.1520	5.8099	5.5016	5.2228	4.9697
29	8.6501	8.0218	7.4701	6.9830	6.5509	6.1656	5.8204	5.5098	5.2292	4.9747
30	8.6938	8.0552	7.4957	7.0027	6.5660	6.1772	5.8294	5.5168	5.2347	4.9789
40	8.9511	8.2438	7.6344	7.1050	6.6418	6.2335	5.8713	5.5482	5.2582	4.9966
50	9.0417	8.3045	7.6752	7.1327	6.6605	6.2463	5.8801	5.5541	5.2623	4.9995
60	9.0736	8.3240	7.6873	7.1401	6.6651	6.2492	5.8819	5.5553	5.2630	4.9999

期数	21%	22%	23%	24%	25%	26%	27%	28%	29%	30%
1	0.8264	0.8197	0.8130	0.8065	0.8000	0.7937	0.7874	0.7813	0.7752	0.7692
2	1.5095	1.4915	1.4740	1.4568	1.4400	1.4235	1.4074	1.3916	1.3761	1.3609
3	2.0739	2.0422	2.0114	1.9813	1.9520	1.9234	1.8956	1.8684	1.8420	1.8161
4	2.5404	2.4936	2.4483	2.4043	2.3616	2.3202	2.2800	2.2410	2.2031	2.1662
5	2.9260	2.8636	2.8035	2.7454	2.6893	2.6351	2.5827	2.5320	2.4830	2.4356
6	3.2446	3.1669	3.0923	3.0205	2.9514	2.8850	2.8210	2.7594	2.7000	2.6427
7	3.5079	3.4155	3.3270	3.2423	3.1611	3.0833	3.0087	2.9370	2.8682	2.8021
8	3.7256	3.6193	3.5179	3.4212	3.3289	3.2407	3.1564	3.0758	2.9986	2.9247
9	3.9054	3.7863	3.6731	3.5655	3.4631	3.3657	3.2728	3.1842	3.0997	3.0190
10	4.0541	3.9232	3.7993	3.6819	3.5705	3.4648	3.3644	3.2689	3.1781	3.0915
11	4.1769	4.0354	3.9018	3.7757	3.6564	3.5435	3.4365	3.3351	3.2388	3.1473
12	4.2784	4.1274	3.9852	3.8514	3.7251	3.6059	3.4933	3.3868	3.2859	3.1903
13	4.3624	4.2028	4.0530	3.9124	3.7801	3.6555	3.5381	3.4272	3.3224	3.2233
14	4.4317	4.2646	4.1082	3.9616	3.8241	3.6949	3.5733	3.4587	3.3507	3.2487
15	4.4890	4.3152	4.1530	4.0013	3.8593	3.7261	3.6010	3.4834	3.3726	3.2682
16	4.5364	4.3567	4.1894	4.0333	3.8874	3.7509	3.6228	3.5026	3.3896	3.2832
17	4.5755	4.3908	4.2190	4.0591	3.9099	3.7705	3.6400	3.5177	3.4028	3.2948
18	4.6079	4.4187	4.2431	4.0799	3.9279	3.7861	3.6536	3.5294	3.4130	3.3037
19	4.6346	4.4415	4.2627	4.0967	3.9424	3.7985	3.6642	3.5386	3.4210	3.3105
20	4.6567	4.4603	4.2786	4.1103	3.9539	3.8083	3.6726	3.5458	3.4271	3.3158
21	4.6750	4.4756	4.2916	4.1212	3.9631	3.8161	3.6792	3.5514	3.4319	3.3198
22	4.6900	4.4882	4.3021	4.1300	3.9705	3.8223	3.6844	3.5558	3.4356	3.3230
23	4.7025	4.4985	4.3106	4.1371	3.9764	3.8273	3.6885	3.5592	3.4384	3.3254
24	4.7128	4.5070	4.3176	4.1428	3.9811	3.8312	3.6918	3.5619	3.4406	3.3272
25	4.7213	4.5139	4.3232	4.1474	3.9849	3.8342	3.6943	3.5640	3.4423	3.3286
26	4.7284	4.5196	4.3278	4.1511	3.9879	3.8367	3.6963	3.5656	3.4437	3.3297
27	4.7342	4.5243	4.3316	4.1542	3.9903	3.8387	3.6979	3.5669	3.4447	3.3305
28	4.7390	4.5281	4.3346	4.1566	3.9923	3.8402	3.6991	3.5679	3.4455	3.3312
29	4.7430	4.5312	4.3371	4.1585	3.9938	3.8414	3.7001	3.5687	3.4461	3.3317
30	4.7463	4.5338	4.3391	4.1601	3.9950	3.8424	3.7009	3.5693	3.4466	3.3321
40	4.7596	4.5439	4.3467	4.1659	3.9995	3.8458	3.7055	3.5712	3.4481	3.3332
50	4.7616	4.5452	4.3477	4.1666	3.9999	3.8461	3.7056	3.5714	3.4483	3.3333
60	4.7619	4.5454	4.3478	4.1667	4.0000	3.8462	3.7057	3.5714	3.4483	3.3333

主要参考文献

[1] 范霍恩，瓦霍维奇. 财务管理基础[M]. 刘曙光，等译. 北京：清华大学出版社，2009.

[2] 罗斯，威斯特菲尔德，乔丹. 公司理财[M]. 吴世农，等译. 北京：机械工业出版社，2004.

[3] 财政部会计资格评价中心. 财务管理[M]. 北京：中国财政经济出版社，2020.

[4] 吉特曼. 财务管理原理[M]. 杨子江，等译. 北京：中国人民大学出版社，2009.

[5] 刘正兵，施永霞. 2013 年度注册会计师全国统一考试应试指导：财务成本管理[M]. 北京：中国财政经济出版社，2013.

[6] 荆新，王化成，刘俊彦. 财务管理学[M]. 8 版. 北京：中国人民大学出版社，2018.

[7] 赵德武. 财务管理[M]. 2 版. 北京：高等教育出版社，2010.

[8] 张显国. 财务管理[M]. 北京：机械工业出版社，2010.

[9] 刘正兵，施永霞，刘保国. 财务管理[M]. 2 版. 南京：东南大学出版社，2012.

[10] 曹惠民. 财务管理学[M]. 上海：立信会计出版社，2011.

[11] 王佩. 财务管理教程与案例[M]. 上海：立信会计出版社，2011.

[12] 邹俊霞，王静. 财务管理学实务[M]. 北京：电子工业出版社，2011.

[13] 刘光辉，庄小欧. 财务管理实务[M]. 北京：教育科学出版社，2013.

[14] 刘淑莲，等. 财务管理[M]. 5 版. 大连：东北财经大学出版社，2020.

[15] 蒋红芸，康玲. 财务管理[M]. 北京：人民邮电出版社，2014.

[16] 刘玉平，马海涛，李小荣. 财务管理学[M]. 5 版. 北京：中国人民大学出版社，2019.

[17] 马忠. 公司财务管理案例分析[M]. 北京：机械工业出版社，2015.

[18] 孙湛. 现代财务管理[M]. 北京：清华大学出版社，2020.